KB050141

금융 오디세이

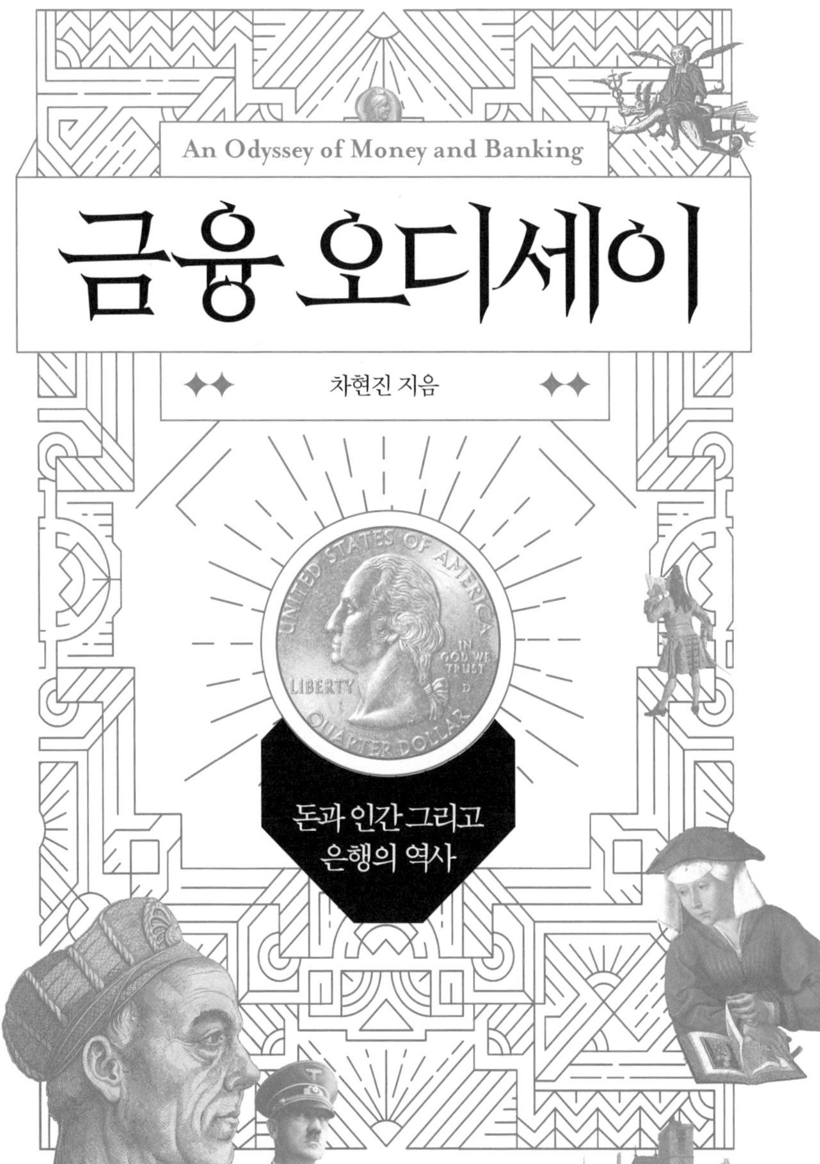
An Odyssey of Money and Banking
금융 오디세이
차현진 지음
UNITED STATES OF AMERICA
IN GOD WE TRUST
LIBERTY
QUARTER DOLLAR
돈과 인간 그리고
은행의 역사
메디치

| 개정판에 부쳐 |

들어가는 말

먼 훗날 지금을 돌아볼 때 코로나19 위기가 인류사적 전환점이 될 것임은 틀림없다. 굳이 근세의 흑사병을 떠올리지 않더라도 우리의 일하는 방식과 가치관이 크게 바뀌고 있다.

이 책 또한 코로나19 위기가 중요한 전환점이 되었다. 2013년 인물과 사상사를 통해 처음 세상에 나왔으나 당시에는 큰 주목을 받지 못해서 시중에서 사라졌고, 시간도 오래 흘렀다. 그런데 코로나19 위기로 재택근무가 확산되면서 인터넷과 유튜브 방송을 통해 입소문이 퍼졌다. 여러 인플루언서들이 필자의 졸작을 추천도서 상위권에 자리매김해 줬고, 그 덕에 중고시장에서는 10만 원이 훌쩍 넘는 고가로 거래되는 진기한 현상이 벌어졌다.

2021년에 접어들자 급기야 전혀 모르는 사람들이 이메일로 '한 권만이라도 책을 구하고 싶다'며 부탁해 오는 일이 이어졌다. 감사하면서도 난감했다. 10년이 넘은 책을 이제 와서 다시 인쇄하자니 상업적으로 모험이고, 더구나 부족한 점이 많은 책을 그대로 찍는다는 것은 께름칙하기도 했다. 때마침 메디치미디어의 김현종 대표가 고민을 해결해 주었다. 이런 난감한 상황을 이해하고 개정증보판의 형식으로 이 책의 부활에 흔쾌히 동의해 준 것이다.

책의 개정을 준비하면서 얼굴이 화끈해지는 것을 느꼈다. 10년 전의 문체와 표현들이 너무 난삽하고 거칠어서 부끄럽기 짝이 없었다. 무엇보다도 자잘한 오류가 많았다. 그럼에도 불구하고 이 책을 너그러이 사랑하고 추천해준 분들에게 한없이 감사할 뿐이었다. 당초 일부 문장만 가필하려던 계획은 상당 부분을 다듬고 교정하는 것으로 바뀌었다. 최소한의 양심이다.

초판에서도 밝혔듯이 이 책은 기존 경제학 교과서에 대한 도전이다. 교과서에서는 중앙은행과 은행과 돈을 불가분의 관계로 설명한다. 현재의 금융 시스템을 묘사하는 데 급급하기 때문이다. 하지만 화폐는 은행과 중앙은행이 없었을 때부터 존재했다. 그런 점에서 경제학 교과서들은 허구다.

우연과 필연이 뒤섞여 발전해 온 금융경제 시스템을 정확히 이해하려면 고정관념이나 도그마들을 배제한 채 돈, 은행, 중앙은행의 원형질을 하나하나 벗겨야 한다. 그러려면 금융을 이해하는 데 배경이 되는 인간과 사회를 둘러싼 역사와 철학을 이해하는 것이 필수임은 물론이다. 특히 역사 지식의 중요성은 미켈란젤로가 조각하는 데 필요한 해부학적 지식의 중요성에 맞먹는다.

그래서 선택한 방식은 사건을 중심으로 서술하는 기사본말체다. 인류 역사에 등장한 순서에 따라 1부 돈, 2부 은행으로 나눈 뒤, 각각의 주제를 다시 사건의 흐름에 따라 정리했다. 3부에서는 인물의 일대기를 중심으로 하는 기전체 방식을 취함으로써 전체적으로 역사 서술의 기본에 충실했다.

《금융 오디세이》는 전국은행연합회의 요청으로 2012년부터 1년간 연재했던 칼럼을 엮은 것에서 비롯되었다. 필자의 실력이 알량한 탓에 처음 칼럼을 시작할 때는 금융경제사의 고전인 찰스 P. 킨들버거의 《서유럽 금융사A Financial History of Western Europe》를 뼈대로 삼았다. 거기에 레이몬드 드 루버의 《메디치 은행 흥망사The Rise and Decline of the Medici Bank》를 참고하여 70여 편의 논문들로 살을 붙였다.

큰 틀에서 볼 때 이 책의 내용은 시류를 타지 않는다고 자부하지만, 제법 시의성도 있다. 독자들도 잘 알다시피 가상화폐의 출현 이후 전 세계적으로 화폐가 무엇인지를 두고 갑론을박이 벌어지고 있다. 돈의 정체를 고민한 2장은 그 질문의 답을 찾는 사람들에게 이정표가 되리라 믿는다. 은행이 핀테크의 거센 도전을 받고 있는 오늘날 은행의 정체성과 미래를 밝힌 12장 역시 많은 사람들에게 힌트가 될 것이다.

개정증보판이라는 이름에 걸맞도록 17장을 추가했다. 제1차 세계 대전이 끝난 뒤 도탄에 빠진 독일 경제를 부흥하기 위해 발버둥친 인물인 할마르 샤흐트의 이야기다. 그가 오늘날의 국제결제은행(BIS), 특별인출권(SDR), 자산담보부증권(ABS)을 제안했을 때 사람들은 기이하다고 생각했으나 지금은 당연한 것으로 여긴다. 지금과 같은 대변혁기에는 샤흐트와 같은 파격적인 생각을 가진 사람이 필요하다.

이번에 새로 인연을 맺은 메디치미디어를 통해《숫자 없는 경제학》의 개정판도 나올 예정이다. 그러면 그럭저럭 1985년 필자가 사회생활을 시작하면서 스스로 다짐했던 목표, 그러니까 정년까지 열 권의 책을 펴는 것이 가능할 것 같다. 그동안 여러 권의 책을 통해서 한국, 유럽, 미국의 금융사를 각각 훑었고, 날줄과 씨줄을 엮었다. 그만하면 글쟁이로 만족한다.

끝으로 코로나19 위기를 잘 견뎌내고 계신 연로하신 부모님께 깊은 존경심과 사랑을 전해드린다. 이 책을 사랑해 주시는 독자들과 이 책의 부활을 위해 수고해 주신 메디치미디어에도 다시 한번 크게 감사드린다.

2021년 여름의 끝에서
차현진

| 차례 |

들어가는 말 • 004

제1부 돈Money

1장 | 출항: 돈과 은행을 향하여 • **015**

베니스의 상인과 글로벌 금융위기 + 대금업과 반유대주의 + 중세 대금업의 이중구조
근세의 대금업과 해상무역 + 현대의 대금업은 어떻게 시작되었나

2장 | 돈이란 무엇인가 • **029**

돈이 무엇을 하는가 + 돈의 세 가지 조건 + 명도전과 일렉트럼
화폐국정설과 금속주의 + 그래서 돈이란 무엇인가

3장 | 돈의 가치를 찾아서 • **043**

금과 은으로 된 주화 + 화폐 가치와 디베이스먼트
유레카! 항해술의 발달과 가격혁명 + 돈의 가치를 어떻게 유지할 것인가

4장 | 돈, 나의 이름은 • **059**

오스트리아학파와 자본주의 철학 + 서양의 돈, 화폐와 군주는 하나였다
동양의 돈, 화폐와 군주의 힘겨루기 + 돈의 이름에 새겨진 역사

5장 | 중세가 남긴 돈의 유산 • 075

제국의 침몰과 종교의 타락 + 이슬람의 도전, 십자군 전쟁과 페스트
유대인 학대와 신성모독 + 장터, 화폐경제의 중심이 되다

6장 | 돈과 권력이 만났을 때 • 091

십자군 전쟁, 갑옷을 입은 금융업자 + 소매상과 거상, 평상복을 입은 금융업자
결코 신성하지 않았던 신성로마제국 + 자유제국도시 상인들의 한자동맹
황제와 상인 가문의 결탁과 유착 + 정경유착의 화신, 푸거 가문이 남긴 것

7장 | 돈으로도 살 수 없는 것 • 113

은행의 기원 골드스미스 + 롬바르드가 바꿔 놓은 대금업의 미래
메디치 은행, 예금업을 시작하다 + 돈으로 세상을 지배한 메디치 가의 아버지와 아들
'위대한 로렌초'도 돈으로 살 수 없던 것

제2부 은행Bank

8장 | 은행, 인류 앞에 서다 • 139

국가 안의 국가, 우피치의 등장 + 중세의 대금업 논란과 제정 분리
16세기 베니스에 출현한 최초의 공공은행

9장 | 은행, 국민의 원흉이 되다 • 159

투기 광풍의 시작, 네덜란드 튤립 파동 + 존 로가 쓴 프랑스 은행의 역사
왕실은행과 전환사채 프로젝트 + 왕실 후원으로 만들어진 서인도회사
프랑스를 뒤흔든 부동산과 주식 광풍 + 왕실은행의 파산과 미시시피 버블의 붕괴

10장 | 은행, 대통령의 눈 밖에 나다 • 185

유럽 최초의 지폐가 탄생된 스웨덴 + 영국의 화폐법과 미국의 독립전쟁
미국의 첫 번째 중앙은행 + 경제 불황과 제2차 미국은행의 출범
대통령과 은행장의 은행 전쟁 + 미국은행의 파국이 불러온 공황

11장 | 뱅커, 세상을 구원하다 • 211

영국 경제를 뒤흔든 남해 버블 + 최종대부자, 중앙은행의 존재 이유
독점재벌 J.P. 모건의 등장 + 금융의 제왕이 된 J.P. 모건
J.P. 모건, 세상을 구원하다 + 공공의 적이 된 금융의 신

12장 | 귀향: 그래서 은행이란 무엇인가 • 239

은행은 신의 직장인가 + 왜 은행가는 미움받을까
국제금융에서 출발한 근대 은행업 + 지급결제 그리고 중앙은행과 지급준비금
무엇을 예금이라고 할 것인가 + 중앙은행이 지켜야 할 도덕률
은행, 그래도 희망이 있다

제3부 **사람**Human

13장 | 미국의 존과 영국의 존 - 경제학의 정체성 • 267

미국 독립의 불씨가 된 보스턴 차 사건 + 타운센드법과 보스턴 학살 사건
젊은 케인스와 화폐개혁론 + 케인스의 일반이론, 그리고 대공황
애덤스와 케인스, 생각의 차이 + 경제학이 세속 철학인 이유

14장 | 그린스펀 교향곡 - 잘못된 신념이 가져온 엄청난 비극 • 297

제1악장 기쁨
제2악장 노여움 | 제1주제 고난 | 제2주제 맥주홀 폭동 | 제3주제 수정의 밤
제3악장 즐거움 | 제1주제 맨해튼 소년 | 제2주제 출세가도 | 제3주제 영웅 등극
제4악장 슬픔 | 제1주제 죽음 | 제2주제 수치 | 제3주제 대단원

15장 | 사고 친 자와 수습한 자 - 중앙은행을 거듭나게 한 1825년 금융공황 • 333

에레혼 이야기 + 상상의 제국 포아이스와 디스토피아
영국 경제와 남미 버블 + 애송이 은행가를 살린 영란은행
영란은행의 탄생 비화 + 중앙은행의 최종대부자 기능

16장 | 어떤 겸직 명령 - 미국을 향한 최빈국 대통령의 오기 • 357

1945년 해방과 미 군정청의 금융 정책 + 물물교환제와 대외무역
한미협정 체결과 조선환급은행 + 대통령의 꾀, 조선은행의 독립
시비와 반발, 조선은행 적산론 + 재무부와 한국은행의 신경전
최빈국 대통령의 운명

17장 | 돈의 마술사 - 조국을 위해 독재자와 손잡은 수수께끼 은행가 • 381

제국은행과 1차 세계대전의 서막 + 젊은 야심가의 좌절
독일 국민을 단결시킨 연합국의 평화 협정 + 전쟁배상금과 하이퍼인플레이션
통화감독관 샤흐트의 등장 + 혼돈과 희망 사이에 놓인 징검다리
통제불능 샤흐트의 도박 + 경제대통령이 된 히틀러의 은행가
샤흐트와 나치당, 부역과 저항의 차이

참고문헌 • 412
찾아보기 • 418

제1부

An Odyssey of Money and Banking

돈
Money

UNITED STAT
LIBERTY
QUART

1장

출항:
돈과 은행을 향하여

베니스 상인과 글로벌 금융위기

글로벌 금융위기를 계기로 금융기관을 바라보는 시각이 크게 바뀌었다. 잘 알려진 것처럼 2011년 가을 뉴욕 연방준비은행 옆의 주코티 공원에서 시작된 월가 점령 시위가 기폭제가 되었다. 한때 가장 우수하고 장래가 촉망받는 사람들의 집합소라고 여겨지던 뉴욕 맨해튼의 월가가 금융위기 이후에는 자기 배만 불리는 부도덕한 사람들의 소굴로 전락한 것이다.

월가 점령 시위는 미국 밖으로도 금방 퍼져나가서 세계 주요 도시에서도 경쟁하듯 시위가 이어졌다. 처음에는 시위가 무척 점잖았지만, 나중에는 화염병까지 등장했다. 꼼꼼히 살펴보면 시위에 참여하는 사람들의 생각과 성향은 전부 달랐다. 요구사항도 달랐다. 유일한 공통점은 금융기관을 적대세력으로 본다는 점이다. 마침 그 무렵 비

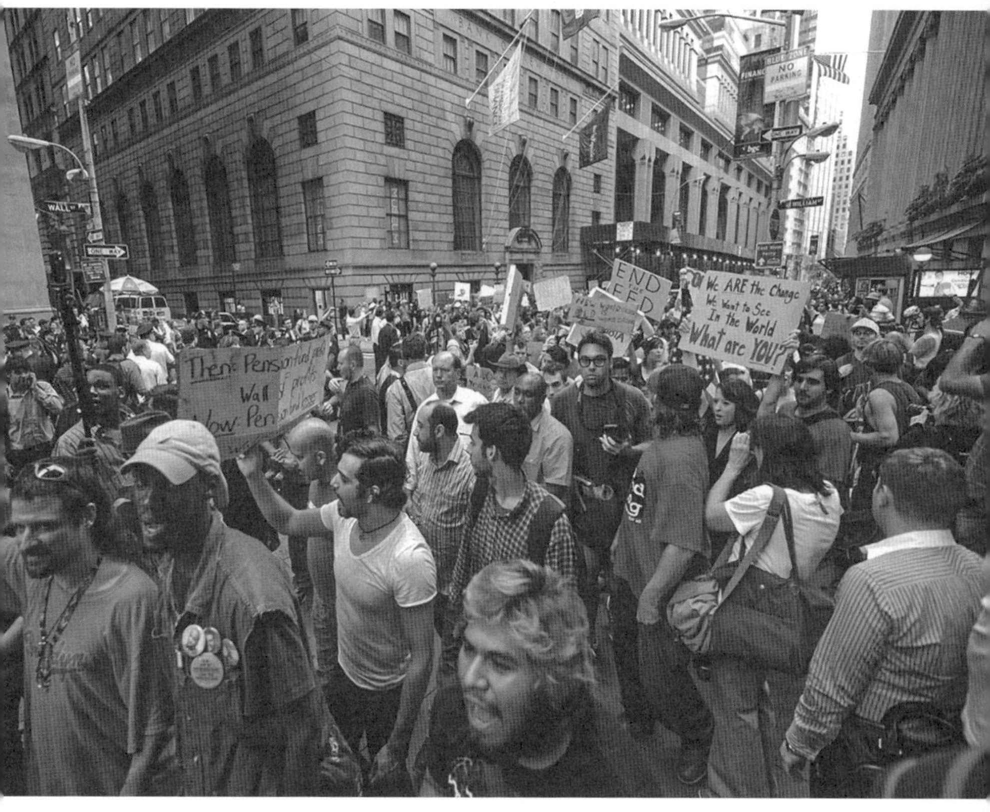

2011년 9월 월가 시위가 진행되고 있는 뉴욕 연방준비은행 주변

트코인이 등장했다. 비트코인 류의 가상화폐(지금은 가상자산이라 부른다)를 지지하는 사람들도 금융기관의 중개 기능과 법정화폐가 사라진 새로운 세상을 꿈꾼다.

그들이 바라보는 금융기관이란 위험한 투자 끝에 파산의 위기에 몰렸다가 국민의 세금으로 연명한 뒤 서민들의 담보물을 압류하기 바쁜 악당들이다. 마치 셰익스피어의 희곡 《베니스의 상인》에서 폭풍 때문에 배가 난파하여 전 재산을 날리게 생긴 안토니오에게 살점이라도 도려내겠다고 달려드는 악덕 대금업자 샤일록의 모습과 크게 다르지 않다.

그러고 보니 셰익스피어가 바라본 16세기 말 이탈리아의 베니스는 오늘날의 맨해튼처럼 물류, 금융, 무역, 정보의 중심지이자 세계에서 가장 부유한 도시였다. 실제로 미국의 금융을 상징하는 뉴욕 맨해튼의 연방준비은행 건물은 르네상스 시대의 중심 무대인 이탈리아 피렌체에 있는 최고 세도가들의 대저택들을 짜깁기한 것이다.

유럽 경제의 허브였던 이탈리아반도의 도시국가들은 17세기에 이르러 스페인, 영국, 프랑스 등 절대왕정 국가들의 부상과 함께 조금씩 힘을 잃어갔다. 어쩌면 미국의 먼 미래가 그럴지도 모른다. 21세기를 살아가는 우리에게 보이는 미국 금융의 모습은 16세기 이탈리아의 데자뷔라고나 할까?

대금업과
반유대주의

셰익스피어가 일그러진 인물로 묘사한 샤일록은 유대인이다. 반유대주의는 기독교 문명과 더불어 흘러내려 온 아주 오래된 생각이다. 20세기 들어 유대인에 대한 경멸과 혐오감이 많이 줄었지만, 아직도 조금은 남아 있다. 1970년대 미국 연방준비은행을 이끌었던 아서 번스 Arthur Burns 의장은 평생 자기가 유대인이라는 것을 감추고 살았다.

유대계 성인 번자이그Burnseig를 스코틀랜드식 번스Burns로 바꾸고 죽을 때가 되어서야 자기 진짜 이름을 밝혔는데, 그만큼 미국의 주류 사회에서 유대계로 낙인찍히는 것이 두려웠던 것이다.

말할 필요도 없이 유대인에 대한 경멸과 조롱의 근원은 오랫동안 그들이 독점하다시피 했던 대금업에 있었다. 기독교 교리를 담은《성경》에 의하면 생명 창조는 오로지 신만이 할 수 있는 일이다. 그러니 돈에서 돈을 창조하는 일, 즉 돈을 빌려주고 이자를 받는 일은 신의 영역에 도전하는 일이다. 유대인 사회에서도 대금업은 신성모독에 해당하는 엄청난 죄악이었다. 구약시대부터 "가난한 자에게 돈을 꾸어주면, 그에게 채권자같이 이자를 받지 말라(출애굽기 25장 22절)"는 지침이 있었다. 그것을 어기고 '돈이 돈을 낳는' 대금업을 하는 것은 유대인 중에서도 구제 불능인 사람들이나 하는 일로 치부되었다. 기독교도라면 더더욱 하면 안 되는 일이었다.

인간의 죄악을 바라보는 눈은 시대에 따라 달라진다. 중세에는 노예를 사고팔거나, 노예와의 사이에서 사생아를 낳거나, 그 사생아를 아무렇지도 않은 듯 팽개치거나, 다른 노예와 결혼시키는 것은 당연하게 여겨졌다. 하지만 그들이 돈을 빌려주고 이자를 받는 것만은 절대로 용서받지 못할 일이었다.

코로나19가 21세기의 재앙이라면 흑사병은 14세기의 재앙이었다. 그때도 마찬가지로 자가격리가 있었다. 보카치오의《데카메론》은 흑사병을 피해 피렌체의 성당으로 모여든 열 명의 남녀가 열흘 동안 사회와 격리된 채 지내며 주고받는 백 개의 이야기를 묶은 책이다. 거기서 첫 이야기가 바로 대금업자의 넋두리다. 당시 대금업자들은 마

16세기 초 플랑드르의 화가 쿠엔틴 메치스(Quentin Metsys)의 〈대부업자 부부〉.
돈을 만지는 남편 옆에서 부인이 지옥에 갈까 봐 근심스러운 표정으로 성경책을 만지작거리고 있다.

을에서 추방당하거나 맞아 죽기 일쑤였고, 죽으면 시체 묻을 곳도 허락받기 힘들었다. 이런 이유로 대금업자들이 서로를 위로하며 전전긍긍 고민하는 모습이 첫 번째 이야기의 줄거리다.

실제로 1179년 교황청이 주재한 로마 의회에서는 대금업자들을 기독교식으로 매장하는 것을 금지했고, 1274년 리옹 회의에서는 대금업자들의 시신을 개, 소, 말의 사체와 함께 구덩이에 묻으라고 선언했다. 어떤 마을에서 대금업자를 기독교도들의 공동묘지에 매장한 후 엄청난 폭우가 쏟아지자, 사람들이 놀라 시체를 도로 파낸 다음 마을 여기저기로 끌고 다니다가 강에다 던져 버렸다고 한다. 대금업자에 대한 과분한 관용이 신의 노여움을 산 것이라 여긴 것이다.

중세 대금업의 이중구조

그렇다고 해서 기독교 사회가 대금업을 모두 없애버린 것은 아니다. 급전을 주고받는 일이 완전히 근절되면 곤란한 일들이 아주 많아진다. 평생 자급자족하는 것은 로빈슨 크루소와 다를 것이 없기 때문이다. 그래서 성경에서 면책조항을 찾아냈다. "외국인에게 꾸어주면 이자를 받아도 되거니와 네 형제에게 꾸어주거든 이자를 받지 말라(신명기 23장 20절)"는 구절이다. 형제, 자매가 아닌 낯선 이를 상대로 하는 대금업은 숨을 쉴 공간이 생기는 것이다.

나라를 잃고 객지를 유랑하는 유대계 디아스포라에게 대금업은 천직이었다. 가난한 사람은 상대하지 않았기 때문에 그들의 고객은 같은 동포가 아니라 체류하는 나라의 통치자와 성직자들이었다. 금욕생활을 하는 교회 성직자들은 성직자의 급여인 성직록을 들고 찾아오는 만성적인 예금주였고, 통치자들은 만성적인 차입자였다.

이런 이중구조는 바람직하기도 했다. 통치자들이 돈을 쓰지 않으면 매주 교황청으로 몰려오는 엄청난 헌금(오늘날로 따지자면 교황청의 자본수지 흑자에 해당한다)이 갈 곳을 잃어 유럽 사회 전체가 유지될 수 없기 때문이다. 통치자들이 전쟁이나 사치를 통해 흥청망청 뿌리는 돈을 교회와 교회의 사제들이 계속 메꿔주는 것이야말로 지속 가능한 시스템이었다(그러나 나중에는 교황청의 사제들까지 사치와 방탕에 물들면서 전반적인 자금 흐름에 균열이 생기고 사회적으로는 종교개혁의 바람이 불었다).

그런 비밀을 잘 알고 있는 대금업자들이 일반 서민들과 접촉이 늘어날수록 통치자와 사제들의 부끄러운 비밀들이 지켜지기 어렵다. 대금업자와 서민 사이에 금융거래가 늘어나면, 서민들이 십일조 헌금 약속을 잘 지키는지 감시하기도 어려워진다. 그래서 교회는 대금업자와 서민들을 분리했다. 대금업자들을 사람들 눈에 띄지 않는 곳에서 몰려 살도록 한 것이다.

스페인 바르셀로나의 몬주익Montjuic이 바로 그런 곳이었다. 우리에게는 1992년 올림픽에서 마라톤 선수 황영조가 금메달을 따기 위해 숨을 헐떡이며 힘겹게 오르던 가파른 언덕으로 기억되는 곳이다. 몬주익은 '유대인 산(영어로는 Mount of Jews)'이라는 뜻으로, 유대인 대금업자들이 당시 성에서 뚝 떨어진 달동네에 격리되어 살았던 데서 나온 이름이다. 그나마 1492년 신대륙이 발견되어 더는 유대인 대금

바르셀로나의 몬주익 언덕. 황영조 선수가 막판 피치를 올렸던 이곳은 과거 유대인 집단거주지라서 뒤쪽에 유대인 납골당이 있다. 살았을 때 대금업으로 생계를 유지했던 유대인들은 죽어서도 기독교도들과 어울릴 수 없었다.

업자들의 도움이 필요 없게 되자, 스페인 왕국은 몬주익의 유대인들을 즉시 국외로 추방했다.

하지만 대금업자들의 거주지를 옥죄는 것으로 것만으로는 충분치 않았다. 기독교를 믿는 사람들이 그들과 금융거래를 하지 못하도록 싹을 자르려 했다. 남들보다 돈이 많으면 쓸데없이 과시하게 된다. 부자들이 과시하는 사치품을 보면 그것을 바라보는 사람들의 마음에서 욕망과 질투가 싹튼다. 그래서 교회법에서는 자기가 가진 부를 자랑하는 것을 금기시했다. 또한 사치금지법을 통해 식사할 때 먹을 수 있는 음식의 양과 그릇의 수, 초대할 수 있는 사람의 수, 신분과 성별에 따른 옷의 재료와 색깔의 수, 집안의 크기까지 규제했다. 의식주 전반에 걸쳐 금욕과 절제를 강제한 것이다. 중세 교회 성직자들은 사치금지법에서 제한하는 내용을 수시로 보충하고 개정하는 것이 주요 일과의 하나였다.

이렇게 제재를 통해 개개인의 저축과 소비가 거의 일치하는 사회는 한마디로 말해 모든 사람이 먹고살기 빠듯한 사회다. 이런 사회에서는 생산성 향상이나 경제 성장을 기대할 수 없다. 중세 사회는 이처럼 정체된 사회를 이상향으로 생각했다. 경제 성장과 물질적 풍요를 삶의 척도로 생각하는 오늘날과는 전혀 다른 가치관으로, 고단하고 궁핍한 삶을 당연하게 여기도록 한 것이다.

개개인의 저축과 소비가 거의 일치하면 금융은 당연히 발달할 수 없다. 그런데도 금융업에 손을 대는 사람들은 사회적으로 소수이기 때문에 그들을 향해 다수가 저주해도 크게 문제될 것이 없었다. 유대인 대금업자들에 대한 혐오감과 반유대주의는 그렇게 싹트게 되었다.

근세의 대금업과 해상무역

십자군 전쟁을 계기로 동서양의 교역이 활발해지자 물자 이동이 늘어났다. 과거에는 실크로드를 통해 육로로 물자를 운송할 수밖에 없으므로 비단과 향신료 등 비교적 가벼운 물건만 교환되고 시간도 아주 오래 걸렸지만, 항해기술이 점차 발달하면서 함께 교역하는 물건의 종류와 양이 많이 늘어나게 되었다.

그런데도 동서양의 교역은 여전히 불확실성이 컸다. 항해하는 동안 바다의 기상 변화로 물건을 잃을 수도 있고, 육지에 도착했을 때 물건값이 크게 바뀔 수도 있었다. 하지만 위험이 클수록 이익도 크듯이 십자군 전쟁 이후 늘어난 해상무역은 많은 위험과 많은 이익이 동반되는 사업이었다. 그런 사업을 이방인인 유대인들에게 맡길 이유가 없었다. 따라서 이탈리아건 스페인이건, 해상무역의 주도권은 그 사회의 주류 계층에 있었다.

해상무역은 위험과 이익이 클 뿐만 아니라 자금의 투자와 회수 기간도 오래 걸렸다. 지중해 안에서의 무역은 간단하지만, 이탈리아와 네덜란드 간의 무역은 항구를 출발한 배가 다시 돌아올 때까지 6개월 이상이 걸리기 때문에 해상무역에 투자한 자금이 회수되기 전에 이를 현금화할 필요성이 커졌다. 따라서 배에 물건을 실은 것만 확인되면 그 확인증을 돈처럼 유통할 수 있는 시스템에 눈을 뜨게 되었다. 그럼으로써 유대인이 아닌 그 사회의 주류층이 마침내 금융업, 즉 무역금융에 손을 대기 시작했다. 이것이 바로 근대 은행업의 출발이었다.

은행업의 특징은 크게 두 가지였다. 첫째 유대인 대금업자들처럼 단순히 자금을 융통하는 것이 아니라 해상무역과 관련하여 발행된 진성어음(real bills)을 할인한다는 것이다. 둘째 여신 기간이 보통 3~6개월이고, 아무리 길어봐야 1년 미만이라는 것이다. 해상무역에서 시작된 단기 진성어음 할인에서 은행업이 시작된 탓에 19세기까지만 해도 상업은행들은 1년 미만의 자금만 취급했다. 지금도 우리나라의 은행법에는 1년을 기준으로 '상업금융업무'와 '장기금융업무'라는 구분이 남아 있는데, 이것도 르네상스 시대의 흔적이다. 한국은행도 1년 이내의 단기여신만 취급할 수 있다. 반면 장기금융 업무는 한국산업은행 등 특수은행이 다루는 것이 원칙이다.

어찌 되었건 해상무역의 부산물로 진성어음의 할인이라는 새로운 사업이 생겼고, 무역어음의 할인은 중세 이전 유대인들이 취급했던 대금업과는 다른 것이라는 생각이 자리 잡기 시작했다. 교황청도 무역과 관련되는 진성어음의 할인과 유통은 기독교 교리에서 벗어나는 것이 아니라고 선언했다. 그리고 무역어음을 취급하는 업자를 교황청의 공식적인 자금관리자로 임명했다. 이때 간택된 업자가 메디치 가문이다.

종교개혁의 원인을 제공한 교황 레오 10세. 왼쪽의 사제는 그의 사촌 동생이자 훗날 교황이 된 클레멘테 7세다. 클레멘테 7세 역시 영국이 교황청에 반발하여 성공회를 만드는 원인을 제공했다.

메디치 가문은 무역업으로 유럽 전역에 네트워크를 갖고 있었다. 이 네트워크를 통해 각 지역의 정치, 경제 상황을 꿰뚫어 보고, 각 지역의 시세 차이를 이용해서 점점 더 많은 돈을 벌 수 있었다. 유럽 전역에 깔아놓은 통신망을 이용하여 누구보다도 많은 정보를 갖고 있었던 메디치 가문은 자금 회수에 문제가 없을 것으로 보이는 각국의 군주들에게 통치자금을 대주었다. 헌금이 들어올 것만을 믿고 흥청망청 돈을 쓴 교황청도 메디치 가문의 단골이 되었다. 메디치는 이들을 손아귀에 넣음으로써 종교와 정치를 넘나드는 권력을 휘두를 수 있게 되었다.

실제로 메디치 가문은 교황청에 깊숙이 침투하여 종교개혁이 시작되기 전까지 세 명의 아들을 교황으로 배출했다(마르틴 루터의 종교개혁은 메디치 집안 출신의 교황 레오 10세의 극히 사치스러운 생활과 면죄부 판매에서 비롯된 것이다). 딸들은 교황의 주선으로 각국의 왕실이나 귀족 가문으로 시집보냈고, 그럼으로써 평범했던 무역업자 신분이 갑자기 귀족으로 격상되었다. 그러고 난 뒤에는 레오나르도 다빈치, 미켈란젤로 등 르네상스 시대 최고 거장들을 동원하여 자기 가문의 조상들을 예술작품의 주인공으로 승화시켰다. 마키아벨리를 통해서는 가문의 통치술을 미화하도록 했다. 이렇게 해서 만들어진 것이 《군주론》이다. 정치, 종교, 예술을 넘나드는 메디치 가문의 흥망사는 오늘날까지 흥미진진한 이야깃거리로 전해지고 있다.

현대의 대금업은 어떻게 시작되었나

중세가 끝나갈 무렵 메디치 가문 등 유대인 이외의 사람들까지도 금융업에 손을 대기 시작하면서 이들이 지배계급으로 부상했지만, 이자를 받는 일에 대한 혐오와 저주가 쉽게 사라지지는 않았다. 이탈리아에서 금융업을 하는 사람들은 또다시 성경 구절에서 그들의 존립 기반을 찾으려고 했다. 즉 "중한 이자로 재산을 늘리는 것은 가난한 사람을 불쌍히 여기는 자를 위해 그 재산을 저축하는 것이니라(잠언 28

장 8절)"라는 구절을 통해 의로운 일을 하기 위한 이자 수취는 용서받을 수 있다고 자신을 위안했다.

이런 이유로 큰 교회를 지을 때 건축 헌금을 가장 많이 하는 사람들은 예외 없이 금융업자들이었다. 교회의 내부를 예술품으로 장식할 수 있는 돈도 금융업자에게서 나왔다. 흑사병이 창궐하던 시절, 속죄의 의미로 많은 교회가 지어질 때 대금업자들은 그들에게 내려질 심판을 두려워하며 열심히 헌금했다.

이런 전통은 오늘날에도 이어져 금융기관들이 많은 예술단체를 후원하고 있다. 그런데도 금융기관과 금융업을 바라보는 시각은 여전히 곱지 않아서 특별히 더 규제하고 감시해야 하는 업종으로 생각한다. 이런 경향은 글로벌 금융위기 이후에 특히 심해졌다. 예수 시대부터 이어지고 있는 유대인에 대한 혐오가 금융기관에 대한 비호감으로 바뀐 것이다.

글로벌 금융위기 직후 월가 시위대는 누군가 금융기관을 혼내주기를 바랐다. 《베니스의 상인》에서 인정머리 없는 대금업자 샤일록에게 통쾌한 일침을 가했던 지혜로운 여인 포샤가 등장하기를 꿈꾼 것이다. 처음에는 정부가 그런 일을 하기 바랐고, 요즘에는 비트코인 류의 가상화폐나 소위 '탈중앙화 금융(DeFi)' 운동을 통해 시민의 손으로 직접 금융기관을 쫓아내고 싶어 한다. 저주와 경멸은 금융기관의 숙명일까? 금융기관은 사회에 기여하는 것도 없이 서민들을 착취하는 존재일까? 금융은 무엇이 특별한 걸까? 이런 질문에 답을 찾는 것이 앞으로 시작되는 시간여행의 주제다.

2장

돈이란 무엇인가

"아빠, 돈이 뭐예요?"

갑작스러운 질문을 받은 아버지 돔비는 잠시 뜸을 들였다.

"돈이 뭐냐고, 폴? 지금 돈이 궁금하다는 거니?"

"네." 아들은 의자 팔걸이에 손을 올려놓고 천진한 표정으로 아버지 얼굴을 올려다보며 다시 물었다. "돈이 뭔가요?"

돔비의 머릿속에서는 지급 수단, 시중 자금, 화폐 가치, 주화, 지폐, 환율 등 수많은 단어가 스쳐 갔다. 이중 어디부터 시작해야 할지 난감해서 한참 동안 아들을 내려다보다가 입을 열었다.

"그러니까 말이다, 금화, 은화, 동전, 기니, 실링, 펜스… 이런 것들이 돈이지. 너도 다 알고 있지 않니?"

"그건 저도 알아요." 아들 폴이 대답했다. "근데 그게 궁금한 게 아니고요, 아빠. 그래서 돈이란 도대체 무엇이냐는 거예요. 돈이 무얼 하는 거죠?"

– 찰스 디킨스, 《돔비 부자Dombey and Son》, 1846년

돈의 힘
돈이 무엇을 하는가

영국의 대문호 찰스 디킨스가 살던 19세기 후반은 산업혁명으로 사회구조가 급격히 변화하면서 자본주의의 성격이 점차 드러나기 시작했다.

그러면서 고요하게 정체된 사회에서는 사람들이 별로 생각하지 못했었던 빈부 격차, 벼락 출세, 배금주의 같은 개념들이 점차 뚜렷해졌다. 또한 그때까지 인류가 겪어보지 못했던 경기 변동, 공황이라는 것이 어렴풋하게 인식되기 시작했다.

디킨스의 대표작인《크리스마스 캐럴》,《올리버 트위스트》,《데이비드 코퍼필드》,《위대한 유산》,《두 도시 이야기》 등은 격동의 시기에 사회 밑바닥을 살아본 그가 어떤 혼란 속에도 사랑과 희망은 살아있다는 낙관적 세계관을 전하는 작품들이다. 디킨스 자신도 어렸을 때 아버지의 파산으로 집안이 풍비박산하는 바람에 염색공장에서 고된 노동으로 돈을 벌어 차츰 아버지의 빚을 갚고 집안을 일으킨 경험이 있다.

그의 작품《돔비 부자》는 사업(오늘날로 치면 종합상사 또는 유통업)으로 큰돈을 번 돔비가 외동아들 폴에게 사업을 물려주려는 욕심에서 이야기가 시작된다. 돔비에게는 큰딸이 있었으나 후계자로 생각하지는 않았다. 하지만 지혜로운 딸에게 많은 도움을 받고 크게 깨닫는다는 게 이 소설의 큰 줄거리다.

이 작품이 나온 시기는 나폴레옹 전쟁 끝에 영국이 다시 금본위제

〈돔비 부자〉의 삽화

도[*]로 복귀(1819년)한 뒤 프랑스와 독일 등 나머지 주변국들도 금본위제도 환원을 저울질하던 시기였다. 한마디로 말해서 18세기 후반은 유럽 사회의 모습을 송두리째 뒤바꾼 산업혁명의 뒤를 이어 화폐제도

* 금만을 돈으로 쓰고자 하는 원칙이나 제도. 제1차 세계대전을 계기로 대부분 국가에서 파기되었다. 나중에 설명하겠지만, 세계 어디에나 비교적 골고루 분포되어 있고 생산량도 안정적이라는 점에서 금을 돈으로 쓰는 것은 자연스러운 결론이라는 의견과 금본위제도는 금을 가진 소수의 주장만을 반영하는 횡포였다는 의견이 지금까지 대립하고 있다.

에서 변화와 실험, 그리고 논란이 계속되던 시기였다.

문학가 찰스 디킨스는 돔비의 어린 아들 폴의 입을 통해 지금까지도 경제학자들이 제대로 대답하지 못하고 있는 문제를 예리하게 묻는다.

"돈이 무엇을 하는가?"

돈의 양을 조절하거나 가격(금리)을 조절하면 소비와 투자에 변화가 생기고 그 결과 경기와 물가가 영향을 받는 것으로 이해된다. 고용수준도 달라진다. 케인스주의자(Keynesian)라는 경제학자들이 특히 이런 이론을 강하게 믿는다. 하지만 케인스주의자들은 훨씬 근본적이고 형이상학적인 문제, 즉 그런 변화가 과연 돈 때문인지, 그렇다면 왜 그런지에 대해 아직도 제대로 된 대답을 내놓지 못하고 있다.

역사적으로 보면 부국강병기라고 불리던 때에도 돈이 특별히 많이 공급되지 않았다. 예를 들어 조선의 세종도 아버지 태종 때보다 더 많은 돈을 찍지 않았다. 개인의 행복과 씀씀이가 반드시 수중에 있는 돈의 양과 비례하는 것도 아니다. 미래 소득에 대한 기대나 앞날에 대한 불확실성 같은 심리적 요인도 소비에 큰 영향을 미치기 때문이다. 이런 사실들은 돈의 힘을 의심하게 한다. 미국의 키들랜드Kydland와 프레스콧Prescott 같은 학자는 실물경제가 문제일 뿐, 돈 그 자체는 아무 역할도 하지 않는다는 실물경기이론(RBC model)으로 2004년 노벨경제학상을 받았다.

경제학자들 사이에서도 이처럼 돈의 힘에 관한 생각이 크게 다르다. 그래서 돔비의 어린 아들이 던진 "돈이 무엇을 하는가?"라는 질문은 여전히 경제학에서 가장 큰 수수께끼의 하나다.

돈의
세 가지 조건

돔비 아들의 또 다른 질문은 "돈이 도대체 무엇이냐?"는 것이다. 이 문제에 관해서도 사람마다 생각이 크게 다르다. 서양 사람들은 돈의 기능을 대체로 세 가지로 요약한다.

첫째, 돈은 계산의 기본단위(unit of account)다. 길이를 재는 자에는 눈금이 새겨져 있고, 무게를 재는 저울에는 추가 달려 있다. 눈금과 추는 무언가의 길이와 무게를 측정하는 기준이다. 마찬가지로 가치를 측정하는 돈은 계산의 기본단위를 품고 있다.

둘째, 돈은 교환의 매개물(medium of exchange)이다. 예를 들어 회사 사장과 식당 주인은 서로 상관없는 사람들이다. 하지만 회사에서 일한 대가를 돈으로 받아 그 돈으로 식당에서 음식을 사 먹는다. 그럼으로써 회사와 식당, 노동시장과 상품시장이 서로 얽힌다. 이때 직장에 제공한 노동력과 식당에서 제공받는 식사 사이에 교환의 매개물로 쓰이는 것이 돈이다. 그럼으로써 상거래(교환)와 일상생활이 엄청 편리해진다.*

* 돈 없이 물물교환하려면 교환하는 물건끼리의 상대가격을 하나하나 정해야 한다. 즉 n개의 물건이 있는 경우에는 n(n-1)/2개의 가격이 필요하다. 하지만 모든 물건을 돈의 단위로 표시하면, n개의 가격만 필요하다.
한편, 교환의 매개물이라는 기능에 초점을 맞추어 돈을 지급 수단이라고 말하기도 한다. 누군가에게 갚아야 할 것이 있다면, 돈을 지급해서 그 의무(금전채무)를 소멸시킨다는 뜻이다. 하지만, 지급 수단이라는 말에는 논란의 여지가 있다. 어음, 수표는 물론이고 인터넷 사이트에서 쓰는 포인트나 백화점의 상품권 등도 제한적으로 지급 수단의 기능이 있기 때문이다. 비트코인 같은 가상자산들도 약간의 지급수단 기능이 있지만, 그것만으로 돈이라고 할 수는 없다.

셋째, 돈은 가치 저장(store of value) 수단이다. 건물, 기계, 자동차 등은 시간이 흐를수록 마모되어 가치가 줄어든다. 부동산, 주식, 귀금속 등은 가치가 불안정하다. 그에 비해 돈은 닳지 않고, 가치도 대단히 안정적이다. 자의 길이와 저울추의 무게가 온도나 습도에 거의 영향을 받지 않는 것과 비슷하다.

서양에서는 이러한 세 가지 기능을 충족시키는 조건들을 대단히 중요하게 생각한다. 반면, 동양에서는 그 조건에는 그다지 주의를 기울이지 않는다. 예를 들어 중국문화권에서는 서양에서 내세우는 조건에 상관없이 볍씨나 조개껍질 같은 것도 돈으로 사용했다.

조개껍질은 크기와 강도가 모두 다르다. 그러므로 계산의 기본단위로서 조건을 갖추었다고 보기 힘들다. 그런 점에서 인류학자들은 고대 문명의 발상지에서 발굴되는 조개껍질은 오늘날의 화폐와 다르다고 본다. 즉 조개껍질은 단순히 채무채권 관계를 기억도록 하는 징표(token)였을 것으로 보는 것이다.

그것은 춘향이가 이 도령과 헤어질 때 사랑의 정표로 떼어주던 옷고름과 다를 바가 없다. 두 사람 사이의 기억을 상기시키는 옷고름이 돈이 아니었듯이, 계산의 기본단위를 배제한 조개껍질도 돈이라고 할 수 없다.

볍씨도 마찬가지다. 농경사회에서 가장 중요한 물자였던 볍씨는 가장 주목받는 지급수단이었을 것이다. 그러나 농사철에 그 볍씨를 빌려주고 추수기에 돌려받았다는 사실은 로빈슨 크루소의 생활과 같은 자급자족경제가 아니라 물물교환경제였다는 사실을 시사할 뿐이다.

그러므로 서양에서는 동양에서 수없이 발견되는 조개껍질과 곡물의 흔적에도 불구하고 그것을 돈의 기원이라고 보지 않는다.*

돈의 기원
명도전과 일렉트럼

돈의 조건에 대한 동서양의 생각의 차이는 철기시대에 접어들어서도 계속된다. 인류 4대 문명 중 하나인 황하 문명권에서는 춘추전국시대에 구리로 만들어진 돈이 많이 출토된다. 오늘날 중국 요동반도 지역의 연燕 나라에서는 칼 모양의 명도전明刀錢을 만들었다. 기원전 8세기경 만들어진 명도전은 연나라 밖인 한반도의 고조선에서도 발견될 정도로 동북아시아 지역에서 널리 유통되었던 것으로 보인다. 그런 점에서 명도전은 철기시대 초반의 국제통화(기축통화)라고 할 수 있을 것이다.

하지만 명도전은 무게나 크기의 표준화 노력이 부족하고 표면처리의 정교함이 떨어지는 것이 사실이다. 당시 제조기술을 감안할 때 돈을 그토록 대충 만든 것은 잘 설명되지 않는다. 디자인도 무성의하다. 무게와 크기와 관계없이 표면에 '명明'이라는 글자만 새겼다(그래서 이 돈의 이름이 명도전이다). 가치가 표시되지 않은 명도전은 돈이라기보다

* 동양의 볍씨에 해당하는 것이 지중해 지역의 염료나 후추다. 그래서 독일에서는 은행가를 '후추꾼(pepperman)'이라고 불렀다. 그런데도 서양에서는 염료나 후추가 돈의 기원이었다고 하지 않는다. 서양은 금속 화폐부터 화폐로 인정하려는 경향이 있다.

명도전

소아시아 지역에서 발견되는 일렉트럼

토큰이나 메달에 가깝다고 할 수 있다.

그래서 서양에서는 '명도전이 돈이었다'라는 주장을 '중국의 주판이 인류 최초의 컴퓨터다(주판과 컴퓨터는 모두 이진법으로 작동한다)'라는 주장처럼 말도 안 되는 이야기로 간주한다. 계산의 기본단위, 교환의 매개물, 가치 저장 수단이라는 돈의 속성을 감안할 때 서양 사람들은 무게와 모양이 통일되고, 무엇보다도 무게에 따라 가치가 정확히 비례해야 돈의 조건을 갖춘다고 믿는다.

돈의 조건을 아주 엄격하게 설명하는 서양에서는 기원전 7세기경 오늘날 터키 서쪽에 있었던 소아시아 지방에서 금과 은을 섞어 만든 일렉트럼electrum을 화폐의 출발점으로 본다. 당시 초보적인 금, 은 세공기술을 갖고도 무게를 표준화하고, 무게에 따라 가치가 정확히 비례하도록 하려는 노력이 돋보이기 때문이다. 지중해 동쪽에서 발견되는 수많은 일렉트럼은 디자인이 다양한 것에 비해 무게는 놀랍도록 표준화되어 있다.

일렉트럼이 만들어질 무렵, 아시리아 제국 동쪽의 에게해 지역에서는 그리스어를 쓰는 사람들이 있었고, 서쪽의 내륙에는 히타이트어나 리디아어를 쓰는 사람들이 있었다. 일렉트럼은 좁은 지역에서 서로 다른 언어를 쓰는 사람들끼리 물건을 교환하기 위해 만들어졌다. 따라서 무게와 가치를 정확히 비례하도록 만들 필요가 있었다. 일렉트럼의 가치는 무게나 크기를 직접 재서 확인할 수도 있겠지만, 뒷면에 새겨진 네모꼴의 개수로 확실히 구분된다.

돈의 철학
화폐국정설과 금속주의

동양의 관점에서 보자면, 서양 사람들에게 반문할 수 있다.

"돈의 무게가 그렇게 중요한가?"

고대 중국문화권에서는 천원지방天圓地方이라는 우주관이 지배했다. '우주는 둥글고 인간 세상은 네모'라는 믿음이다. 이런 우주관 속에서 하늘에 제사를 올리는 제단인 원구단圜丘壇을 세울 때 천정은 둥글게, 바닥은 네모로 만들었다(원구단은 북경, 서울 등 여러 지역에 세워졌다). 엽전의 모양도 서양의 주화와 달리 바깥이 둥글고 가운데는 네모난 구멍이 뚫리도록 만들었다. 왕은 둥근 우주와 네모난 인간 세상을 잇는 중간자다. 엽전으로 보자면, 둥근 바깥 원과 네모난 구멍 사이, 즉 엽전의 살을 지배하는 존재다. 따라서 왕이 거기에 어떤 가치를 부여하더라도 그것은 거역할 수 없는 왕명이다. 그 가치를 의심하는 것은 반역적이거나 덧없는 일이다.

이런 사상은 한반도에도 이어졌다. 조선의 태조 이성계도 위화도 회군으로 권력을 잡은 뒤, '화권재상貨權在上'을 주장하면서 종이돈인 저화楮貨를 발행하고자 했다. 돈을 만드는 힘은 저 높은 곳의 한 사람이 가진 것이니, 그가 돈을 무엇으로 정하든 한번 정하면 백성들은 군말 없이 써야 한다는 명령이었다.

화폐는 국가가 정해서 유통을 명령하는 것이라는 고대 중국이나 조선시대의 생각을 '화폐국정설(state theory of money)'이라고 부른다. '명목주의(nominalism)'라고도 하는데, 이런 사고체계 아래에서는 국가 또는 최고 통치자가 어떤 모양, 어떤 소재로도 돈을 발행할 수 있고, 다른 나라 돈과의 교환가치도 일방적으로 선언할 수 있다(우리나라에서 장관을 지내신 몇몇 분들이 환율주권론을 자주 거론하는데, 이는 이성계의 화권재상론 또는 화폐국정설과 본질적으로 똑같다).

한국 최초의 돈
고려시대 건원중보

하지만 오늘날 서양의 주류 경제학에서는 돈이란 거래 편의를 위해 개인들이 만들어낸 발명품이며 돈의 가치와 자격은 시장에서 결정된다고 보고 있다. 돈의 기원에서 국가나 공권력을 배제하는 것이다. 역사적으로 볼 때 가치가 의심스러운 물건을 돈으로 유통하려다가 실패한 사례가 많다는 경험이 이런 생각을 뒷받침한다. 조선에서도 이성계가 저화 발행을 여러 차례 시도했으나 모두 실패로 끝났다.

서양의 시각에서 보자면, 돈은 개인과 시장이 받아들일 때만 존재할 수 있다. 따라서 돈은 통치자의 명령과 상관없이 그 자체가 가치를 지녀야 한다. 금속을 돈으로 쓰는 이상 돈의 가치는 무게나 순도에 비례하는 것이 지극히 당연하다. 그래서 모든 사람이 귀하다고 생각하는 귀금속이 돈이 될 수밖에 없는 것이다. 화폐국정설에 대비되는 이런 견해를 '금속주의(metalism)'라고 한다.

한편, 금속 중에서도 오직 금만을 돈으로 받아들이자는 주장을 '금본위제도(gold standard)'라고 한다. 찰스 디킨스의 소설《돔비 부자》

의 살아있는 모델이었던 오버스톤Overstone 경이 금본위제도의 열렬한 신봉자였다. 그는 20세기의 J. P. 모건, 21세기의 워런 버핏에 비교할 수 있는 19세기의 대표적 금융부호였다. 엄청난 부자였던 오버스톤 경은 1844년 근대 중앙은행법의 시초라고 할 수 있는 영란은행법을 개정할 때 영란은행이 발행하는 돈에는 반드시 금과 교환될 수 있는 조건, 즉 금태환 의무가 붙어야 한다고 주장했다.

그래서 돈이란 무엇인가

돈의 기원과 바탕이 되는 철학에 대해서는 아직도 논란이 끊이지 않는다. 인류사회가 물물교환경제에서 벗어나 화폐경제로 접어든 지 3,000년이 훨씬 지났지만, 그것의 근본에 관한 수수께끼가 아직도 풀리지 않는 것이다. 그 수수께끼는 한마디로 말해서 돈을 물건으로 보느냐, 그렇지 않느냐에 달려 있다.

서양에서 돈은 '경제적 가치를 표현하는 물건'이라고 본다. 반면 동양에서는 '다른 물건의 가격을 표현하기 위해 사회구성원(또는 최고 권력자)들이 정한 약속'이라고 본다.

경제사학자인 킨들버거Kindleberger는 이러한 동서양의 생각 차이를 '사유재냐, 공공재냐'의 문제로 해석한다. 돈을 물질이라고만 보게 되면 틀림없이 모든 돈에는 소유권이 있다. 하지만 돈을 사회구성원의 합의로 만든 사회제도(예를 들어 헌법)로 보게 되면, 돈은 모든 사람의 공동 소유물이다(찢어진 돈을 공짜로 교환해 주는 것은 파손된 도로를 세금으로 고치는 것과 본질적으로 같다).

물질로서의 돈과 사회제도로서의 돈. 또는 사유재로서의 돈과 공공재로서의 돈. 이것은 틀림없이 양립할 수 없는 개념이다. 하지만 양립할 수 없는 속성을 돈이 함께 가지고 있다는 데서 모든 수수께끼가 시작된다. 그래서 오늘날에도 많은 경제학자가 돔비의 어린 아들 폴과 똑같은 질문을 던지고 있다.

"돈… . 누구냐, 넌?"

3장

돈의 가치를 찾아서

돈의 시작
금과 은으로 된 주화

아주 오랜 옛날, 오늘날의 터키 서쪽에는 리디아Lydia라는 나라가 있었다. 에게해의 온화한 기후 덕분에 각종 곡물과 과일, 견과류가 풍부했던 곳이다. 그로 인해 상업도 꽤 발달했다. 고대 그리스의 역사학자 헤로도토스의 기록에 따르면, 리디아 사람들이 최초로 상설 상점을 세웠다고 한다(그 이전에는 장날에만 시장이 열렸다). 한편, 리디아에는 팩톨루스Pactolus라는 강이 흐르는데, 그 강의 모래에서는 사금이 유난히 많이 채취되었다. 그리스 신화에 따르면 미다스Midas 왕이 자신의 손을 씻은 곳이 바로 팩톨루스 강이다.

당시에는 금과 은이 장식용으로만 쓰였다. 그런데 상업이 발달한 리디아가 놀라운 발명을 했다. 다른 언어를 쓰는 주변의 나라들과 장사하는 데 불편을 없애기 위해 금과 은으로 화폐를 만든 것이다. 오늘날의 주화처럼 품질과 크기가 일정하고 그 가치를 쉽게 식별할 수 있도록 디자인했다.

그리스 철학자 크세노파네스Xenophanes는 그런 발명에 대해 자세한 기록을 남겼다. 리디아 사람들이 주화를 만들기 시작한 것은 기원전 6세기경이었고, 그것을 일렉트럼이라고 불렀다. 당시에는 금속 정련 기술이 부족하여 일렉트럼은 금과 은이 섞인 합금으로 제작되었다.

한편 기원전 4세기 초 리디아를 정복한 알렉산더 대왕은 일렉트럼의 편리함을 깨닫고 돌아와 마케도니아의 금속 기술을 이용해서 따로 은화를 만들기 시작했다. 당시 기술로는 금보다 은을 추출하기가 훨씬 힘들었기 때문에 은을 더 귀하게 취급했다.*

아테네 지역의 라우리움Laurium은 지금도 상당한 유적이 남아 있을 정도로 커다란 은광이 있었는데 여기서 생산된 은화를 아젠튬argentum이라고 불렀다.** 알렉산더 대왕의 지배를 받던 이집트와 메소포타미아 지역에 아젠튬이 알려지면서 화폐경제가 지중해 전역으로 확산되었다.

이후 은화는 아주 오랫동안 이용되었다. 1492년 신대륙 발견 이전까지 그리스나 동유럽(오늘날 독일, 오스트리아, 체코슬로바키아 등)에서 생산된 은으로 만든 돈은 유럽 대륙에서 일상생활용 주화였다. 중세를

* 금이 녹는 온도(1,063℃)는 은의 온도(961℃)보다 높지만, 자연상태에서도 덩어리(nuggets)로 채취되고 모래와 섞이면 물로 씻기만 해도 상당량을 모을 수 있다. 그래서 금이 은보다 화폐로서 먼저 사용되었고 가치도 은보다 낮았다. 학자들의 연구에 의하면, 기원전 8세기경 금과 은의 교환비율은 10~8대 1 정도라고 한다.

** 은의 화학기호 Ag는 그리스의 은화 아젠튬에서 유래한다. 그리스어로 'arg'는 '희다' 또는 '빛나다'라는 뜻이다.

금과 교환되던 소금

거쳐 르네상스 시대까지도 일반 서민들은 죽을 때까지 금화를 쓸 일이 없었다.

금화는 알렉산드로스 대왕이 페르시아 제국까지 정복한 BC 330년경 이후 부자들의 돈으로만 이용되었다. 알렉산드로스 대왕은 전리품으로 약탈한 금을 그리스로 가져와 장군들에게 나눠주었지만, 그건 단지 재산이었을 뿐 금화가 널리 유통된 것은 고대 로마에서부터다. 포에니 전쟁*으로 지중해의 패권을 장악한 로마는 그들이 정복한 북아프리카와 포르투갈 지역에서 금을 채취하여 솔리두스solidus라는 금화를 만들었다. 이 돈은 지중해 전역에서 국제통화로 자리 잡았는데, 이것이 원시 형태의 금본위제도라 할 수 있다.

지중해 동쪽에서 금이 일부 생산되기는 했지만, 유럽에서 필요로

* 알프스산맥을 넘어온 카르타고의 한니발 장군이 한때 승기를 잡았으나, 80년간 세 차례에 걸쳐 치러진 전쟁에서 최종 승자는 로마였다. 로마는 마케도니아 전쟁에서 그리스를 누른 뒤 포에니 전쟁에서도 남쪽의 카르타고에 승리함으로써 지중해에서 완전한 패권을 잡았다.

하는 금은 대부분 아프리카에서 생산되었다. 오늘날 황금해안(Gold Coast)이라고 부르는 가나Ghana 근처였다. 여기서 생산된 금은 육로를 통해 지금의 카이로 지역까지 운송되어 소금과 교환되었다.

소금은 무더운 아프리카에서 고기를 저장하기 위한 필수품이었다. 소금을 구하기 어려운 아프리카 내륙에서는 소금값이 그야말로 금값이었다. 금과 소금의 교환비율이 무게 기준으로 일대일이었다. 그리스와 로마사람들은 날씨 좋은 지중해에서 소금을 만들어 북아프리카 카이로에서 금과 교환했다.* 이렇게 해서 사하라 사막을 관통해 유럽에 유입된 금은 일상생활에서보다는 거래단위가 훨씬 큰 국제무역에서 주로 이용되었다.

금화든 은화든 널리 쓰이려면 우선 신뢰를 얻어야 한다. 즉 돈의 가치를 잘 지켜야 하는데, 이에 대해 고대 그리스와 로마의 통치자들은 서로 다른 태도를 보였다. 그리스는 무역수지나 재정 사정과 관계없이 돈의 가치를 일정하게 유지하기 위해 노력했다. 심지어는 전쟁과 같은 긴급 상황에서도 돈의 가치를 지키려고 했다. 그래서 오늘날 그리스 지역에서 발견되는 주화의 품질은 일정하다.

반면, 로마의 통치자들은 재정이 어려울 때마다 돈의 가치를 계속 낮췄다. 은화 데나리우스denarius의 경우 원래 4그램 정도였지만 네로 시대에 이르러서는 3.8그램으로 줄었고, 왕정 말기에는 은의 함량이 2퍼센트 정도까지 하락했다. 은화라고 하기가 민망할 정도다. 오늘

* 오늘날 월급을 뜻하는 영어 단어 셀러리(salary)의 어원은 소금(salt)이다. 이는 로마 병사들에게 월급으로 소금을 지급한 데서 기원한다.

날 로마 시대의 돈이라고 하는 유물들은 시대에 따라 은의 함량이 천차만별이다.*

화폐 가치와 디베이스먼트

돈의 가치를 지키는 데 있어서 이 세상에는 그리스가 아닌 로마의 후예가 훨씬 많았다. 화폐경제가 시작된 이래로 무수한 사람들이 돈을 위조하거나 함량을 속이려고 끊임없이 시도했는데, 이처럼 돈의 물리적 가치를 낮추는 조작을 '디베이스먼트debasement'라고 한다.

오늘날까지 알려진 대표적인 디베이스먼트 기술은 클리핑clipping과 스웨팅sweating이다. 클리핑은 주화의 주변을 살살 깎아내는 방법이고, 스웨팅은 주화를 가죽 부대에 넣고 마구 비벼대어 금화와 은화 가루를 얻어내는 방법이다. 사람들은 클리핑 여부를 눈으로 확인하기 위해서 주화 테두리를 톱니 모양으로 만들었다. 스웨팅을 막기 위해 이탈리아에서는 금전거래가 끝나면 금화를 곧장 주머니에 넣고 밀봉한 다음, 주머니까지 통째로 주고받았다. 이탈리아어로 품질보증을 의미하는 '피오리노 디 수겔로*fiorino di suggello*'는 원래 '밀봉된 금화'라는 뜻이다.

* 고대 로마제국 이후 중세에 이르러서도 로마의 화폐는 여타 지역에 비해 크기와 함량이 1/10에 불과했다. 경제력, 정치력, 군사력을 전부 가진 로마 지역에서 왜 역설적으로 그런 일이 생겼는지는 오늘날 화폐금융사 학자들에게 상당한 의문이다.

그러나 돈의 가치를 속여 불로소득을 얻고자 하는 시도는 계속되었다. 디베이스먼트의 폐해를 진저리나게 경험한 영국에서는 1690년 토머스 로저스Thomas Rogers와 그의 아내가 은화 40개를 의도적으로 작게 깎았다는 혐의로 체포하여 처형했다. 유사 수법을 쓰려는 사람들에게 교훈을 주기 위해 남편은 교수형에 처한 뒤 그 시체를 물에 담갔다가 토막을 냈고, 그 아내는 산 채로 불구덩이에 던졌다.

디베이스먼트를 근절하기 위해 이렇게 끔찍한 방법이 동원되었지만, 역사적으로 볼 때 돈의 가치를 속인 사람들은 주로 통치자들이었다. 고대 로마의 위정자들이 선구자적 위치에 있었고 그 이후에 유럽 각 지역에서 군주들이 그 계보를 이었다. 종교개혁 이후 교황청의 힘이 약해지면서 상대적으로 힘이 세진 군주들은 흥청망청 돈을 쓰기 바빴고, 씀씀이를 메우는 방법으로 디베이스먼트를 시도했다. 자신들의 얼굴이 새겨진 돈의 가치를 스스로 무너뜨렸으니, 문자 그대로 제 얼굴에 침 뱉는 격이었다.

백년전쟁(1337~1453) 동안 재정난에 허덕이던 프랑스 왕실은 여러 번에 걸쳐 디베이스먼트를 시도했다. 기나긴 백년전쟁은 잔 다르크의 도움을 받은 샤를 7세가 영국과 프랑스의 공동 왕을 자처하는 영국의 헨리 5세의 도전을 극적으로 물리치고 영토 대부분을 회복하는 것으로 끝났다. 하지만 샤를의 인생은 아주 고단했다. 친어머니인 이자보 왕비 때문이었다.

그녀는 정신이상이었던 남편을 대신해서 프랑스 국정을 좌지우지했는데, 남편이 죽은 뒤에는 권력의 맛을 잊지 못해 영국과 내통하면서 외국의 국정까지 참견하려고 했다. 그런데 친아들인 샤를이 말을 듣지 않자 "그놈은 내가 영국 놈과 바람피워서 낳은 자식"이라고 떠벌이면서 아들의 얼굴에 먹칠을 했다. 출생의 비밀이 폭로되는 바람에 샤를의 권위는 땅에 떨어지고 세금은 걷히지 않았다. 결국 디베이스먼트에 의존하게 되면서 15세기 초 돈의 가치는 그 이전보다 35분의 1로 줄어들었다.

서양 역사에서 디베이스먼트로 가장 악명 높은 왕은 영국의 헨리 8세다. 그는 부모에게 받은 엄청난 유산을 다 까먹고도 모자라 여러 차례 돈의 함량을 속이는 방법으로 급전을 조달했다. 헨리 8세의 재정 고문이었던 토머스 그레셤Thomas Gresham은 헨리 8세의 딸 엘리자베스가 즉위했을 때 늙은 몸을 이끌고 찾아가 "악화가 양화를 구축한다(Bad money drives out good)"면서 아버지의 악정이 남긴 악화를 거둬 달라고 당부했다.* 이 말을 들은 엘리자베스 여왕은 즉위 3년차인 1561년, 마침내 악화를 거둬들여 새 돈을 만들 것을 천명했다. 그러나 악화를 가진 사람들이 실제 가치와 액면 가치의 차이를 감수해야 하고, 새 돈으로 바꾸는 비용까지 부담해야 했기 때문에 실제로 악화를 들고 찾아가는 사람들이 적었다.

결국 튜더 왕조가 남긴 악화는 스튜어트 왕조까지 계속 유통되면서 백성들의 원성이 자자했다. 그러던 끝에 1688년 명예혁명이 일어나고, 외국에서 망명 생활을 마치고 돌아온 오렌지공 윌리엄과 메리

* "악화가 양화를 구축한다"는 '그레셤의 법칙'은 19세기 말 영국 경제학자 매클라우드(Henry Macleod)가 붙인 이름이다. 그러나 1558년 그레셤이 엘리자베스 여왕 앞에서 그 말을 하기 전인 1526년, 프로이센의 천문학자인 코페르니쿠스가 동구권의 무질서한 화폐제도를 설명하면서 똑같은 말을 했다. 그래서 동유럽에서는 그레셤의 법칙을 '코페르니쿠스의 법칙'이라고 부른다.

부부 왕은 영국 땅에서 악화를 몰아내기로 굳게 결심했다. 클리핑을 한 토머스 로저스 부녀를 잡아서 능지처참한 것은 그러한 결심을 보여주기 위한 것이었다.

명예혁명 이후 등장한 인류 최초의 시민 정부는 스페인의 무적함대를 무찌른 엘리자베스 여왕도 하지 못했던 화폐개혁을 성공시켰다. 1694년에는 영란은행을 세워 정부의 은행 겸 발권 기관 역할을 맡겼다. 이어서 왕실 학술원장을 맡고 있던 과학자 아이작 뉴턴을 1696년 왕실 조폐청(Royal Mint)의 대표로 임명하고 새로운 주화를 발행하게 했다. 그리고 불량주화로 인한 손해를 정부가 부담키로 함으로써 영국은 마침내 디베이스먼트의 긴 악령에서 해방되었다.

유레카!
항해술의 발달과 가격혁명

디베이스먼트는 분명히 의도적인 사기다. 그런데 전혀 의도하지 않았는데도 디베이스먼트와 똑같은 결과를 가져온 사건이 있다. 15세기부터 16세기까지 진행된 지리상의 발견이다.

고대 그리스와 로마제국 시절, 서아프리카 황금해안에서 채굴된 금을 대륙을 횡단하여 동쪽으로 끌고 올 수밖에 없었던 것은 적도 근처에서 부는 강한 무역풍 때문이었다. 당시 항해기술로는 무역풍을 뚫고 북쪽을 향해 배를 움직이는 것은 불가능했다.

그러나 항해기술의 발전과 나침반의 도움으로 포르투갈이 마침내 아프리카 서해안을 왕복하는 데 성공했다(항해왕 엔리케 왕자의 탐험). 이후 포르투갈은 아프리카 대륙의 풍부한 금과 면화를 유럽으로 들여왔다. 또한, 이때 면화를 대량 생산하기 위해 대농장이 개척되면서 아프리카 식민지화가 시작되었다.

'뚱보왕'으로 유명한 헨리 8세. 형수를 포함해 여섯 명과 결혼하고 두 부인을 처형한 기행은 드라마의 단골 소재다.

이에 자극받은 스페인은 금이 많다고 소문난 인도로 가는 직항로를 찾아 나섰다. 국운을 건 탐험이었다. 여왕 이사벨 1세의 후원으로 인도 항로 개척에 나선 콜럼버스는 100여 일간의 항해일지에 '금'이라는 단어를 65회나 언급할 정도로 황금에 눈이 멀어 있었다. 그러나 콜럼버스는 목적을 달성하지 못했다. 1492년 그가 밟은 땅은 인도가 아니었고, 금도 없었다.

그런데 1545년 오늘날 볼리비아의 포토시Potosí라는 곳에서 은광이 발견되면서 상황은 달라졌다. 유럽 전체의 매장량보다도 훨씬 많은 어마어마한 양이었다. 다만 해발 4,000미터가 넘은 고지에서 캐낸 원석을 유럽으로 운반하는 것이 문제였다. 안데스산맥을 넘어 부에노스아이레스 항까지 옮기는 데 두 달 반이 걸리고, 제일 가까운 태평양의 리마 항구까지도 2,400킬로미터가 넘었다. 따라서 신대륙에서 반드시 은의 정제까지 마치고 완제품을 수송해야 했다. 이 문제로 고민하던 스페인은 리마 항구에서 가까운 우앙카벨리카Huancavelica에서 1563년 마침내 은의 정제에 꼭 필요한 수은을 찾아냈다.

이때부터 포토시는 300년 동안 전 세계에 은화를 공급하는 창구 역할을 했다. 연간 300톤의 은이 생산되어 그 가운데 절반은 유럽으로 보내지고, 나머지는 태평양을 건너 아시아로 운송되어 중국의 비단이나 차와 교환되었다.*

고산지대에서 이만큼 은을 캐내려면 엄청난 노동력이 필요했다. 어린아이까지 동원해도 노동력은 늘 부족했고, 수은에 노출된 열악한 작업환경 때문에 원주민들은 끊임없이 죽어나갔다. 인구가 계속 줄자 아프리카에서 노예까지 동원되었다. 은광의 발견이 유럽인들에게는 횡재요 단꿈이었지만, 인류사적으로는 저주요 악몽이었다.

유럽인에게도 좋은 일만 있었던 것은 아니다. 은이 넘쳐남에 따라 수천 년 동안 안정되었던 금과 은의 교환비율이 감당할 수 없을 정도로 빠르게 변한 것이다. 스페인과 아무 연관이 없었던 북유럽과 동유럽의 구석구석까지 일상생활에 일대 혼란이 초래되었다. 인플레이션이었다. 은광의 발견 이후 약 100여 년간 지속된 물가상승 현상을 역사에서는 '가격혁명(Price Revolution)'이라고 한다. 이는 지리상의 발견이 가져다준, 누구도 의도하지 않았던 부산물이었다.

* 필리핀을 경유해 중국에 유입된 돈은 스페인 은화(Spanish Peso)인데, 중국인들은 자신들의 엽전과 달리 가운데 구멍이 없는 이 은화를 은원(銀圓)이라고 불렀다. 이 돈은 조선에도 전해졌다.

포토시의 모습. 소설 《돈키호테》에 '포토시처럼 부유한'이라는 표현이 등장할 정도로 이 지역은 번영의 상징이었으나, 19세기 이후로는 중남미에서도 가장 가난한 지역으로 남아 있다. '엘 콘도르 파사'의 구슬픈 운율을 떠올리게 한다.

화폐수량설
돈의 가치를 어떻게 유지할 것인가

누가 붙였는지 모르지만 '가격혁명'은 지나치게 사실을 미화하는 이름이다. 아메리칸 인디오와 아프리카 노예들의 피눈물이나 유럽 서민들의 생활고를 은폐한다. 사건의 과정을 생각하면 '양심의 타락(moral hazard)'이라고 불러야 하며, 결과를 생각하면 '돈 가치의 타락(value hazard)'이라고 불러야 한다.

돈 가치의 타락은 돈이 탄생할 때부터 걱정되던 문제다. 알렉산드로스 대왕이 페르시아에서 금화를 들여오긴 했지만, 그것을 그리스에 뿌리려고 하지 않았다. 돈을 너무 풀면 생필품에서 노예에 이르기까지 모든 가격이 뛰어서 누구에게도 도움되지 않을 것을 걱정했기 때문이다. 하지만 가는 곳마다 승리를 거두고 그때마다 휘하 장수들이 전리품을 요구하는데, 약탈한 물건을 꽉꽉 숨겨두다가는 쿠데타가 일어날 수도 있다. 마지못해 전리품을 나누어 주었지만 알렉산드로스 대왕은 부하들에게 인색한 편이었다. 이것이 그가 죽은 후 대제국이 빠르게 분열하는 원인이 되었다.

물가 걱정 때문에 전리품 배분에 인색했던 알렉산더 대왕을 화폐수량설(Quantity Theory of Money)의 원조라고 보기도 한다. 화폐수량설이란 돈이 너무 많아지면 반드시 물가상승으로 이어진다는 이론이다. 과거에는 돈의 가치가 하락하는 것이 군주들의 디베이스먼트 때문이었다. 그래서 가격혁명 이후 돈의 가치가 떨어지자 많은 이들이 국왕을 원망했다. 하지만 프랑스의 장 보댕Jean Bodin은 세상 사람들

신대륙에서 금광과 은광이 발견되면서 스페인은 아프리카 노예까지 데려와서 착취했다. 작업 환경은 극히 열악했고, 수은 중독으로 죽는 사람들도 많았다. 이런 비극을 알면서도 태연하게 당시 상황을 '가격혁명'이라고 말하는 것은 유럽인들의 위선이다.

의 의견에 동의하지 않았다. 법률뿐만 아니라 신학, 철학, 정치, 역사, 과학에 이르기까지 모르는 것 없는 문사철文史哲의 대가였던 그는 스페인을 통해 유럽으로 유입되는 은의 양과 물가 간의 관계를 주목했다. 포토시에서 은이 물밀듯이 들어오는 이상 유럽 전역에서 빚어지는 물가 불안을 국왕의 탓으로만 돌릴 수는 없다고 주장했다.

장 보댕이 내세운 화폐수량설은 세계 경제의 고비마다 수면 위로 떠올랐다. 대공황 때는 지나친 통화긴축이 물가하락과 생산위축을 초래했다고 주장하면서 미국의 어빙 피셔Irving Fisher가 화폐수량설을 제기했으며, 1970년대 고물가 시대에는 지나친 통화남발이 세계적인플레이션을 초래했다면서 밀턴 프리드먼Milton Friedman이 화폐수량설을 부활시켰다. 시대의 고통을 화폐로 설명한 것이다.

하지만 화폐수량설에 대한 반론도 만만치 않다. 돈의 양이 왜 늘거나 줄었는지 살피지 않고 막연히 '돈이 풀리면 물가가 뛰더라' 하고 주장하는 것은 '구름이 많으면 비가 오더라'는 식의 어설픈 일기예보에 지나지 않는다는 것이다.*

코로나19 위기 속에서도 화폐수량설을 떠올리는 사람들이 있다. 하버드 대학의 래리 서머스 교수는 2020년 코로나19 위기 속에서 각국 중앙은행들이 엄청나게 퍼부은 돈이 2021년 하반기부터 전 세계적인 인플레이션을 가져올 것이라고 경고한다. 가히 알렉산드로스 대왕의 후예라고 할 수 있다. 그러나 물가를 걱정하지 않고 무책임하게 돈을 푸는 것도 걱정이다. 당장 어려움을 벗어나고자 돈의 가치를 헌신짝처럼 여긴다면, 로마의 네로황제나 영국의 헨리 8세와 다를 것이 없다.

그렇다면 돈의 가치는 어떻게 유지해야 하는가? 화폐수량설을 따를 것인가, 말 것인가? 알렉산드로스 대왕의 길을 걸을 것인가, 헨리 8세의 길을 걸을 것인가?

이에 대한 대답은 결국 세상과 인간을 어떻게 보느냐에 달려 있다. 돈의 가치에 대한 신뢰는 지켜야 한다. 그러나 대공황, 글로벌 금융위기 그리고 코로나19 위기와 같은 전례 없는 상황에서는 직장을 잃고

* "인플레이션은 언제 어디서나 화폐적 현상이다"라는 밀턴 프리드먼의 유명한 말도 사실 말장난이다. 화폐의 가치가 떨어지는 현상을 인플레이션이라고 부르는 한 인플레이션은 당연히 화폐적 현상이다. 그래서 경제학자 테민, 키들랜드, 프레스콧 등은 프리드먼의 통화주의를 매우 강하게 부정한다.

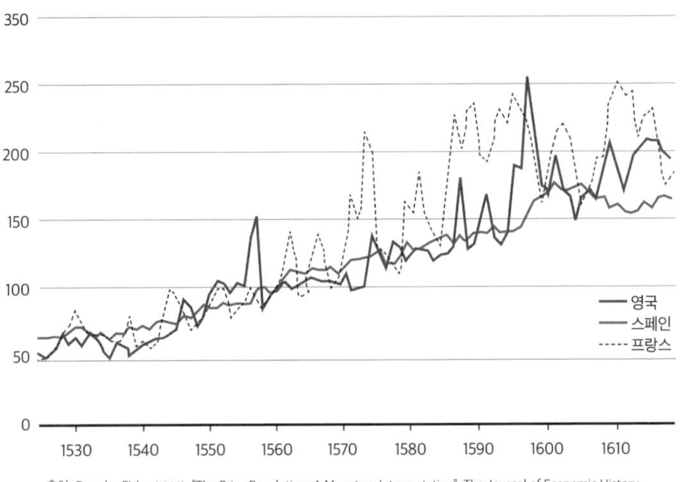

출처: Douglas Fisher(1989), "The Price Revolution: A Monetary Interpretation", The Journal of Economic History, Vol. 49, No. 4. Dec.

신대륙 발견 이후 유럽 물가상승 추이. 어느 한 나라의 문제가 아니라 글로벌 현상임이 인식되면서 화폐수량설이 등장했다.

집에서 쫓겨난 사람들의 아픔을 덜어주고 눈물을 닦아주려는 배려도 필요하다.

지난 수천 년 동안 의도했던 돈의 타락(디베이스먼트)과 의도하지 않았던 돈의 타락(가격혁명)을 모두 경험한 끝에 인류는 잠정적 결론에 이르렀다. 반듯하면서도 따스한 철학을 가진 전문가들이 권력자들로부터 한 걸음 떨어져서 긴 안목으로 토론을 통해 돈의 가치를 결정하도록 하는 원칙이다. 중앙은행 제도에 담긴 이런 지혜를 '중앙은행의 독립성'이라고 부른다.

4장

돈, 나의 이름은

내가 그의 이름을 불러주기 전에는

그는 다만

하나의 몸짓에 지나지 않았다.

……

나의 이 빛깔과 향기에 알맞은

누가 나의 이름을 불러다오.

– 김춘수, '꽃'에서

오스트리아학파와 자본주의 철학

잘 알려진 바와 같이, 애덤 스미스의 《국부론》은 1장에서 분업의 장점을 설명하는 것으로 시작한다. 그런데 제2장에 이르러서는 "분업은 인간의 지혜가 아닌 교환본능 때문에 일어난다"고 얼버무린다. 애덤 스미스의 말대로 분업이 본능 때문이라면 인간과 꿀벌의 차이는 무엇이란 말인가?

애덤 스미스가 본능이라고 얼버무린 것을 그로부터 100년 뒤 오스트리아학파 사람들이 조금 더 과학적으로 다듬었다. 즉 인간 행위의 밑바탕을 이루고 있는 욕망의 정도를 지도의 등고선과 같은 비교 가능한 개념으로 전환하고, 등고선의 위치와 기울기 분석(한계효용 비교)을 통해 합리적인 선택 과정을 설명한 것이다. 그 덕분에 오늘날 대부분의 미시경제학 교과서는 한계효용(marginal utility) 개념에서 시작한다.

오스트리아학파의 이론들은 주류경제학의 중요한 축을 이룬다. 하지만 이들은 사회사상 면에서도 중요하다. 마르크스는 1867년 《자본론》에서 자본가와 자본의 역할을 사정없이 공격했던 반면, 오스트리아학파는 생산 활동에 기여하는 자본의 역할을 체계적으로 설명함으로써 자본주의의 철학적 토대를 마련했다. 정부 개입을 최소화하고 시장경제를 옹호하는 오스트리아학파의 생각은 미제스Mises와 하이에크Hayek를 통해 미국으로 흘러들어 온 다음, 시장주의와 자유무역주의, 그리고 신자유주의라는 흐름으로 이어졌다.

오스트리아학파를 대표하는 카를 멩거Carl Menger는 화폐이론에서도 큰 족적을 남겼다. 그는 《화폐의 기원》에서 "화폐는 거래 편의를 위해 개인들이 고안해낸 것"이라고 주장했는데, 이것이 오늘날 대부분의 교과서에서 유일한 정설처럼 전수되고 있다. 화폐는 자연발생적으로 탄생한 것이라는 일종의 진화론적 사상이다.*

오스트리아의 화가 구스타프 클림트의 〈마르게리타〉. 철강 재벌의 딸 마르게리타 비트겐슈타인의 결혼을 축하하는 작품이다.

흥미로운 사실은 자유시장을 옹호하고 개인의 선택을 중시하는 오스트리아학파의 대가들이 한마디로 말해서 상위 0.1퍼센트에 속할 정도의 부자였다는 점이다(오늘날 살아있다면 월가 시위대의 공격대상이다). 멩거의 경우 유명한 변호사와 대부호의 딸 사이에서 태어난 전형적인 부르주아였다.

오스트리아학파의 한 사람인 미제스도 마찬가지다. 나치를 피해 미국으로 이주하기 전 그는 오스트리아-헝가리 제국에서도 손꼽히게 부유한 집안 출신이었다. 이뿐만이 아니다. 그의 수제자인 하이에크 역시 남부럽지 않게 유복한 집안 출신으로, 자기 나라에서 둘째가라면

* 멩거가 쓴 《화폐의 기원On the Origin of Specie》(1892년)은 진화론을 주장한 찰스 다윈의 《종의 기원On the Origin of Species》(1859년)을 패러디한 것이다. 진화론과 창조론이 상극이듯이, 멩거의 화폐 사상은 2장과 3장에서 다룬 화폐국정설, 즉 화폐는 국가가 창조한 것이라는 이론과 상극이다.

서러운 대부호 가문의 비트겐슈타인Wittgenstein과는 육촌관계였다.*

사정이 이러하니 국가의 중요성을 별로 인정하지 않는 오스트리아학파의 철학은 그들의 출신 성분에서 유래된 자연스러운 결론이라고 해도 과언이 아니다. 즉 제1차 세계대전을 계기로 해체된 오스트리아-헝가리 제국에서 최상위 0.1퍼센트로 살다 보면 '국가보다는 개인, 정부보다는 시장'이라는 생각이 싹트지 않을 수 없다. 그런 환경 속에서 극도의 무정부주의와 자유시장 경제를 지향하는 철학이 생긴 것이다. 그렇다면 오늘날 주류 경제학의 한 축을 이루는 오스트리아학파의 사상은 결국, 남들이 누리지 못했던 당대 최고의 교육을 통해 터득한 지식으로 자신들의 우월적 존재 기반을 고상하게 방어하는 논리에 불과할 것이다.

서양의 돈
화폐와 군주는 하나였다

화폐의 기원에 관한 오스트리아학파 카를 멩거의 주장을 뒷받침하는 증거들은 많다. 이탈리아의 경우 18세기까지도 민족국가를 형성하지 못한 채 도시국가들이 난립했었는데, 그때 상상 속 계산단위인 '리라

* 비트겐슈타인은 20세기를 대표하는 철학자의 한 사람으로, 미국의 철강왕 카네기에 맞먹는 유럽 철강 재벌의 막내아들이었다. 비트겐슈타인과 오스트리아학파 간의 인적 교류와 사상적 유대는 Roderick T. Long 저 《Wittgenstein, Austrian Economics, and the Logic of Action》(2010년)에 잘 설명되어 있다.

lira'가 이탈리아 사람들을 이어주는 구심점 역할을 했다. 즉 수십 가지 주화들이 주인 없는 계산단위인 리라와 일정 비율을 유지하면서 서로 교환되었다. '리라'는 저울이라는 뜻이다. 프랑스어권에서도 14세기 후반까지 저울을 뜻하는 '리브르livre'를 계산단위로 썼다. 영국의 '파운드' 역시 무게의 단위에서 나온 말이다. 이런 명칭들을 살펴보면, 돈의 가치는 '물리적 특성에 의해 결정되고 저울을 통해 심판을 받는다'는 생각이 지배한다. 여기에는 군주나 국가가 끼어들 공간이 없다.

당연한 말이겠지만, 군주가 힘이 없으면 화폐 문제에서도 큰소리를 칠 수 없다. 1529년 합스부르크 동맹과 프랑스 동맹이 이탈리아반도에서 패권을 다툴 때 신성로마제국의 카를 5세(합스부르크 동맹)가 프랑스의 두 왕자를 생포하는 일이 있었다. 이때 아들을 뺏긴 프랑수아 1세는 카를 5세가 요구하는 1,200만 에스쿠도escudos(스페인의 화폐단위) 상당의 보석금을 어렵사리 마련했지만, 병사들이 달려들어 금화를 하나하나 세는 데만 넉 달이 걸렸다. 검수를 마친 신성로마제국 측은 4만 개의 주화는 함량 미달이라고 퇴짜를 놓았고 그 바람에 포로 석방은 더 늦어졌다. 이 과정에서 프랑수아 1세의 체면은 형편없이 구겨졌다. 돈의 내재가치를 심판하는 시장의 저울질이 국왕의 존엄을 압도했다.

그러나 화폐 문제에서 군주가 전혀 힘이 없는 것은 아니다. 평상시에는 군주의 존재감이 화폐제도에 뚜렷하게 박혀있다. 전 세계적으로 주화의 앞면을 '헤드'라고 부르는 이유는 거기에 보통 군주의 얼굴이 새겨졌기 때문이다(자동차나 건물과 달리 돈에서는 '앞면'이라는 말을 쓰지 않

카를 5세. 콜럼버스를 통해 신세계를 개척했던 이사벨 1세의 외손자답게 영토 확장에 전념했다. 그는 스페인과 이탈리아의 왕도 겸했다.

는다). 과거 영국에서 쓰던 '크라운', 스웨덴과 덴마크의 '크로나', 노르웨이의 '크로네' 등의 계산단위를 보면 화폐가 군주와 관련이 있다는 것을 알 수 있다.

프랑스 문화권에서는 군주의 역할이 더욱 뚜렷하게 드러난다. 오늘날 중앙은행이 돈을 발행하여 얻는 이익을 '시뇨리지seigniorage'라고 하는데 이 말은 화폐를 발행하는 일이 '군주의 권한(droit de seigneur)'이라는 프랑스어에서 나왔다. 과거 프랑스의 계산단위였던 '프랑'도 마찬가지다. 백년전쟁 초기에 치러진 푸아티에 전투(1356년)에서 프랑스의 군주 장Jean 2세 부자가 영국의 에드워드 왕자에게 생포되어 영국이 돈을 요구하는 일이 벌어졌다(이때도 프랑스 왕이 포로가 되었다!). 이때 300만 크라운에 해당하는 보석금을 주기 위해 프랑스는 돈을 새로 찍을 수밖에 없었고, 그 돈에는 '말을 탄 늠름한 왕(Francorum Rex)'의 모습이 담겨있었다. 왕이 포로로 잡힌 망신스러운 현실을 눈물겹게 미화한 것이다. 그 돈이 바로 '프랑Franc'이다.

이런 점들로 볼 때 화폐는 군주와 불가분의 관계에 있다. 그렇다면 화폐의 기원은 개인 간의 약속이며 국가와 군주는 아무 관계가 없다는 카를 멩거의 주장을 액면 그대로 받아들이기는 곤란하다.

동양의 돈
화폐와 군주의 힘겨루기

화폐 문제에 있어서 국가와 시장 간의 힘겨루기는 동양에서도 발견된다. 그 옛날 진시황이 천하를 통일한 뒤에 천명한 도량형 중에서 '1관貫=10냥兩 = 100전錢 = 1,000문文'이라는 무게 단위는 화폐에도 그대로 적용되었다.* 돈의 가치가 무게로 평가된다는 점에서 영국의 '파운드', 프랑스의 '리브르', 이탈리아의 '리라'와 같았다. 그렇다면, 동양에서도 화폐 문제에 관한 국가나 군주의 역할은 제한되었다고 볼 수 있다.

실제로 서양의 군주들이 시도했던 디베이스먼트가 동양에서 시도되었을 때 동양의 백성들도 똑같이 분노했다(3장 참조). 중국에서 태평천국의 난이 벌어지거나 조선에서 흥선대원군이 경복궁 개축을 위해서 당백전當百錢을 발행하자 백성들이 즉각 반발했다. 명목 가치와

* 이밖에도 수(銖)와 근(斤)이라는 보조단위가 있었다. 수와 근은 십진법의 예외로서 1수(銖)=1/24냥, 1근(斤)=16냥이었다. 한편 우리나라에서는 한자를 이두식으로 풀어 썼다. 즉 엽전(葉錢)을 셀 때는 엽(葉)을 닢(이파리)으로 바꿔 한 닢, 두 닢으로 세었으며, 금의 무게를 잴 때는 전(錢)을 돈으로 바꿔 불렀다. 그러니까 금 한 돈은 금 1전(錢)을 말했다. 또한 최소단위인 문(文)은 흔히 '푼'이라고 불렀다.

실제 가치가 다른 돈에 대해서 조정이 뭐라고 떠들어도 민심을 잠재울 수 없었다.

하지만 조정의 힘이 충분히 컸을 때는 감히 이런 불만이 터져 나오지 않았다. 중국 문헌《한서漢書》〈식화지食貨志〉에 따르면, 화폐는 처음부터 국가가 만든 것이다. 초야에 묻혀 지내던 강태공이 무왕을 도와 주周나라를 세우면서 아홉 개의 정부기관(九府)을 설치했다. 그리고 이 기관들이 각자 독립적으로 세금을 걷고 돈을 찍어 재정을 충당토록 하는, 이른바 구부환법九府圜法을 만들었다. 이 법은 훗날 독일 경제학자들이 말한 화폐국정설의 아주 좋은 본보기다.* 그래서 동양의 군주들은 디베이스먼트를 할 때도 서양의 군주처럼 몰래 하지 않고 아주 당당하게 법령을 개정하는 방법을 썼다.

오수五銖라는 무게가 적힌 오수전五銖錢은 중국 한漢 왕조 이후 삼국시대와 남북조시대에 이르기까지 여러 왕조에서 만들어진 돈의 총칭이다. 그런데 시대마다 오수전의 모양이 전부 달랐다. 재질도 제각각이었다. 구리로 만들 때도 있었고, 쇠로 만든 때도 있었다. 심지어 무게도 달랐다. 오수전의 구매력은 품질과 무게에서 나오는 것이 아니라 왕의 힘에서 나온다고 생각했기 때문이다.

오수전처럼 구리와 쇠로 만든 돈은 서민들이 주로 사용하는 화폐였다. 돈 많은 사람끼리는 은 덩어리를 주고받았다. 전통에 따라 진시황 때의 은 덩어리는 말발굽 모양이었다. 그래서 우리나라에서는 그

* 독일학자 크나프(Georg Knapp)의 저서《화폐국정론》은 "화폐는 법률의 산물"이라는 선언으로 시작한다.

말발굽 모양의 사이시

것을 마제은馬蹄銀이라 불렀지만, 중국 광둥 사람들은 사이시(細絲)라고 불렀다. '고운 비단(을 팔아서 번 돈)'이라는 뜻이다.

중국 사람들이 비단을 팔고 왜 금이 아닌 은을 받았는지는 여러 학설이 있지만, 그중 가장 유력한 것은 유럽보다 중국에서 은의 상대가치가 더 높았기 때문이라는 것이다. 즉 유럽에서는 금과 은의 교환비율이 1대 12~15 정도였지만, 중국에서는 1대 10이라는 관념적인 생각이 지배했다. 중국이 은의 상대가치를 높게 평가한 것이다. 그래서 유럽 상인들은 중국 물건을 수입할 때 금 대신 은을 지급하고, 유럽 안에서는 중국 수입품을 금화로 거래했다. 환율 차이를 이용해서 이익을 남긴 것이다(유럽 상인들의 환전 기술은 7장에서 다룬다).

한편, 중국이 유럽과 교류한 것은 기원전 4세기까지 거슬러 올라간다. 그들의 대표적인 특산물은 비단과 도자기였고, 물건들은 육상의 실크로드로 운반되었다. 그런데 해상 무역로가 트이면서 파는 물건도 비단과 도자기를 넘어 차와 향신료 등으로 넓어졌다. 그러면서 사이시, 즉 은 덩어리가 아닌 스페인의 은화가 중국으로 직접 유입되었다.

1545년 스페인은 오늘날 볼리비아의 포토시Potosí라는 고산지대에서 어마어마한 은광을 발견했다(3장 참조). 그 덕분에 스페인은 유럽에서 가장 부유한 국가가 되었고 경제력을 바탕으로 무적함대를 조직함으로써 군사강국으로 도약했다. 유럽 최강국이 된 스페인은 중국에서 이것저것 좋은 물건을 죄다 사들이면서 그들의 페소화를 지불했다. 가운데가 뚫리지 않은 쟁반 모양의 은화였다. 중국은 그 돈을 보고 신기한 듯이 '은원銀圓'이라고 불렀다. 이렇게 해서 '둥글다'는 뜻의 원圓이 중국의 화폐제도에 스며들었다.

한편, 청나라 후기에 이르러 국력이 하루가 다르게 쇠약해지자 백성들은 자국의 돈을 기피하기 시작했다. 스페인의 페소건, 러시아의 루블이건, 은화로 만들어진 외국의 주화가 국내용 화폐인 동전을 밀어낸 것이다. 이렇게 되자 1889년부터는 지방 관리들이 서양의 돈을 흉내 낸 은화를 직접 발행하기 시작했다. 그 돈에는 '위안(元)'이라는 단위가 새겨졌고, 그러는 사이 중국의 계산단위로 굳어지게 되었다. 예고 없이 터진 일은 아니었으나, 누가 계획을 갖고 체계적으로 고안한 일도 아니었다. 그냥 엉겁결에 시작된 해프닝이었다.

전 세계로 퍼졌던
스페인 은화

돈의 이름에 새겨진 역사

무릇 돈의 이름에는 역사가 담겨있다. 프랑스의 프랑에는 왕이 납치되는 국가적 위기를 맞아 왕의 체면을 살려보려는 염원이 담겨있고, 영국의 크라운과 스웨덴의 크로나에는 왕의 권위와 위엄이 스며있다. '관貫-냥兩-전錢-문文'이라는 단위체계는 천하를 통일한 진시황제의 도량형 통일 의지가 담겨있다. 이런 계산단위들은 계획에 따라 체계적으로 시작된 결과다.

그와 달리 계산단위가 엉겁결에 시작된 경우도 많다. 중국의 위안이 대표적이다. 그런데 '위안'이라는 이름은 비록 우연히 만들어졌더라도 그것을 누가 강요한 게 아니라 청나라 지방 관리들이 정한 것이다. 미국의 '달러'도 마찬가지다.

오늘날 체코 동남부 보헤미아 지방의 요아힘Joachim은 은광으로 유명하다. 스페인이 남미에서 은광을 발견하기 전까지는 요아힘에서 캐낸 은이 은화의 대명사였다. 유럽 사람들은 '요아힘 계곡에서 만든 돈'이라는 의미로 '요아힘스 탈러Joachim's Thaler'라는 말을 썼다(이는 안성에서 만든 유기그릇의 품질이 좋아서 '안성맞춤'이라는 말이 나온 것과 같은 식이다). 아무튼 요아힘스 탈러라는 말은 스페인의 식민지 네덜란드에서 '탈러'로 축약되었고, 이 말이 다시 스페인에 이르러 '달러'로 변형되었다. 유럽에서 건너간 아메리카 주민들은 신대륙에서 만든 은화도 달러라고 불렀다. 그 바람에 달러는 아메리카 대륙 여러 곳에서 공통으로 쓰는, 국적 없는 계산단위가 되어버렸다. 프랑Franc, 마르크Mark

등과 달리 이탈리아의 리라lira나 달러dollar를 소문자로 쓰는 이유가 여기에 있다.

미국 식민지 주민들이 독립을 결심한 계기 중 하나가 1764년 만들어진 영국의 화폐법(Currency Act)이다. 이 법을 근거로 영국인들은 미국 식민지 주민들이 영국 돈만 사용토록 했다. 이에 분노한 식민지 주민들이 전쟁을 통해 독립을 이룬 후, 1792년에 주화법을 제정하고 자신들의 돈에 '달러'라는 이름을 붙였다.

이에 비해서 우리나라 돈의 이름 '원'은 지극히 굴욕적이다. 조선말 고종이 독일인 묄렌도르프Möllendorff를 초청해 현대식 주화를 만들 때는 환圜, WARN이라는 이름을 쓰려고 했다.* 이후 대한제국 시절이었던 1900년 일본 돈의 유통을 막고자 제정된 화폐 조례에서도 우리나라 돈의 공식 명칭은 '환圜'이었다. 그러나 이 무렵 일본은 장차 자신들이 달성할 목표인 한일병탄조약을 염두에 두고 한자 圓(원)과 영어 Yen이 함께 기재된 국적 불명의 불법 화폐를 고의로 유통했다. 우리의 의지와 관계없이 일본 제일은행이 뿌린 이 돈 때문에 'Yen=圓=우리 돈'이라는 착각이 뿌리내렸다.

이후 1918년 4월 1일 다이쇼 일본 왕은 칙령 제60호를 통해 조선에도 일본의 화폐법을 적용한다고 선언했다. 일본의 법률을 통해

* 고종은 주변의 강력한 반대를 무릅쓰고 화폐제도를 개혁하고자 1883년 전환국(典圜局)을 설치했다. 이곳에서 1886년 제작된 돈에는 圜(환)이라는 계산단위가 표시되었다. 이는 실학자 정약용이 전환국 설치를 제안하면서 강태공의 구부환법을 언급했기 때문이다. 한편, 圜이 영어로는 WARN으로 표기되었다. 화폐의 제작이 전적으로 외국인 손에 맡겨졌기 때문이다. 전환국의 대표(총판)로 임명된 묄렌도르프가 독일계 마이어 상사(세창양행)를 통해 기계를 수입한 다음, 일본조폐국의 이케다, 아나카와 등의 기술자를 초빙하여 일을 맡겼다.

'Yen=圓=우리 돈'이 된 것이다. 광복 이후 남조선에 주둔한 미군은 1945년 11월 2일, 군정법령 제21호(이전 법령 등의 효력에 관한 건)를 통해 일본 법률의 효력을 당분간 그대로 인정한다고 선언했다. 그 바람에 1950년 한국은행이 설립된 이후에도 한국은행이 조선은행권을 발행하는 웃지 못할 일이 벌어졌다.

그런 황당한 일은 오래가지 않았다. 뜻밖의 사고 때문이었다. 6.25 전쟁이 터지면서 피난 가기 바빴던 당시 한국은행 직원들은 지하금고에 있는 105억 원을 미처 수송하지 못했다. 북한이 이것을 접수하여 전투가 치열했던 낙동강 근처에서 살포하자 남한의 화폐 질서는 엄청난 혼란에 빠졌다. 결국 이승만 대통령은 1950년 8월 28일 '조선은행권의 유통 및 교환에 관한 건'이라는 대통령긴급명령 제10호를 통해 조선은행권을 급거 회수하고 한국은행권을 발행토록 했다.

그런데 유감스럽게도 그 긴급명령에는 돈의 이름에 관한 언급이 없었다. 그래서 한국은행 직원들은 일본에 인쇄를 주문할 때 아무 고민도 하지 않고 과거 조선은행권과 똑같이 '圓원'이라는 글자를 새겼다. 대통령을 포함해서 누구도 동의하지 않았던 결과였다. 국민적 합의가 전혀 없었던 그 해프닝으로 인해서 대한민국 계산단위는 원圓이라는 생각이 더욱 굳어졌다.

이승만 대통령은 이후 또 한 번 화폐를 갈아 치웠다. 전쟁 중에 인플레이션이 하도 심각해서 대통령긴급명령 제13호(1953년 2월 15일)를 통해 100대 1의 화폐개혁을 단행한 것이다. 이때 이승만 대통령은 '환圜'이라는 새 이름을 붙였다. 과거 대한제국이 시도했다가 실현하지 못한 이름이었다. 하지만 이 이름도 오래가지 못했다. 5.16 군사 정

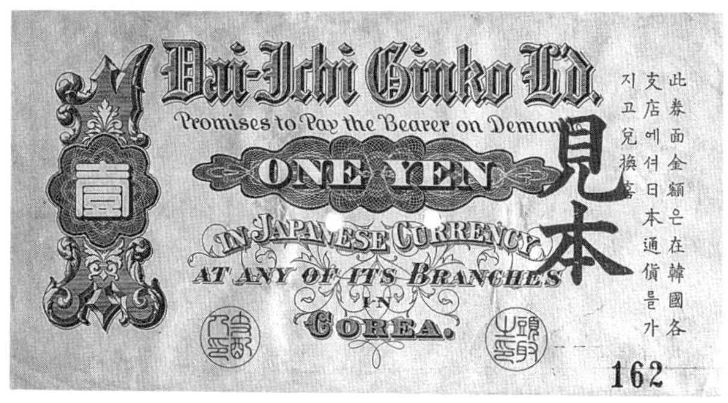

원과 Yen이 함께 적힌 일본 제일은행권

변이 발생한 뒤 국가재건최고회의는 긴급통화조치법(1962년 5월)을 통해 10대 1의 화폐개혁을 추진했는데, 이때 '환'이 다시 '원'으로 바뀌었다.

헌정질서가 정지한 가운데 몇몇 현역 군인들이 밀실에서 만든 이 법의 적법성에 관해서는 어느 누구도 고민하지 않았다. 국회도 나서지 않았다. 결국 60년 동안 방치되다가 2012년 3월에 이르러서야 변변한 법적 근거가 마련되었다. 한국은행법(제47조의2)에 "대한민국의 화폐단위는 원으로 한다"는 조항이 추가된 것이다(필자가 그 조항을 만드는 데 가장 앞장섰다).

하지만 여전히 해결되지 않은 숙제가 있다. 우리나라의 계산단위가 왜 '원'인지에 관한 고민과 여론 수렴이 빠진 점이다. 익숙하다는 이유로 원을 계산단위로 쓰는 것은 일본 제일은행권을 조선 땅에 뿌릴 때 일본 제국주의자들이 내세웠던 'Yen=圓=우리 돈'이라는 내선일체의 정치선전을 묵인하는 것이다. 화폐제도에 국가 개념이 실종된 오스트리아학파식의 무정부주의가 숨어 있다고도 할 수 있다.

우리나라 사람들은 화폐의 도안에 아주 관심이 많다. 등장인물과 글자의 모양에 관해서는 수많은 의견이 따라붙는다. 반면 역사의식과 국가관은 없다.* 그래서 화폐의 이름에 관해서는 기가 막힐 정도의 불감증을 보인다. 그러면서 독도가 다케시마라는 일본의 주장에 분개할 자격이 있을까? 우리 지갑 속의 한국은행권은 우리의 역사의식과 자존심을 묻는다. 그리고 호소한다.

"우리가 외국 돈의 이름을 제대로 불러준 것처럼
우리의 역사와 문화에 알맞은
누가 우리 돈의 이름을 제대로 불러다오."

* 조선일보 이규태 논설위원도 왜색 단위의 청산이 필요하다고 주장했다('화폐단위 古今', 2004년 9월 21일). 하지만 그가 제시했던 후보 보(寶), 환(圜), 양(兩), 문(文) 등은 중국에 대한 사대주의라는 비판이 따를 수 있다. 필자의 생각은 대한제국이 생각했던 환(圜)의 순우리말인 '돈'이 바람직하다고 본다(돌고 도는 것이라는 뜻이다). 어찌 되었든, 지금의 원이라는 이름을 당연하게 받아들이지 않는 것이 중요하다.

5장

중세가 남긴 돈의 유산

스카보로 장터에 가시나요?

파슬리, 세이지, 로즈메리, 타임 같은 풀들을 파는 곳.

거기 사는 그녀에게 전해주세요.

한때 내가 진정으로 사랑했었다고.

– 사이먼과 가펑클의 노래, '스카보로 페어Scarborough Fair'

제국의 침몰과 종교의 타락

이탈리아반도의 작은 도시국가로 출발해 한때 지중해 전체를 지배할 정도로 웅장하게 팽창했던 로마제국은 3세기에 이르러 힘이 많이 빠졌다. 자기 영토를 지키기도 바빴던 나머지 형제들끼리 동서를 나눠 통치하다가 그것도 힘겨워지면서 서로마제국은 476년 게르만족에, 동로마제국은 1453년 무슬림에 각각 멸망했다.

두 사건의 인과관계에 관해서는 이견이 있지만, 로마제국의 멸망은 게르만족의 대이동과 연관이 깊다. 게르만족을 포함하여 유럽의 동쪽 길목을 지키고 있던 여러 이민족이 서로마제국으로 몰려간 것은 더 먼 동쪽에서 훈족이 밀려왔기 때문이다. 문명이 뒤졌던 이민족은 로마제국의 영토 안으로 들어와 문화적으로는 완전히 동화되었지만, 정치적으로는 말썽거리가 되었다. 약탈과 반란을 거듭하다가 마침내 제국의 황제까지 폐위시키고 안방을 차지했다.

이로써 지중해 지역을 중심으로 꽃 피었던 고대 문명은 붕괴하고, 중세가 시작되었다. 이 시기에는 학문과 예술이 위축되어 상업, 무역, 금융에 관해서도 별다른 발전이 없었다. 그래서 중세를 암흑기(dark age)로 본다.

물론 어떤 학자들은 중세에도 학문과 문화가 조금씩 진전했다고 보고 '암흑기'라는 말에 동의하지 않는다. 하지만 중세문학, 중세철학이라는 것은 르네상스 시대에 가까워진 10세기 이후에 등장했으며 4세기부터 9세기까지는 이렇다 할 발전을 찾기 힘든 것이 사실이다.

메디치 집안과 제휴했던 대립 교황 요한 23세의 무덤(피렌체의 성당 벽에 있다).
중세에 큰 사업을 하려면 반드시 교황을 등에 업어야 했음을 시사한다.
요한 23세는 최고의 장소, 최고의 조각으로 장식된 무덤에 잠드는 조건으로
'세례 요한의 손가락'이라는 성유물을 메디치에게 물려줬다.

대략 4세기부터 12세기에 이르는 중세시대에 위축되지 않고 확대된 것이 있다면 바로 종교의 힘이었다. 313년 콘스탄티누스 황제가 밀라노칙령을 통해 기독교 탄압을 중단하고, 380년에는 테오도시우스 1세가 기독교를 공식 국교로 인정했다. 시름시름 쇠락해가는 로마제국이 다시 회춘할 힘을 기독교적 열정과 확장력에서 찾은 것이다. 하지만 소용이 없었다.

제국이 멸망해도 종교는 남았다. 그리고 타락하기 시작했다. 탄압을 견디고 살아남아 유럽 전체를 품게 된 기독교는 성경의 가르침과 반대로 나갔다. 성인이나 순교자의 무덤을 찾아가 빌거나 유골과 유품을 경배하는 미신, 즉 성유물 숭배 사상(fetishism)이 확산되었다. 신비한 효험이 있다는 성유물을 돈 주고 산 부자들은 안심했고, 그렇지 못한 서민들은 절망하거나 부러워했다.

교회끼리 성유물을 매매하거나 새로 발견된 것에 투자하기도 했다. 성유물이라 주장하는 물건들이 난무하는 바람에 이를 인정하는 권한을 교황에게 국한시키는 결정을 내려야 할 정도였다. 나중에 밝혀진 일이지만 상당수 성유물은 연대가 틀린 가짜이거나 석회로 만든 정교한 모조품이었다.*

그것만이 아니었다. 예수가 승천한 뒤 소박하게 살림을 꾸려가던 초기교회의 순수한 모습은 자취를 감추고, 종교는 정치가 되었다. 아니, 정치가 종교 속으로 침투했다. 중세로 접어든 로마는 유력 정치 가

* 성유물 숭배는 타 종교에서도 발견된다. 아시아 각국 사찰에서 주장하는 진신사리를 다 합치면, 석가의 몸은 매머드보다 컸어야 한다.

문이 교황청을 지배하고 거기서 나오는 헌금을 가로채는 일이 일상사가 되었다.

10세기 초에는 급기야 테오도라Theodora와 마로치아Marozia라는 두 귀부인 모녀가 애인들을 교황으로 세웠다가 마음이 변하면 갈아치우거나 죽이는 일이 계속되었다. 스무 살에 불과한 자신의 사생아를 교황으로 앉히고 뒤에서 교황청을 주무르기도 하고, 자신의 재혼식을 종교의 이름으로 전 유럽이 축하하게 만들기도 했다. 이런 사태를 역사에서는 '창부 정치(pornocracy)'라고 한다. 교황청이 두 여인의 치마폭에 싸여 60년간 12명의 교황이 교체된 시기를 말한다. 자정 능력을 상실하고 정치가 침투한 종교의 모습이었다.

그러다 보니 종교가 세상의 구원이 되기는커녕 세속의 일부가 되었다. 교황이 이웃 군주와 인사권을 두고 다투기도 하고(카노사의 굴욕, 1077년), 또 다른 군주와 권력투쟁에 밀려 타국에서 볼모로 잡히는가 하면(아비뇽 유수, 1309~1377년), 여러 명의 교황이 서로 자기가 진짜라고 우기고 싸우는 추태(대립교황 사태, 1378~1417년)를 벌이기도 했다.

종교의 힘이 세상을 지배했다는 시기에 만인의 존경을 받는 종교 지도자조차도 세속의 욕정에서 완전히 벗어나지 못했다. 대철학자이자 성인인 아우구스티누스는 "저에게 순결과 절제를 주소서. 하지만 나중에"라고 기도했다.*

* 이 말은 오늘날 그리스와 스페인 등 남유럽 국가를 비꼬는 데 쓰인다. 남유럽 국가들이 긴축의 필요성에는 동의하면서도 당장 재정 긴축에는 손사래를 치기 때문이다.

이슬람의 도전
십자군 전쟁과 페스트

330년 콘스탄티누스 황제가 동쪽의 비잔티움을 정복한 뒤 자신의 이름을 따서 콘스탄티노플로 바꾸고 로마제국의 수도로 삼았다. 로마제국이 갈라진 뒤 서로마제국이 게르만족의 침입으로 휘청거릴 때도 콘스탄티노플을 중심으로 하는 동로마제국은 건재했다.

그러던 동로마제국도 11세기에 이르러 이슬람의 심각한 도전에 직면했다. 급기야 1071년 동로마제국 코앞에서 벌어진 만지케르트Manzikert 전투에서 황제 로마누스 4세가 셀주크 튀르크 군에게 포로로 붙잡혔다. 동로마제국의 황제를 무릎 꿇린 셀주크 튀르크 왕 알프아르슬란Alp Arslan은 자기 신발에 입을 맞추라고 명령한 뒤 '나의 벌은 너를 살려두는 것'이라며 조롱하듯이 그를 풀어주었다. 죽음보다 못한 치욕이었다.

여기에 화가 난 교황 우르바노 2세는 전 유럽인의 각성과 대동단결을 외치며 이슬람을 향한 응징을 촉구했다. 이렇게 해서 십자군 전쟁이 시작되었다. 십여 차례에 걸쳐 200년간 계속된 지루한 전쟁이었다. 역설적으로 이 전쟁은 종교를 이유로 시작되었지만, 교황의 권위는 추락하고 오히려 세속의 왕권이 강화되었다(교황의 세속적 권력 약화는 중세를 거쳐 근세에 들어서면서 더욱 가속화되었다. 교황의 입장에서 속수무책인 각종 왕위계승 전쟁과 국지적 전쟁이 18세기 이후 훨씬 많아졌다).

십자군 전쟁이 끝난 뒤에도 유럽은 평온치 못했다. 이번에는 병마 때문이었다. 크림반도를 통해 아시아에서 전파된 것으로 알려진 흑사

보카치오의 《데카메론》에 묘사된 14세기 후반부터 근 300년 간 유럽을 괴롭혔던 흑사병의 참상. 2020년 코로나19 사망자가 급증했을 때 유럽 국가들이 시신 처리에 어려움을 겪었던 것처럼 당시에도 흑사병 사망자의 시신을 구덩이에 버리고 태우는 일들이 흔했다.

병은 1347년을 시작으로 유럽 전체를 완전히 쑥대밭으로 만들었다. 대륙 전체에서 성한 도시가 없었다. 유럽의 인구가 3분의 1이나 줄어든 가운데 이집트는 40퍼센트, 파리는 50퍼센트가 죽었다.

유럽은 300여 년간 완전히 공포에 휩싸였다. 흑사병은 1348부터 1350년까지 가장 극심했지만, 잦아드는 것 같다가 다시 확산되고 또

다시 잠복했다 전염되는 일이 반복되었다. 결국 17세기까지도 간헐적으로 계속되다가 19세기에 들어서야 의학의 힘으로 정복되었다. 그러는 바람에 삶은 피폐해지고 사회의 모습도 크게 변했다. 교황이 주재하는 종교집회가 중단되는가 하면 전쟁하다가 휴전하기도 했다.

흑사병은 경제에도 큰 변화를 가져왔다. 중세에는 장원을 중심으로 한 정착 인구가 많았으나, 흑사병이 창궐하면서 병마를 피하고자 이곳저곳을 떠도는 유랑인구가 늘었다. 전반적으로 인구가 감소하여 임금은 많이 올랐다. 르네상스 운동이 문화적인 차원에서 인간의 가치를 올려놓았다면, 흑사병은 경제적인 차원에서 살아남은 사람들의 몸값을 올려놓았다.

유대인 학대와 신성모독

모든 인간에 대한 대접이 좋아진 것은 아니었다. 유대인은 정반대였다. 유럽 전역에 흩어져 있던 유대인들은 8세기 이후 스페인의 이베리아반도로 모여들었다. 그곳을 지배한 이슬람 온건파 지배자들이 포용정책으로 유대인들의 종교 자유와 사회활동을 보장했기 때문이다. 하지만 11세기 말 모로코 지역의 무슬림(이슬람 원리주의자)이 이베리아반도를 점령하면서 유대인들이 다시 흩어졌다.

그런 상황에서 흑사병이 돌자 유럽 각지의 유대인들이 저주와 혐오의 대상으로 낙인찍혔다. 그들이 거의 독점적으로 누려오던 대금업 때문이었다. 유대인의 율법에서도 '돈이 돈을 낳는' 이자 수취는 신성모독으로 취급되었다. 하지만 이방인에게 이자를 받는 것은 용서되었기 때문에 그들은 타국을 전전하며 대금업으로 먹고살았다(1장 참조).* 반면 기독교 사회는 그들의 대금업에 별로 신경 쓰지 않았다. 예수를 부인한 유대인들은 무슨 짓을 하더라도 지옥에 갈 운명이었기 때문이다. 어차피 지옥으로 가게 될 그들이 군주에게 대출 편의를 봐준다면 크게 나쁠 것도 없겠다는 냉담함이 기독교 세계의 일반적인 인식이었다.

하지만 흑사병의 피해가 걷잡을 수 없이 커지자 인심이 아주 흉흉해졌다. 유대인들의 대금업 때문에 신이 노하여 내린 벌이라는 기독교적 믿음이 퍼진 것이다. 어떤 도시에서는 유대인 거주지를 폐쇄하고 추방했으며, 어떤 지역에서는 드러내놓고 테러를 권장했다. 마녀사냥의 다른 모습이었다.

유대인들에 대한 적개심과 탄압은 고대 로마시대까지 거슬러 올라가지만, 로마 밖에서 시작된 것은 십자군 전쟁 때였다. 종교적 이유보다는 경제적 이유가 컸다. 영국인들은 이슬람과의 전쟁에 집중하기 힘들다는 이유로 유대인들을 추방하면서 가재도구만 허용하고 나머지는 압류했다(1189년). 이베리아반도에서도 무슬림 점령자들이 돈을 가진 유대인들을 학대하고 죽이고, 쫓고 약탈했다.

흑사병 이후 유럽 다른 도시에서도 비슷한 일들이 벌어졌다. 불행

* 이슬람 사회는 오늘날까지도 이자 수취를 신성모독으로 간주한다. 현대 이슬람 율법이 초기 기독교 교리와 다르지 않다는 것은 역설이 아닐 수 없다. 제리 멀러(Jerry Muller)가 지은《자본주의와 유대인Capitalism and the Jews》(2010년)을 참조하라.

1938년 11월 10일 아침 한 유대인 가게 앞의 모습. 히틀러의 선동에 따라 전국적으로 벌어졌던 유대인 가게 습격 사건의 참혹한 결과는 이러했다.

하게도 이런 학대는 20세기에 들어와서도 끊이지 않았다. 러시아의 포그롬pogrom과 독일의 홀로코스트holocaust가 그것이다.

러시아의 포그롬은 20세기 초 우리 민족의 비극적 운명에도 영향을 미쳤다. 1903년 4월 유대교 축제일인 유월절에 키시네프(현재 몰도바의 수도)에서 유대인 집단학살 사건이 있었다. 차르 정부는 이를 단속하기는커녕 오히려 조장했고, 다른 도시에서도 600여 건의 비슷한 사건이 터졌다. 거기에 분개한 로스차일드 등 유럽의 유대계 금융자본은 제정 러시아 지원을 중단했다. 미국으로 이주한 유대계 금융재벌 제이콥 쉬프Jacob Schiff는 러일전쟁 비용 때문에 일본이 1904년 초 미국과 유럽에서 국채를 발행할 때 그 국채의 거의 절반을 인수했다. 이에 힘입어 전쟁에서 예상외의 승리를 거둔 일본은 1905년 미국과 카츠라-태프트 밀약을 맺었다. 미국의 필리핀 점유와 일본의 한반도 지배를 양국 외교장관끼리 담합한 것이다. 이후 대한제국이 스러지는 것은 시간문제였다.

장터, 화폐경제의 중심이 되다

로마가 멸망하기 전부터 골치 아픈 일이 있었다. 무슬림 해적이 지중해의 평화를 위협하는 것이었다. 해적은 인류 역사에서 매우 야만적이고 위험한 존재다. 잘 알려진 것처럼 소말리아 해적은 지금도 국제적인 골칫거리다. 로마제국 시절 왕성했던 지중해 무역과 노동의 이동은 7세기경 무슬림 해적들로 인해 꽁꽁 얼어붙었다.

무슬림 해적의 도발에 속수무책이었던 동로마제국의 위정자들은 위대한 조상들이 남겨 준 광활한 지중해 지역을 자신들이 관할하기에 벅차다는 것을 인정했다. 그래서 안전하게 다닐 수 있는 유럽 대륙만 지키기로 했다. 그러다 보니 상업보다는 농업이, 노동력보다는 토지가 더 중요해졌다. 벨기에의 역사학자 앙리 피렌Henri Pirrene은 중세의 유럽 경제를 두고 "8세기 말부터 서유럽은 완전히 농업경제로 후퇴했다"고 서술했다.

사정이 이러하니 그리스 시대부터 싹텄던 화폐경제도 물물교환경제로 환원되었다. 금융거래는 독신생활을 하는 성직자가 유대인 대금업자에게 급여인 성직록을 맡기는 것이 전부였다. 이자를 금지한 교회법 때문에 성직자가 대금업자에게 몰래 맡긴 돈은 '재량예금(discretionary deposit)'이라고 불렀다. 정해진 이자가 있는 것이 아니라 대금업자가 재량껏 돈을 굴리고 사후에 이익금을 분배해 준다는 의미다. 오늘날로 치자면 수익증권이나 단기금융상품(MMF)에 해당한다. 재량예금 이외의 금융투자는 생각하기 어려웠다. 기껏해야 교회끼리 성유물을 은밀히 매매하는 것이 전부였다.

하지만 십자군 전쟁을 거치면서 조금씩 변화가 생겨났다. 동서양의 교류가 확대되면서 상업도시가 발달하고 시민사회의 기틀이 잡혔다. 몇몇 항구도시와 지중해의 지배권도 무슬림의 손에서 탈환했다. 지정학적 안정을 바탕으로 오리엔트(아시아)와의 원거리 무역도 재개되었다. 더불어 화폐경제도 부활했다(고대 시대 소아시아 리디아 지역의 화폐경제에 관해서는 2장 참조). 흑사병으로 잠시 주춤하기도 했지만, 인구가 다시 늘어나면서 상인계급도 등장했다.

상업 활동이 두드러진 곳은 지중해에 있는 이탈리아반도와 북유럽 항구도시였다. 북유럽 항구는 따뜻한 난류 덕분에 겨울에도 얼지 않아 무역에 아주 유리했다. 그 지역 상인들은 자신들의 치안과 안녕을 위해 한자동맹(Hanseatic League)을 결성하고 정치적·군사적 연합세력을 구축했다.

한자동맹 상인들은 대단히 정치적이었다. 영국에서 제철소 운영과 면세 특권을 유지하기 위해 씀씀이가 큰 왕에게 열심히 정치헌금을 했다는 기록이 있다. 하지만 그들은 이탈리아인보다 금융에 어두웠다. 동맹한 도시들끼리 분쟁의 소지를 없애기 위해 무역균형을 추구한 결과 물물교환이 많았기 때문이다. 러시아와는 털가죽으로, 영국과는 양모로 거래했다.

외지인에 대한 동업자들끼리의 경계심 역시 금융업의 발달을 가로막았다. 1410년 피렌체에서 넘어온 부에리Gerardo Bueri라는 이탈리아인이 독일 북부 뤼벡Lübeck에 은행을 세우고 금융업을 하려고 하자 아무도 상대하지 않았다. 결국 그는 뤼벡 시장의 딸과 결혼해서 시민권을 얻은 뒤에야 다른 상인들과 거래를 틀 수 있었다. 하지만 1449년 그가 죽자 다시 영업이 축소되고 은행은 폐쇄되었다. 부에리의 먼 친척뻘인 메디치 가문이 그 은행을 인수할 때까지 뤼벡에는 별다른 금융업자가 없었다. 그것이 한자동맹의 한계였다.

한편, 금융업에 밝았건 밝지 않았건 모든 상인의 주무대는 장터(fair)였다. 장터는 샴페인으로 유명한 프랑스 샹파뉴Champagne 지역에서 출발했다고 하는데, 12세기경이 되자 유럽의 여러 지역에서 비슷한 것이 출현했다. 처음에는 일 년에 한 번만 열리다가 나중에는 같은 지역에서 주기적으로 여러 차례 열렸다. 이 기간에 군주들은 외국에서 찾아오는 방문객들을 위해서 왕명으로 치안을 확실하게 보장했다.

당시 장터는 제법 조직적이었다. 상품의 성격별(의류, 식품류, 가축 등)로 거래하는 기간을 따로 정하고, 그 기간에도 전시하는 날과 매매

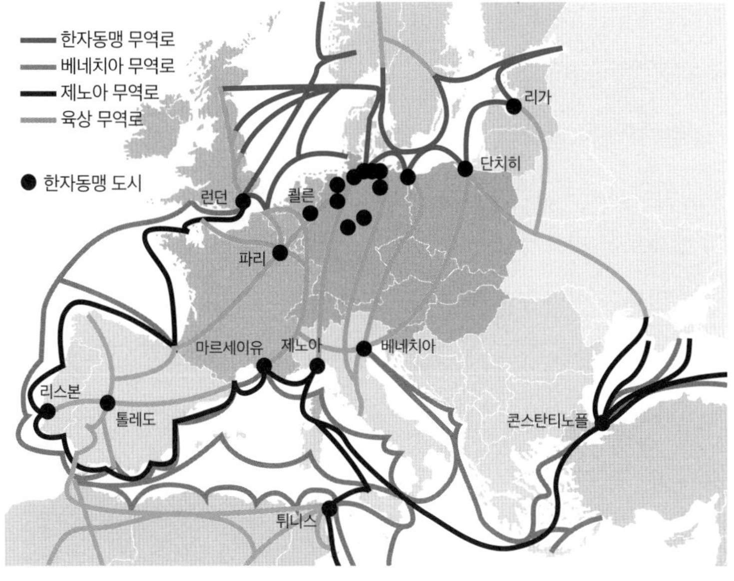

흑사병의 고비를 넘긴 뒤 유럽의 물자운송망

하는 날을 각각 나눴다. 매매가 끝나면 결제하는 시기를 따로 정했다. 상인들은 갖고 다니는 장부에 받을 돈과 갚을 돈을 나누어 적은 뒤 그 차액을 장터 관리인에게 지급했다. 오늘날 차액결제와 같은 것이다. 이렇게 해서 가지고 다니는 주화의 양을 대폭 줄였다.

장터는 상인들이 이윤을 남기는 장소이지만, 일반인들에게는 굉장한 볼거리를 제공하는 곳이었다. 거기에는 파슬리, 세이지, 로즈메리, 타임 같은 풀들만 있는 것이 아니었다. 아라비아의 향신료와 아프리카의 물소 뿔과 아시아의 비단들도 있었다. 중세의 묵직한 분위기에 짓눌려 있던 사람들은 장터에서 진기한 물건을 보고 만지며 행복을 느꼈다. 북적거리는 사람들의 열기 속에서 흑사병의 시련에서 살아남았다는 안도감도 느낄 수 있었다. 그것은 교회에서 느끼는 것과는 사뭇 다른 것이었다.

오늘날에도 장터는 설렘과 여흥의 상징이다. 영어로 장터, 박람회, 전시회라 부르는 '페어fair'는 축제, 여흥, 유원지를 뜻하기도 한다. 장터는 새로운 변화의 출발점이었다. 거기서 거래를 통해 상상도 할 수 없는 막대한 이익을 남기는 사람이 등장했다. 그들의 돈은 정치와 종교까지 움직였다. 문화와 예술과 학문도 그들의 돈이 가진 힘에 좌지우지되었다. 그러면서 르네상스 시대가 열렸다. 20세기 중국을 움직이는 권력이 총구에서 나왔다면* 14세기 이후 근세 유럽을 움직이는 권력은 거상巨商의 금고에서 나왔다. 이것이 바로 다음 장의 주제다.

* "모든 권력은 총구에서 나온다"는 말은 1925년 마오쩌둥(毛澤東)이 밝힌 선언이다. 중국의 군통수권은 공산당 중앙군사위원회가 갖는다는 의미다.

6장

돈과 권력이 만났을 때

비천한 지위는 야심 찬 젊은이의 사다리.

출세하려는 자는 그 끝만 올려다보지.

그러나 높은 곳에 올라서면 이내 사다리에 등을 돌리고

다시 구름을 올려다보지.

지금까지 올라온 아래쪽은 경멸하면서.*

– 셰익스피어, 〈율리우스 시저〉 2막 1장

* 시저가 자기를 지극히 총애하지만, 로마 공화국의 미래를 위해서는 시저가 제거되어야 한다고 믿는 브루투스가 시저의 위험성을 독백하는 부분이다.

십자군 전쟁
갑옷을 입은 금융업자

1071년 만지케르트 전투(5장 참조)에서 동로마제국이 셀주크 튀르크군에게 참패한 뒤 유럽의 기독교 세계가 이를 추스르고 힘을 결집하는 데는 상당한 시간이 걸렸다. 교황청을 비롯한 유럽 각 지역의 복잡한 정치적 상황 때문에 만지케르트 전투로부터 20년이 훨씬 지난 1095년에 이르러서야 겨우 뜻이 모아졌다. 프랑스 클레르몽에서 공의회를 소집한 교황 우르바노 2세는 "신이 그것을 바라신다*Deus lo vult, God wills it*"라고 주장하면서 성전聖戰을 선포했다.

이렇게 해서 시작된 제1차 십자군 원정(1096~1099년)의 최대 성과는 이교도들에게 빼앗겼던 예루살렘을 다시 찾은 것이었다. 하지만 기독교도들은 예루살렘에 입성하자마자 포로로 잡은 수만 명의 이슬람교도와 유대인을 하나님의 이름으로 무참히 학살했다(1099년). 오늘날까지도 이스라엘 국민이 잊지 못하는 악몽이었다. 신이 과연 그것을 바라셨을까?

유럽인들은 그런 일에 신경 쓰지 않았다. 오로지 오랜만에 되찾은 예루살렘을 보고 싶은 마음뿐이었다. 하지만 뜨거운 종교적 열정으로 성지순례에 나섰다가 이역만리에서 목숨과 재산을 잃는 경우도 많았다. 그래서 등장한 것이 템플기사단이다. 공식 명칭은 '그리스도와 솔로몬 신전의 가난한 기사들'이었다.

붉은 십자가를 가슴에 달고 성지순례자 보호를 내세웠을 때 유럽 각지에서는 그들에게 열광적인 지지를 보냈다. 땅을 헌납하는 사람들

제1차 십자군 원정 중의 예루살렘 학살(1099년)을 담은 그림.
8일 동안 무지막지한 살육이 자행되었다.

템플기사단의 정치적 이미지. 붉은 십자가를 앞세우고 이교도와 싸우는 전사의 이미지였지만, 현실에서는 금융업자에 가까웠다.

도 있었고, 금전적으로 지원하는 사람들도 있었다. 그래서 템플기사단원들은 전사인 동시에 부자들이었다.

그런데 기독교도의 예루살렘 점령은 100년을 넘기지 못했다. 1187년 살라딘Saladin이 침공해 왔을 때 다시 이슬람에 빼앗겼고, 성지순례자들의 발길도 끊어졌다. 기사들도 예루살렘 본부에서 철수했다.*

유럽으로 돌아온 뒤 그들은 새로운 일거리를 찾았다. 바로 금융업이었다. 템플기사단은 유럽 내륙에서 예루살렘에 이르는 장거리 성지순례 여행에 필요한 물자를 보급하고, 각종 경비를 관리하면서 수많

* 이후 한두 번의 격돌이 있었지만, 예루살렘은 1917년 제1차 세계대전이 끝날 때까지도 기독교도들이 갈 수 없는 성지가 되었다. 그곳은 제1차 세계대전 이후 이슬람과 기독교가 분할 통치했다가 1967년 제3차 중동전쟁을 통해 비로소 이스라엘이 실효적으로 지배하는 땅이 되어 지금까지 이어지고 있다.

은 종류의 화폐와 지급결제에 관한 노하우를 익혔다. 그 노하우를 가지고 예루살렘에서 돌아왔을 때 근엄한 기사들은 어느덧 유대인 대금업자들과 똑같아져 있었다.

본업을 벗어난 그들의 부업은 분명 기독교 교리와 충돌했다. 이름과 달리 전혀 가난하지 않다는 점은 순박한 일반인들이 보기에 불편한 진실이었다. 방대한 조직과 세속적 힘을 가진 존재가 종교의 이름으로 통제선 밖에 있다는 사실에 군주들은 불쾌해했다. 그러던 중 템플기사단으로부터 막대한 빚을 지고 있던 프랑스의 필립 4세가 1607년 마침내 템플기사단을 이단이라고 선언했다. 그러고는 비기독교적이며 신성모독이라는 이유로 그들의 막대한 재산을 몰수하고 단원들을 화형에 처했다. 유대인이 아닌 기독교들의 금융업이 철퇴를 맞은 첫 사건이었다.*

왕의 정치적 계산 때문에 어느 날 갑자기 철퇴를 맞고 사라진 템플기사단은 이후 전설이 되었다. 오늘날 서양 영화에서 붉은 십자가가 그려진 길고 흰 가운을 걸친 중세 기사들이 종종 보이는데, 이들이 템플기사단이다. 금융업자가 아닌, 늠름하고 정의로운 영웅으로 그려지는 것이다. 주판알을 튕기는 금융업자를 영웅이라고 상상하는 것은 아무래도 이상하지 않은가!

* 필립 4세의 별명은 요즘 말로 꽃미남 또는 얼짱왕(le Bel)이었으나 행동은 폭력적이었다. 교황에 대한 과세 문제로 교황과 다투다가 휴가 중인 교황을 납치하고 장기간 유배시키는가 하면(아비뇽의 유수), 재정난 타개를 위해 세금을 올리고 불량화폐를 발행했다. 또한 유대인 박해로도 유명하다. 이때부터 절대왕정 시대가 시작되었는데, 이는 계속되는 십자군 전쟁의 피로감과 그로 인한 재정난으로 교회의 견제력이 약해진 데 근본적인 이유가 있다.

소매상과 거상
평상복을 입은 금융업자

프랑스에서 템플기사단이 와해할 무렵, 이탈리아 북부에 터전을 두고 금융업을 하는 또 다른 무리의 기독교도들이 있었다. 롬바르드Lombards라고 불리는 사람들이었다. 그들은 원래 장터에서 물건을 사고팔던 상인들이었다.

상인을 부르는 이름은 많다. 이탈리아 중부와 남부에서는 상인들을 메르카토르mercator라고 불렀다. 잉글랜드에서는 머천트merchant로 프랑스에서는 부르겐시스burgensis라고 불렀다. 오늘날 부르주아는 부르겐시스, 즉 상인에서 비롯된 말이다. 유럽의 상인들은 사회적 신분이 비교적 높았다. 우리나라 조선시대의 서열인 사농공상과는 다르다. 상업의 부활과 부르주아의 출현은 흑사병으로 다 죽어가던 유럽이 13세기에 맞이한 일대 혁명이었다.

상인들이 전부 똑같은 것은 아니었다. 애덤 스미스는《국부론》에서 소매상(retailer)과 거상(great merchant)을 구분하면서 그 둘의 차이가 자본금 규모라고 설명했다. 하지만 천만의 말씀이었다. 소매상과 거상은 자본금 규모뿐만 아니라 하는 일이 완전히 달랐다. 애덤 스미스가 '거상'이라고 불렀던 사람들은 국제무역을 통해 외환과 어음을 다루고 여러 외국어에 능통했으며, 국제 정세에 정통해서 특정 품목의 시세를 예측해 투기하거나 매점매석하는 데 놀라운 재주를 가진 사람들이었다.

프랑스에서는 거상을 거간(négociant)이라고 부르면서 일반 상인

(marchand)과 구분했다. 독일에서도 도매상(Kaufmann)과 일반 소매상(Händler)으로 나누어 불렀고, 스페인의 식민지였던 네덜란드 지역에서도 도매상(First Hand)과 소매상(Second Hand)의 차이를 뒀다. 영국에서만 그 차이가 작았다. 그래서 애덤 스미스는 상인들을 자본금의 차이로만 구별했다.

'메르카토르 도법'으로 세계지도를 만든 게라르두스 메르카토르(16세기). 전 세계로 눈을 돌린 한자동맹의 상인 가문 출신답다.

거상들은 수백 년을 두고 줄기차게 부를 축적하면서 다른 계급들을 하나씩 따돌렸다. 그 비결은 이익이 될 만한 것이면 닥치는 대로 사고파는 상술과 무자비한 매점매석, 그리고 권력자에게 달라붙는 유착기술이었다. 한마디로 말해서 악질적 처세술과 실용주의가 그들의 성공 비결이자 존재 방식이었던 것이다.

중세 상인들의 힘은 고대 로마제국의 원로원들보다 컸다. 원로원 계급이 장악했던 라티푼디움latifundium은 국가의 소유였으므로 그들의 지배력은 상속되지 않았다. 이에 비해서 중세의 상인계급은 장사를 통해 모은 돈을 후대에 상속했다.

집단생활을 하는 템플기사단과 달리 사저에 사는 그들이 도대체 얼마나 많은 재력을 가졌는지 군주는 쉽게 알 수 없었다. 그래서 상인들은 군주의 경계심을 낮추면서 힘을 키울 수 있었다. 그리고 마침내 그 힘이 군주와 맞먹을 때가 되자 드디어 참모습을 드러내기 시작했다.

결코 신성하지 않았던 신성로마제국

프랑스의 철학자 볼테르Voltaire가 지적한 대로 "신성로마제국은 신성하지 않았고, 로마도 아니었으며 심지어 제국도 아니었다". 476년 서로마제국이 멸망한 뒤 광활한 유럽 대륙은 동고트 왕국, 서고트 왕국, 프랑크 왕국, 반달 왕국 등으로 쪼개졌다.

이 가운데 프랑크 왕국은 가장 영토가 넓은 강국이었지만 시간이 흐르면서 여기서도 왕권, 즉 메로빙거 왕조가 흔들렸다. 마침내 신하인 피핀Pepin the Short이 왕을 유폐시키고 스스로 왕이 되면서 카롤링거 왕조 시대로 접어들었다.

751년 왕위에 오른 피핀은 성공한 쿠데타의 우두머리였지만, 한 가지 께름칙한 게 있었다. 왕으로서 정통성이 없기 때문에 언제라도 다른 귀족에게 역습당할 수 있다는 두려움이었다. 고심 끝에 그는 서유럽의 최고 권위자였던 교황에게 접근했다.

이 무렵 교황 스테파노 2세에게는 아주 골치 아픈 일이 있었다. '십자가에 매달린 예수상을 우상으로 볼 것인가'라는 문제를 두고 동로마 교회와 자존심을 건 논쟁 중이었다. 군사적으로는 북쪽의 롬바르드족에게 위협을 받고 있었다.*

피핀은 두 아들을 데리고 직접 교황을 방문하여 세례를 받고 왕의 정통성을 인정받았다. 그리고 로마인의 수호자임을 자처하면서 고대 로마제국이 꿈꾸었던 크리스천 세계의 부활을 다짐했다. 실제로 그는 정복하는 곳마다 주민들을 크리스천으로 개종시켰다. 그리고 왕으로 인정받은 대가로 롬바르드족을 격퇴한 뒤 756년 중부 이탈리아를 교황청에 헌납했다(피핀의 기증).** 이것이 오늘날 교황령의 법률적 근거다.

당시 바티칸의 교황은 무력했다. 동로마교회의 힘에 압도되었던 데다가 내부적으로는 전임 교황의 지지자들과 귀족들이 반란을 일으켜 중상을 입은 채 도망 다니기까지 했다. 이때 피핀의 아들 카롤루스(프랑스어로는 샤를마뉴, 스페인어로는 까를마뇨, 영어로는 찰스 대제라고 부른다)가 친히 군대를 이끌고 로마에 입성하여 사태를 수습했다.

이에 감격한 교황 레오 3세는 크리스마스 미사에 참석한 카롤루스를 일으켜 세운 뒤 그를 '로마제국의 황제'라고 불렀다. 갑작스러운 사태에 카롤루스는 짐짓 놀라는 표정을 지었지만, 사실은 사전 밀약의 결과였다. 카롤루스가 일개 왕에 머물러 있는 것보다는 비잔틴 제국의 황제와 동격이 되는 것이 그 자신과 교황 모두에게 도움이 되었기

* 당시 교황청은 신학적으로 동로마제국을 압도하고 현실적으로 교황의 영토를 지키고 싶은 마음이 간절했다. 그래서 소위 '콘스탄티누스의 기진장'이라는 거짓 문서까지 만들었다. 바티칸의 주장들이 고대 문헌을 통해 입증된다는 점을 알리고 싶었던 것이다.

** 피핀은 교황청을 헌납한 대가로 주교임명권을 보유하게 되었다. 이것이 훗날 교황과 신성로마제국 황제들이 성직자 임명권을 두고 대립했던 '서임권 투쟁'의 씨앗이 되었다. 황제가 맨발로 교황을 찾아가 무릎을 꿇은 카노사의 굴욕(1077년) 사건이 정점이었다.

800년 12월 25일 로마 성 베드로 성당에서 거행된 카롤루스 황제의 대관식

때문이다.

이렇게 정교유착政教癒着의 결과로 서기 800년 즉흥적으로 출현한 것이 신성로마제국이었다. 별로 신성하지 않았으며, 로마와 관계없는 프랑크족의 왕국이었다.

신성로마제국은 제국도 아니었다. 황제 즉위는 형식적이었고 유럽의 다른 왕국들과는 기독교 형제국으로서 전략적으로 협력하는 정도였다. 그나마 카롤루스의 손자 대에 이르러서는 프랑크 왕국 자체가 독일(동프랑크), 프랑스(서프랑크), 이탈리아(중프랑크)로 갈라졌다.

이후 신성로마제국은 독일, 프랑스, 이탈리아, 스페인, 영국의 왕들끼리 투표로 황제를 뽑고 황제가 된 왕은 자기 나라에서 제국을 원격 통치하는 식으로 다스렸다. 오늘날을 예로 들자면 G20이라는 가상의 국가를 세우고 회원국 국가수반들끼리 의장을 투표로 선출하는 것과 같았다.

자유제국도시 상인들의 한자동맹

흑사병이 지나가고 상업이 발달하면서 신성로마제국 안에서는 자연스럽게 제국도시(Imperial City)가 생겨났다. 이 도시들은 보통 공작(Duke)이나 주교(prince-bishop)와 같은 군소 영주가 다스렸다. 이런 군소 영주들은 치안을 유지하는 대가로 세금을 거두고 병사들을 소집했다.

이에 비해 자유도시(Free City)는 특별했다. 군소 영주의 통치를 받는 제국도시와는 달리 멀리 있는 황제로부터 원격 통치를 받는 형식을 취했다. 그래서 시민들이 군주에게 시달리지 않았고 도시에는 자유가 넘쳤다. 자유도시 상인들은 근처의 군주에게 세금도 안 내고 십자군 원정 때 징발되지도 않았다.

그러나 이들의 특권은 공짜가 아니었다. 돈이 궁한 군주에게 상인들이 돈을 모아 빌려주면서 그 대가로 자유도시로 승격하는 경우가 많았다. 어떤 곳은 군주에게 뇌물을 상납하기도 하고, 심지어 용병을 사서 군주와 전쟁을 치른 뒤 자격을 획득하는 곳도 있었다.

제국도시들도 조금씩 자유를 넓혀갔다. 그래서 나중에는 자유도시와 제국도시를 합쳐서 자유제국도시(Free Imperial City)라고 불렀다. 한때 100여 개까지 늘어났다가 다시 줄기는 했지만, 신성로마제국이 끝날 때 자유제국도시는 50개가 넘었다.

중세 후반부터는 자유제국도시들이 황제마저 밀어내고 거의 완벽한 자치 상태를 누렸다. 그러니 도시 안에 사는 상인들은 통일을 바랄 이유가 없었다. 이것이 이탈리아와 독일에서 민족국가 출현이 유난히 늦어진 이유였다.

독일 지역에 있는 자유제국도시들의 자유는 1871년 비스마르크가 통일을 이룰 때까지 계속되었다. 그들은 외국에서 장사할 때 자신들의 권익을 지키기 위해 일종의 연합국가 같은 것을 조직했다. 한자동맹이었다.

한자동맹을 대표하는 도시는 북부의 뤼벡, 함부르크와 브레멘, 중부의 프랑크푸르트와 쾰른, 남부의 뉘른베르크와 아우크스부르크 등이다. 이중 독일 남단에 있는 아우크스부르크는 한자동맹의 최고 실력자였던 푸거Fugger 가문의 본부로 유명하다. 푸거 가문은 14세기 말에서 16세기 말까지 약 200년 동안 정경유착과 교경유착教經癒着 등 독점과 착취를 통해 거대한 부를 축적했던 신성로마제국 최대의 상인 가문이었다.

신성로마제국의 막시밀리안 1세 황제. 결혼을 통해 영토를 확장한 것으로 유명하다. 부르고뉴 공국의 마리와 결혼하여 네덜란드와 벨기에를 확보하고, 그녀가 죽은 뒤에는 밀라노 공국의 비앙카 마리아와 결혼하여 밀라노 지역에 대한 지배력을 확보했다. 깡패 군주 스포르차의 딸인 마리아는 교양도 없고 이미 사촌과 결혼했던 경력도 있었지만, 막시밀리안은 개의치 않았다.

황제와 상인 가문의 결탁과 유착

합스부르크 가문 출신의 신성로마제국 황제 프리드리히 3세는 중국 황제에 비할 수 있는 존재였다. 그는 황제로 즉위한 다음 해인 1453년 동로마제국이 오스만 튀르크에게 함락당하면서 프리드리히 3세는 유럽 대륙의 유일한 황제로 남았다. 지존의 위치에 오른 것은 좋았지만, 그는 별다른 능력이 없었다.

무엇보다도 자신의 씀씀이를 감당할 수 없었다. 아들 막시밀리안 Maximilian을 장가보낼 무렵에는 자기 영토 안에서 빵집 주인, 그리고 소매상인들에게조차 자잘한 빚을 지고 있어서 더 빚을 얻기가 민망할 정도였다.

빚에 쪼들리고 있던 그가 난국을 타개하려면 무슨 일이 있더라도 부르고뉴 지역의 마리Maria를 며느리로 맞이해야 했다. 마리의 아버지 샤를 공Charles the Bold은 용감하거나 무모하기로 유명했는데, 그 평판대로 프랑스의 루이 11세를 필생의 라이벌로 생각하고 시비를 걸었다가 전쟁 도중 전사했다. 오늘날 프랑스 일부, 벨기에, 네덜란드, 룩셈부르크에 이르는 드넓은 샤를의 영토는 외동딸 마리에게 상속되었다. 아름다운 외모를 가진 마리는 모두가 눈독을 들이는 유럽 최고의 신붓감이었다.

프리드리히 3세의 아들 막시밀리안은 아버지의 재촉으로 벨기에까지 쫓아가 열아홉 살의 마리에게 청혼했고, 하루 만에 결혼 승낙을 받았다.* 문제는 결혼 비용이었다. 신성로마제국의 웬만한 상인들은 낭비벽이 심한 황제에게 더 이상 돈궤를 열려고 하지 않았다.

이때 푸거 가문이 나섰다. 그때까지만 해도 아우크스부르크의 토착 가문 벨저Welser나 레링거Rehlinger 집안보다 약간 뒤처져 있던 푸거 가문은 흔쾌히 황태자의 결혼식 비용을 대겠다고 나섰다. 그러면서 결혼식에 참석하는 고관대작들에게 자기 돈으로 최고급 옷까지 선사했다.

그에 대한 보답으로 프리드리히 3세는 푸거 가문에 대하여 '아무 대가 없이 존경의 선물로(과연 그럴까?)' 합스부르크 왕조의 문장을 마음껏 쓰도록 허락했다. 이로써 푸거 가문은 다른 상인들과는 차원이 다른 위치에 올랐다.

이후 푸거 가문은 돈에 쪼들리는 귀족들을 도와주면서 이권을 챙겼다. 예를 들어 은광으로 유명한 티롤Tirol 지방의 귀족 지기스문트Sigismund한테 무이자로 돈을 빌려주면서 군주 영지에 있는 은광에서 현물을 달라고 요구했다. 당시 시세로 볼 때 은으로 돌려받는 것이 훨씬 이득이었다.

낭비벽이 심한 지기스문트가 몇 년 뒤 파산하고 티롤의 통치권은 그의 친척 막시밀리안에게 넘어갔다. 자기 결혼식 비용을 얻어 썼던

* 당시 이웃 나라 프랑스의 루이 11세는 자기 아들 중 아무나 골라서 결혼하라고 마리에게 군사시위를 했다. 하지만 마리는 프랑스로부터 부르고뉴의 독립을 원했던 아버지의 유지를 좇아서 독일 지역의 막시밀리안을 배우자로 골랐다. 이때 부르고뉴 지역의 상인들은 군사강국 프랑스의 눈 밖에 날 것을 염려하면서 그 결혼을 재고하라고 읍소했다. 만일 결혼을 하려면, 세금을 감면해 달라고 졸랐다. 상인들은 이렇게 군주들이 어려움을 겪을 때마다 조건을 붙여 흥정하면서 자유를 넓혔다.

막시밀리안 역시 아버지를 닮아서 씀씀이가 보통은 아니었다. 급할 때마다 푸거 가문의 지원을 받았고, 그때마다 은광이나 동광이 하나씩 푸거 가문으로 넘어갔다. 이쯤 되자, 누가 누구를 이용하는 것인지 알기 힘들었다.

푸거는 광업의 대명사였다. 티롤, 헝가리, 스웨덴, 노르웨이 등 유럽 대륙뿐만 아니라 페루와 칠레에도 투자해서 막대한 이익을 얻었다. 당시 막 발견된 남미 포토시 광산에서 은을 정제할 때 필요한 수은도 푸거 가문이 독점 공급했다(3장 참조).

1509년 교황청은 조폐국 제카Zecca의 관리를 푸거 가문에 맡겼다. 푸거 가문은 교황의 얼굴이 새겨진 돈을 찍으면서 뒷면에는 자기 집안의 상징인 삼지창과 반지를 넣었다. 이렇게 해서 푸거 가문은 교황청과 동전의 양면 관계임을 과시했다.

그러나 광업이 푸거 가문의 전부는 아니었다. 아프리카와 아메리카 사이의 노예무역에도 관여하고 헝가리에서 가축도 수입했다. 스칸디나비아반도에서 이탈리아반도에 이르기까지, 그리고 헝가리에서 스페인에 이르기까지 사방에 펼쳐진 사업망을 통해 직물, 향료, 모피, 보석 등을 닥치는 대로 거래했다.

드러낼 수는 없었지만, 푸거 가문이 손댄 사업 중에는 금융업도 있었다. 푸거 가문의 방대한 투자금 중 4분의 3은 추기경 폰 메카우von Meckau에게서 나왔다. 이쯤 되면 다른 사람들의 눈을 피해 돈을 벌기 위해서 추기경이 푸거를 이용했다고 볼 수도 있다.

교황청 고위관리들과의 특별한 교경유착教經癒着 관계는 1506년 교황청이 스위스 용병으로 구성된 근위대를 구성할 때 그 비용과 급여를 푸거 집안에서 대도록 만들었다. 이런 노력 끝에 1525년 푸거 가문은 기사 작위를 받았다. 두둑한 녹봉과 함께.

정경유착의 화신
푸거 가문이 남긴 것

푸거의 은밀한 사업은 금융업만이 아니었다. 가문의 권력과 영향력을 유지하기 위해 민간인 사찰도 서슴지 않았다. 전 유럽에 걸쳐 거미줄처럼 펴져있는 그의 조직망으로부터 '푸거 신문'이라는 첩보 문서를 접수했다. 경쟁자와 각국 통치자들의 근황을 담은 자료였다(근세 초기의 정치와 경제 상황을 알려주는 이 귀중한 자료들은 현재 빈 국립도서관에 남아 있다). 귀족 중에는 스스로 나서서 그 일을 돕는 이들도 있었다. 일개 상인 출신이었던 푸거 가문에게 협조하고 약간의 뒷돈을 받는 일을 그들은 부끄럽게 생각하지 않았다.

푸거의 막강한 정보력은 1519년 막시밀리안 황제가 사망했을 때 드러났다. 신성로마제국의 후계자를 뽑는 선거가 시작되자 영국의 헨리 8세와 프랑스의 프랑수아 1세가 야심을 드러냈다. 프랑수아 1세는 교황의 지지까지 받아냈다.

이때 푸거는 여러 정보를 종합해서 제3의 인물, 즉 스페인의 카를 1세를 지원하는 것이 유리하다는 결론을 내렸다. 죽은 아버지 막시밀리안으로부터 부르고뉴 지방을 상속받은 데다 아메리카 신대륙을 지배하고 있었기 때문이다. 무궁무진한 거래의 가능성을 본 것이다. 그

교황 레오 10세 앞에 선 영국 왕 헨리 8세와 스페인 왕 카를 1세. 헨리 8세는 서 있고, 카를 1세는 앉아 있다. 신성로마제국 황제 경쟁에서 카를이 이긴 것을 보여준다.

래서 어마어마한 뇌물을 뿌리면서 독일의 제후들이 카를 1세를 지지하도록 조종했다.* 이런 작전 덕분에 카를 1세는 만장일치로 신성로

* 막시밀리안의 두 번째 부인인 카를 1세의 어머니는 이탈리아반도의 유명한 정치깡패 스포르차의 딸 비앙카였다. 스포르차는 이탈리아반도의 상인들로부터 돈을 받고 싸워주는 용병이었는데, 어느 날 도시국가 밀라노를 무력으로 접수하고 스스로 통치자가 되었다. 그리고 자기 딸을 신성로마제국 황제에게 시집보내면서 군주의 반열에 올랐다. 이처럼 카를 1세의 외가가 군사강국 밀라노와 연결되어 있다는 점도 푸거 가문이 카를 1세 편에 선 이유였다.

마제국의 황제가 되었다(그리고 신성로마제국의 카를 5세로 이름을 바꿨다).

교황청과 은밀히 거래하면서 황제 선출에 입김을 넣는 킹메이커 푸거 가문에 두려울 것은 없었다. 그러나 시스템의 위기는 아주 가까운 데서 시작되었다.

1517년 마르틴 루터가 '95개 조 반박문'을 뿌리면서 종교개혁을 들고 나왔을 때 교황청의 면죄부 판매를 돕던 푸거 가문은 공공의 적이 되었다. 루터는 하필 푸거의 독점과 착취 아래서 신음하던 광부의 아들이었다! 루터는 마인츠의 대주교가 면죄부 판매에 그토록 열을 올린 이유가 푸거 집안에서 빌린 돈을 갚기 위해서라는 것을 알고나서 푸거를 교황과 한통속이라고 비난했다.

구교와 신교가 나뉘어 앞날을 알 수 없이 으르렁거릴 때 푸거는 철저하게 구교와 황제 뒤에 숨어 불리할 때 보호를 요청했다. 1523년 푸거 가문의 독점사업이 법정에서 추궁받게 되자 가문의 대표 야코프는 카를 5세에게 "그동안 우리 집안에서 받았던 것들을 잘 생각해 보시라"는 편지를 보냈다. 이에 카를 5세는 "대기업은 유익한 존재이고, 푸거는 수십만 명의 생계를 보장한다"는 칙령을 발표해 그 소송을 무마했다.

이후 푸거와 카를 5세의 결탁은 더욱 두터워졌다. 루터파들이 황제를 압박하고 있는 상황에서도 굳이 황제를 이탈리아 볼로냐까지 데리고 간 다음, 1530년에 다음 교황 클레멘테 7세로부터 직접 황제의 관을 받도록 했다(카를 5세는 교황이 대관식을 집전한 마지막 황제다). 1546년 독일에서 구교와 신교가 슈말칼덴 전쟁을 치를 때는 구교 쪽인 카를 5세를 위해 전쟁 비용을 부담했다. 황제는 전쟁에서 이겼지만, 6년간 돈을 댄 푸거의 희생은 아주 컸다.

야코프 푸거의 초상

그래도 민심은 돌아섰다. 농부와 수공업자들이 푸거 가문에 쌓였던 불만을 드러냈다. 기사계급과 귀족 중에서도 평민들에게 동조하는 사람들이 생겼다. 운신의 폭이 갈수록 좁아지는 가운데 대출사업도 예전보다 눈에 띄게 나빠졌다. 돈을 빌려 간 황실은 대출금을 갚지 않았고, 담보로 받은 자산도 가치가 점점 떨어졌다. 푸거 가문의 사업은 1560년 야코프 푸거의 조카 안톤의 사망으로 전성기를 벗어난 뒤, 1658년 결국 해체되었다.

정경유착의 화신이자 독점기업의 원형이었던 푸거가 해체될 때 모든 시민이 반가워한 것은 아니다. 가슴 아프게 생각하는 사람들도 있었다. 마르틴 루터가 95개 조 반박문을 발표하기 전 야코프 푸거는 자기 고향 아우크스부르크에 '야코버포어슈타트Jakobervorstadt'라는 영세민 주택을 건설했다. 근면하지만 가난하게 사는 서민들에게 지어 준 아파트였다. 거기에 사는 사람들은 푸거 가문의 몰락을 안타까워했다. 52채로 된 아파트촌에 입주하기 위해서는 구교 신자로서, 적은 금액이라도 꾸준히 헌금을 내고, 매일 기부자인 푸거 가족을 위해 기도를 해야 한다는 조건이 있었다. 오늘날까지 남아 있는 이 아파트의 1년 집세는 88센트다. 여기 사는 사람들은 지금도 매일 저녁 주기도문과 사도신경 암송에 이어서 푸거 가문을 위해 기도한다.

야코프가 아파트를 짓기로 했을 때 어쩌면 할아버지 한스Hans를 떠올렸는지 모른다. 나중에 기사 작위를 받았지만, 푸거 가문은 원래 귀족이 아니었다. 창업주 한스는 그라벤Graben이라는 작은 마을에서 아우크스부르크로 이주해 온 직조공이었다. 비천한 신분이었던 그는 모직물과 바르켄트(마와 면을 섞은 천) 거래로 재산을 모아 밑바닥 타향살이를 벗어났다. 그리고 자식들에게 신분 상승의 꿈을 심어주었다.

오랜 시간이 흐른 뒤 한스의 자손들이 성공의 사다리 끝에 다다랐을 때 그들은 거기서 멈추지 않았다. 다시 구름을 바라보면서 교황과 황제들과 어울렸다. 그러면서 사다리 아랫것들을 동정하는 눈으로 내려다보았다. 작위를 받은 야코프 푸거는 죽을 때까지 스무 가지 음식으로 차려진 밥상만 받았다. 그중에서 여덟 가지는 반드시 생선이어야 했다. 그것이 듣보잡 출신의 한자동맹 지도자 야코프 푸거의 진면목이었다. 셰익스피어가 말했듯이 비천한 지위는 야심에 찬 젊은이의 사다리였다!

7장

돈으로도 살 수 없는 것

돈이 사람을 잘나게 만들고

돈이 사람을 유식하게 만들고

돈이 죄악을 숨겨주고

돈이 남들의 부러움을 사고

돈이 탐스러운 여자를 대령하고

돈이 영혼을 천국으로 보내주고

돈이 보잘것없는 사람을 고상하게 만들고

돈이 원수를 땅에 쓰러뜨리지.

그러니 돈 없으면 패가망신이요,

세상만사는 돈으로 돌아가지.

돈만 있으면 천국도 갈 수 있으니

현명한 자들이여, 그것을 비축하라.

미덕 이상의 돈은 슬픔도 물리치리라!

- 14세기 이탈리아의 풍자시

은행의 기원 골드스미스

금속활자의 아버지가 독일의 구텐베르크라는 소리를 들으면 7천 7백만 명의 남북한 국민이 웃는다. 아라비아 숫자가 아랍인들의 발명품이라는 소리를 들으면 13억 인도인들이 웃는다. 은행업의 시작이 잉글랜드라는 소리를 들으면, 영국을 제외한 78억 명이 웃는다.

영국인들의 생각은 이러하다. 폭정으로 유명한 찰스 1세가 의회의 간섭이 귀찮았던 나머지 의회를 해산시켰다. 하지만 의회는 왕실의 살림에 대한 승인권을 갖고 있었기 때문에 의회를 해산하는 순간 왕의 지출도 중단되었다. 그러자 찰스 1세는 런던탑에 보관되어 있던 런던 상인들의 재산에 손을 댔다. 왕실의 주조국(Royal Mint)이 위치한 런던탑은 영국 최고의 보안 시설로서 상인들에게는 오늘날의 대여금고 역할을 했던 곳이다.

나중에 갚겠다는 왕의 약속에도 불구하고 상인들은 분노했다. 그리하여 런던탑에 보관했던 재산을 찾아서 금고를 갖고 있던 시내의 민간 금세공업자, 즉 골드스미스goldsmith에게 맡겼다. 이후 상인들은 상거래를 할 때 자신들의 재산을 보관하고 있는 금세공업자를 이용했다. 물건을 살 때는 금화를 지급하는 대신 금세공업자들에게 보여주기만 하면 즉시 돈을 받을 수 있는 (일람불) 예금인출증을 건네주었다. 금세공업자들은 보관 중인 예금을 바탕으로 대출을 하기 시작했다. 이것이 은행의 기원이다.

아주 틀린 사실은 아니지만, 영국의 설명은 지극히 섬나라를 벗어나지 못한 생각이다. 영국이 찰스 1세의 폭정에 시달린 것은 17세기 초이지만, 인류 역사에서 근대 금융업 또는 은행업이 시작된 것은 그것보다 훨씬 빨랐다. 10세기 초 인류 최초의 불태환지폐인 교자交子를 발행할 정도로 상업과 금융이 발달했던 중국 송나라에는 12세기에 이르러 양자강 남쪽 지방에서 전장錢莊이라는 조직이 등장했다. 예금과 대출을 담당했다는 점에서 오늘날 은행과 똑같았다.*

왕위에서 물러난 뒤 내란을 꾀했다가 처형된 찰스 1세. 왕이 백성들 손에 죽는 모습은 이웃나라의 루이 14세를 자극하여 기존 질서에 도전하는 신교도들을 탄압하도록 만들었다(1685년 낭트칙령 파기).

유럽 대륙만 보더라도 은행업은 적어도 12세기까지 거슬러 올라갈 수 있다. 일찍이 프랑스에서는 십자군 원정에서 돌아온 템플기사단이 금융업에 손댄 기록이 있다(6장 참조). 이후 유럽 각지에서는 상업의 발달과 함께 금융, 즉 자금 융통에 대한 수요가 점점 늘어났다. 하지만 성경의 가르침을 따라야 하는 기독교도들이 이자를 받는 것은 아주 오랫동안 받아들여지지 않았다.

조금이나마 이자 수취가 허용된 것은 교황 레오 10세가 1515년

* 돈이 머무는 곳, 즉 전장은 오늘날의 은행에 비해 조직이 단순했다. 대출 결정을 사장 한 사람이 담당했는데, 사장 옆에는 항상 손금고가 있었다. 그래서 전장의 대표를 부르는 이름이 장궤(掌櫃), 즉 '장꾸이'였다. 이후 '장꾸이'는 사장을 부르는 명칭으로 굳어졌으며, 이것이 구한말 한국으로 전해져 중국집, 중국식당 주인 또는 중국인을 비하하는 '짱깨'로 변형되었다. 중국인들은 '짱깨'라는 말을 들으면 오히려 좋아할지도 모른다.

'가난한 사람을 위한 대출업법*monti di pietà*'을 제정한 이후였다. 그 전까지는 속세가 교회법을 공공연히 위반하고 교회는 애써 못 본 척하는 위선과 모순이 계속되었다. 금융업자들은 자기들의 조직에 상회(merchant), 집회(court), 합자회사(joint-stock), 연합(mixed), 교환(exchange), 투자(investment), 창업지원(banque d'affaires), 신용활성(crédit-mobilier) 등 여러 가지 이름을 붙이는 편법을 썼다. 오늘날 은행업의 한 단면을 설명하는 단어들이었다.

그런데도 오늘날 '은행bank'이라는 단어를 탄생시킨 사람들을 콕 짚는다면, 이탈리아 북부의 상인들이었다. 이 지역은 게르만족의 한 분파인 롬바르드족이 정착했던 곳이라서 이 지역의 상인들을 통칭해 '롬바르드'라고 불렀다.

롬바르드 중에서 어떤 이들은 금융업에 집중했다. 물건을 담보로 돈을 빌려주는 전당포업자(pawnbroker)였다. 물건을 받고 돈을 주는 일은 교회가 금지하는 대금업이 아니라는 이유로 간신히 용인되었으나, 그들은 유대인들 못지않게 천시받았다(앞서 소개된 푸거 가문이 귀족들에게 돈을 빌려주면서 광산 등 현물을 대가로 받은 것도 대금업 규제를 피하기 위해서였다).

그보다 약간 나은 대접을 받았던 것이 환전상(money-changer)이다. 돈과 돈을 바꿔주는 환전업도 물물교환으로 여겨져서 합법에 속하기는 했지만, 역시 천대받는 일이었다. 초기 환전상들은 길거리에서 접이식 좌판을 깔고 오가는 행인들과 환율을 흥정했다. 이탈리아말로 좌판 또는 테이블을 '방카(banca 또는 banco)'라고 하는데, 여기서 나온 것이 뱅크bank, 즉 은행이다.

롬바르드가 바꿔 놓은 대금업의 미래

환전상들이 등장하기 훨씬 전에도 징세도급인(tax farmer)이라는 사람들이 이미 여러 종류의 화폐를 취급했었다. 오늘날이야 어느 나라든 세금을 걷는 일을 전문으로 하는 조직(국세청)이 있지만, 거의 모든 사람이 농업에 종사하면서 토지에 매달려 있던 사회에서는 그런 조직이 필요 없었다. 징세도급인이 일정한 수고비를 받고 곳곳을 돌아다니며 세금을 거두는 것으로 충분했다. 이 직업은 옛날 예수가 살았던 로마 시대부터 16세기까지 아주 오랜 기간 존속했었다.*

세금으로 받은 주화를 들고 여기저기 돌아다니는 일은 상당히 수고스럽고 위험한 일이었다. 그래서 중세가 끝나갈 무렵 징세도급인들은 장터(5장 참조)와 그곳의 상인들을 활용하는 방법을 찾았다.

징세도급인들은 장터에서 상인들끼리 주고받은 어음(진성어음) 중에서 자기가 다음에 방문할 지역이 지급지로 되어 있는 어음을 찾아 그 어음을 샀다. 그리고 어음지급지에 도착하면 어음발행인에게 그 어음을 제시하고 돈을 받았다. 징세도급인이 다른 지역에서 받은 어음을 현지 장터에서 팔아서 필요한 돈을 마련하기도 했다. 이렇게 어음을 이용하게 되면 직접 돈을 들고 다니지 않아도 일을 볼 수 있었다.

* 한국을 포함한 동양에서도 20세기 초까지 비슷한 예가 관찰된다. 특히 동남아에서는 중국계 화교가 그 일을 맡았다. 만인의 욕을 먹는 일을 화교가 했다는 점에서 동양의 유대인이라고 할 수 있다.

일개 징세도급인이었던 마태에게 '나를 따르라'라면서 그를 제자 삼는 예수(마태복음 9장).
얀 헤메센(Jan Hemessen)의 1536년 작품.

이렇게 해서 중세에는 없었던 송금 업무가 시작되었다.*

그런데 징세도급인들이 미처 알지 못했던 것이 있다. 어음의 매매는 필연적으로 신용 공급(대출)을 수반한다는 사실이다. 화폐를 대가로 어음을 산 사람이 어음지급지에서 돈을 받아낼 때까지는 시간이 걸린다. 돈을 받고 어음을 넘긴 사람은 그동안 신용(credit)을 제공받은 셈이다. 그러니까 어음할인은 필연적으로 신용 공급, 즉 대금업과

* 10세기경 중국에서도 비슷한 발명이 있었다. 당과 송나라 사람들은 어음을 이용하면, 돈이 날아간 효과가 있다고 생각하여 어음을 비전(飛錢) 또는 편전(便錢)이라고 불렀다. 하지만 어음거래는 명나라 이후 사라졌다.

연결된다!

그런데 환전상들은 그 사실을 알았다. 그래서 실물거래와 상관없이 오로지 이자 수취를 목적으로 어음을 거래하면서 신용을 제공했다. 그런 어음을 오늘날에는 CP 또는 약속어음이라고 부르는데, 당시 이탈리아에서는 '캄비오 세코cambio secco', 즉 건식어음이라고 불렀다. 어음이란 원래 바다를 건너는 무역 활동과 관련해야 하는데, 물이 없는 육지에서 돌아다니는 어음이라는 뜻이다. 이자 수취를 신성모독으로 생각했던 시절, 오로지 자금 융통과 이자를 목적으로 하는 건식어음은 불법의 소지가 있었다. 그래서 꾀를 내었다.

돈이 급해 환전상을 찾아온 사람에게 캄비오 세코를 받고 돈을 빌려주면서 만기가 되면 외국에 있는 동업자에게 현지 화폐로 갚도록 한 것이다. 이때 어음만기까지의 이자는 어음에 기재된 환율에 반영했다. 결과적으로 캄비오 세코에는 어떤 금리도 표시되지 않기 때문에 그것을 거래하는 일은 교회법에 저촉하지 않았다. 그렇지만 시세보다 높게 평가된 환율을 통해 환전상들은 연 15퍼센트가 넘는 이익을 챙겼다. 경제가 고요하게 정체되어 있던 시절에 15퍼센트의 수익은 엄청난 것이었다. 사업적 시각이 국내에만 머물렀던 징세도급인들은 미처 생각하지 못했던 기막힌 발명이었다.

이런 규제회피 방법은 후대에 이르러 '금리재정이론'이라는 이름으로 사람들에게 알려졌다. 20세기 초 미국을 대표하는 경제학자 어빙 피셔가 밝혀낸 이 경제이론은 한마디로 말해서 환율과 금리는 동전의 양면과 같다는 것이다. 이 놀라운 비밀을 중세가 끝나 갈 무렵 길거리에서 장사를 시작했던 환전상들이 터득한 것이다!

서기 1417년 6월 15일, 피렌체에서 1,000플로린 영수.
관례에 따라, 이를 1플로린 대 40펜스의 비율로
지오반니 데 메디치 일동이 지명한 런던의 대리인에게 지불한다.
하나님의 가호가 있기를.

환전상들이 활용한 캄비오 세코의 예. 금리 없이 날짜, 금액, 지급 장소, 그리고 환율만 기재되어 있다. 징세도급인들은 국제영업망이 없었기 때문에 어음을 취급하면서도 이런 방법을 생각하지 못했다.

환전상들의 노하우는 그것만이 아니었다. 길거리에서 좌판을 깔고 장사하던 환전상들이 처음에는 외국화폐와 캄비오 세코만 취급했지만, 돈을 벌어 건물 안으로 들어간 뒤에는 번듯한 무역상이 되었다. 금전거래와 실물거래가 엉키면서 영업내용을 보다 체계적으로 기록해야 했기에 회계 기술을 하나하나 개발하기 시작했다. 롬바르드가 발전시킨 방법들은 오늘날 '복식부기'라는 이름으로 전해지고 있다.

이탈리아의 롬바르드가 첨단 금융기법과 노하우를 통해 부를 축적하고, 이를 통해 새로운 권력을 창출해 내면서 세상은 조금씩 달라졌다. 유사 이래 계속 천대받아 온 대금업에 대한 이미지가 오히려 조금씩 긍정적으로 바뀌기 시작한 것이다. 환전상들과 그 후예들은 자신의 사업에 자긍심을 갖는 단계로 발전했다. 오늘날까지도 그 명성이 이어지고 있는 독일의 유대계 금융 가문 워버그Warburg는 은행이라는 말보다 환전상(Geldwechsler)이라는 말을 더 좋아했다. 그들의 사업체에서 환전상이라는 이름이 지워진 것은 비스마르크가 독일 통일을 이룬 뒤인 1871년이었다.

메디치 은행 예금업을 시작하다

노점상으로 출발한 환전상들은 나중에 공장과 사무실을 가진 상인으로 신분이 상승했다. 오늘날에는 재벌이 은행을 소유하지 못하도록 금산분리金産分離 원칙이 강조되지만, 은행업의 태동기에는 금산일체金産一體였던 것이다. 그들이 어음을 다루면서 한 일은 오늘날의 송금과 대출에 해당한다. 은행업의 시작이다. 그렇다면, 은행업의 다른 한 줄기인 예금업무는 어떻게 시작되었을까? 그 비밀은 메디치 가문의 기록을 통해 알 수 있다.

메디치 가문의 기원은 잘 알려져 있지 않다. 메디치Medici라는 이름으로 보아 아마도 그들의 조상은 약재상이었는지 모른다. 그러나 메디치 은행의 설립자 조반니 디 비치Giovanni di Bicci de' Medici는 약초를 다룬 일이 없었다. 스물다섯 살 때부터 삼촌의 환전상 업무를 도우면서 금융거래와 상거래(그리고 교회법을 피해 가는 법)를 배웠다는 기록이 있을 뿐이다.

그러다가 서른일곱 살이 되던 1397년, 삼촌 가게에서 독립해 두 명의 친구들과 동업을 시작하면서 아르테 디 캄비오Arte di Cambio, 즉 환전상조합의 회원이 되었다. 비치가 5,500플로린을 투자했고 나머지 두 친구가 4,500플로린을 투자했다(몇 년 뒤 한 친구가 동업을 포기했는데, 그는 많은 빚을 지고 채무자 감옥에서 생을 마쳤다).

비치는 조심성이 많은 은행가였다. 그가 메디치 은행 직원들에게 건넨 메모에는 "추기경에게는 300플로린, 궁정 관료들에게는 200플로린 이상 대출하지 말 것, 로마의 상인이라도 신용이 없으면 대출하지 말 것, 자기가 만든 법을 준수하지 않아도 되는 귀족, 그것도 신분이 제일 낮은 남작에게는 절대로 대출하지 말 것"이라는 지시가 있었다. 편중 대출과 정치권에 대한 대출의 위험성을 간파한 것이다.*

비치의 조심성은 그가 열여덟 살 때 목격한 사회 혼란에서 비롯된 것이기도 했다. 독일과 이탈리아 지역 왕국들의 결사체인 신성로마제국이 점차 독일을 중심으로 돌아가고 이탈리아가 황제의 관심에서 벗어나자 피렌체에서는 봉건적 질서가 약해졌다. 그러면서 농촌에 기반을 둔 세습 영주에서 도시의 상인으로 권력이 이동했다. 어느덧 피렌체는 공화국으로 변모했다.

하지만 피렌체의 상인 정부가 교황이 다스리는 로마와 전쟁을 벌일 때 내부에서 균열이 생겼다. 상인들이 주축인 시민 정부가 교회 재산을 몰수하자 교황을 따르던 직물노동자(치옴피)들이 1378년 반란을 일으킨 것이다. 한 세기 전 상인들이 귀족을 쫓아냈듯이 이번에는 하

* 메디치 은행이 은행업의 원조는 아니다. 롬바르드 중에서도 일찍이 바르디 가문과 페루치 가문이 전 유럽을 상대로 국제 은행업을 운영했다. 그러나 거액 채무자였던 영국의 에드워드 3세가 1348년 지급불능을 선언하는 바람에 두 가문의 은행은 동시에 파산했다. 그래서 메디치가 1위의 자리에 올랐다. 에드워드 3세는 자기가 프랑스 왕위계승권이 있다고 주장하고 백년전쟁을 일으켰다. 한때 서남 프랑스와 칼레의 영유권을 차지하는 등 군사적 승리를 거두었으나 그 덕분에 재정이 파탄했다.

급 노동자들이 지배층인 상인계급을 축출하려고 했다.

그때 메디치 가문은 하급 노동자들에게 등 떠밀려 반란 정부의 마지막 수반 자리를 맡았다. 그러나 이 반란은 4년 만에 진압되었고, 반란세력의 수괴였던 메디치 가문은 풍비박산할 위기에 놓였다. 열여덟 살에 그런 비극을 목격한 비치는 이후 정치에 간여하거나 남의 앞에 나서는 일을 극도로 꺼렸다. 피렌체 시민 정부 아래서 곤팔로니에레 Gonfaloniere, 즉 국가수반으로 추대되자 공직 기피로 벌금을 내면서까지 집 안에 칩거했다.

그러나 권력을 잡은 사람들과 만남을 완전히 끊은 것은 아니었다. 오히려 그 반대에 가까웠다. 국제적 규모의 은행을 소유하고 있는 바르디Bardi 가문의 딸을 며느리로 맞이한 것은 정계 인맥과 사업상 비법을 전수받기 위해서였다.

비치가 사돈 집안을 통해 배운 것은 주교나 추기경, 군주들과 재량예금으로 교제하는 것이었다. '재량예금'이란 돈을 맡긴 사람에게 주는 것은 확정이자가 아니라 돈을 받은 사람이 '재량껏' 주는 선물이라는 뜻으로, 이자놀이를 합법으로 포장한 상품이었다(5장 참조). 그런데 재량예금의 고객들은 불특정다수가 아니라 극소수의 권력층이었다. 영국 왕 헨리 4세의 이복동생이었던 윈체스터의 주교 헨리 보퍼트Henry Beaufort, 교황 마르티노 5세와 그의 친구 헤르만 드베르크 Hermann Dwerg 추기경 등이 메디치 은행의 재량예금 고객이었다. 드베르크 추기경은 '가난한 복음정신'을 평생 실천한 것으로 유명했지만 그의 유산 중에는 4,000플로린의 재량예금이 포함되어 있었다. 그의 가난한 복음정신 실천에 이자로 받은 돈이 얼마나 쓰였는지는 알 수 없다.

최고 권력층과 각 지방의 유지 등이 은밀히 맡긴 재량예금은 오늘날의 시각으로 볼 때 예금보다는 사모펀드(Private Equity, PE)에 가까웠다. 메디치 은행은 여기에 자기 자금까지 보태서 유럽 전역으로 사업체를 넓혀나갔다. 각 영업점의 대표는 10~20퍼센트를 투자한 외부 유력인사의 대리인이 맡았지만, 내부경영은 메디치 가문의 식솔들이 돌보면서 대표들을 견제했다. 그리고 영업의 성과는 투자금액에 비례하여 피렌체에 있는 메디치 은행 본점이 대부분을 가져갔다. 오늘날 은행지주회사와 아주 흡사한 지배구조였다.

돈으로 세상을 지배한 메디치 가의 아버지와 아들

비치는 예순 살이 되던 1420년 큰아들 코시모Cosimo de' Medici에게 사업을 물려주고 은퇴했다. 그가 은퇴하기 전에 했던 마지막 일은 자기 사업의 보호자이자 친구였던 대립교황 요한 23세를 위해 피렌체 한복판에 있는 커다란 성당에 멋진 무덤을 만들어 준 것이었다(5장 참조).

비치의 큰아들 코시모는 아버지에 못지않게 사업수완이 대단했을 뿐만 아니라 아버지 이상으로 주도면밀했다. 평생 자기 속내를 보이는 법이 없을 정도로 노련했지만, 정치판에 발을 담그지 말라는 아버지의 가르침은 따르지 않았다. 세상이 그렇게 놔두지 않았기 때문이다.

피렌체공화국이 인근 도시국가와 계속 전쟁을 치르는 과정에서 거액의 부채를 짊어지자 국가채무를 지탱해 주는 상인들의 입김이 점점 커졌다.* 공화국의 민주 시스템은 어느덧 소수의 상인 가문이 국정을 주무르는 과두체제로 변질되었다. 과두체제의 헤게모니를 두고 리날도Rinaldo 가문은 메디치 가문과 경쟁하는 사이였는데, 이들이 1433년 여름 집권하자 갑자기 코시모를 반역 혐의로 체포했고, 사형으로 몰아갔다.

하지만 메디치는 리날도보다 인기가 많았다. 평소에 코시모가 자식들 취업 문제에서부터 자잘한 대출에 이르기까지 시민들에게 온정을 베풀어왔기 때문이다. 그에게 신세를 졌던 배심원들은 시간을 질질 끌다가 결국 10년 유배형을 내렸다. 코시모는 유배지에서 돈으로 온갖 선행을 베풀며 인심을 샀다. 자신을 감시하는 사람들에게도 후한 선물을 주어 경계심을 무너뜨렸다. 교황청에도 중립을 지켜달라는 메시지와 함께 뇌물 공세를 했다. 그러면서 유럽 각지의 메디치 점포가 보내오는 첩보를 통해 때가 오기를 기다렸다. 바로 피렌체공화국의 선거였다.

유배지의 코시모는 피렌체공화국의 선거에서 대리인을 앞세운 뒤 정권을 교체하는 데 성공했다. 방심하고 있던 리날도 가문은 크게 당

* 당시 피렌체공화국에서는 돈 많은 상인이 국가채무증서를 매입하는 행위가 '이자금지법'에 저촉되는지에 대해 사회적 논란이 있었다. 결국 상인들이 나서지 않으면 일반 서민들의 세금부담이 견딜 수 없게 늘어난다는 현실적인 이유로 종교적 원칙이 후퇴했다. 글로벌 금융위기와 코로나19 위기에서 볼 수 있듯이, 당면한 현실은 그 이전의 모든 논리와 원칙들을 무효화한다. 재정 준칙이 대표적이다.

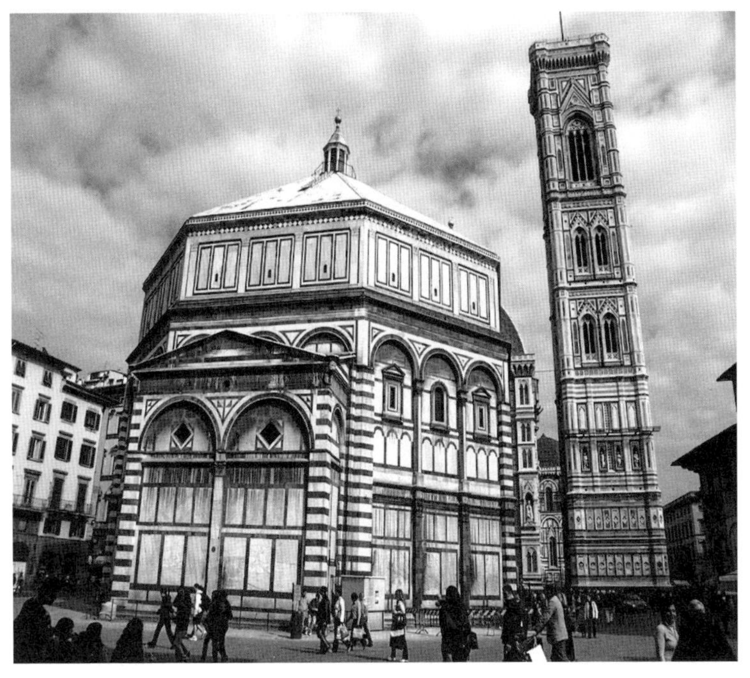

대립교황 요한 23세의 무덤(5장 참조)이 있는 피렌체의 기도원. 그 무덤의 효험이 있었는지 비치의 증손자 로렌초는 50여 년 뒤 이 장소에서 벌어진 자객들의 암살 음모를 기적적으로 피했다.

황했다. 그리하여 교황청에 구조신호를 보냈으나 교황청은 딴청을 피웠다. 리날도 일당은 결국 귀양지에서 하나씩 살해되거나 그곳에서 생을 마감했다.

죽음의 고비를 넘긴 후 코시모는 확실한 것을 하나 배웠다. 칼자루 아니면, 칼날을 쥐어야 하는 현실 속에서 아버지의 유언은 지킬 수 없다는 것이었다. 그는 국정의 전면에 나서기로 마음을 먹었다.

피렌체공화국은 독재자의 출현을 막기 위해 국가수반과 여덟 명의 최고위원들을 두 달마다 새로 뽑았다. 후보 중에서 선택하는 것이

코시모가 정적의 공격에 대비하여 지은 메디치 궁. 내부가 보이지 않아 견고한 요새 같은 느낌을 주는 이 건물은 훗날 뉴욕 연준 건물의 모델이 되었다(1장 참조).

아니라 가죽 주머니에서 명패를 뽑는 추첨식이었다. 선거부정을 막기 위해 주머니에 들어가는 사람들의 조건과 출신을 엄격히 통제했다. 그런데 코시모는 유배지에서 돌아온 뒤 가죽 주머니에 이름을 넣는 것과 주머니를 감시하는 자치위원회 간부의 자격들을 전부 바꿨다. 그리고 자신이 낙점한 사람만 공직자로 선출되도록 만들었다. 그의 집에서 허드렛일을 하는 집사가 국가수반이 되는 때도 있었다!

이렇게 해서 피렌체공화국은 사실상 막을 내렸다. 그리고 민주의 탈을 쓴 독재가 시작되었다. 코시모는 정치, 군사, 외교, 조세 등 모든 문제를 막후에서 통제했다. 불만이 있는 사람들을 색출하여 제거하거나 돈으로 불만을 무마했다. 돈으로 해결되지 않으면 그 옛날 리날도 가문이 그랬듯이 온갖 혐의를 씌워 정적들을 제거하거나 추방했다. 당시 코시모의 주민통제술과 정치기술에 대해서는 수십 권의 책이 나와 있다. 마키아벨리의《군주론》도 그중 하나인데, 그 책은 메디치 집안의 식객이었던 마키아벨리가 코시모의 모든 결정과 행동들을 미화한 것으로 유명하다.

어렸을 때부터 고급 인문교육을 받았던 코시모는 겉과 속이 완전히 다른 사람이었다. 적어도 겉으로는 아주 우아했다. 자기가 다스리는 피렌체 주민들이 현실에 만족하기를 바란다면서 최고 건축가와 예술가를 불러 피렌체 전체를 예술의 도시로 만들었다. 지금까지도 관광객들이 입을 다물지 못하는 산타마리아 델 피오레 대성당과 메디치 궁이 그 예다. 또한 유럽 각지의 인문학자들을 불러 토론회를 개최했고, 그의 물질적 후원에 힘입어 르네상스가 한층 속도를 냈다(르네상스는 로마가 아닌 피렌체에서 꽃을 피웠다). 성경책을 읽을 줄 모르는 일반 서민들을 위해 '보기만 해도 천국에 갈 수 있는' 성화를 무료로 관람하도록 했다.

그런 문화정치 덕분에 1464년 그가 죽었을 때 피렌체 정부는 그에게 '파테르 파트리아에Pater Patriae'라는 칭호를 추서했다. 국부國父라는 뜻이다. 아버지 비치가 일개 상인이었다면, 코시모는 그야말로 '지존'이었다. 피렌체에서 메디치 집안보다 높은 것은 하늘에 떠 있는 구름뿐이었다.

‘위대한 로렌초’도 돈으로 살 수 없던 것

메디치 은행은 코시모 이후에도 3대를 더 이어내려 갔다. 그럼으로써 피렌체는 정경유착을 넘어선, 정경일체政經一體의 상태가 계속되었다. 5대에 걸쳐 메디치 가문은 인류 역사에서 돈으로 할 수 있는 모든 것을 보여주었다. 그들이 일반 시민이었을 때는 돈을 주고 교황청의 출납기관이 되고, 돈을 써서 인심을 얻고 망명지에서 탈출했으며, 돈을 뿌려 정보를 캤다.

정권을 잡은 뒤에는 돈으로 정적을 무너뜨리고 예술을 부흥시키고 학문을 장려했으며, 시민을 위안하고 용병을 불러 영토를 늘리거나 전쟁과 평화를 흥정했다. 메디치 은행이 문을 닫은 뒤에는 추기경들을 돈으로 매수하여 여덟 살짜리 아들을 대주교를 거쳐 교황으로 만들었고, 딸들은 유럽 각지의 왕실에 시집보내 왕비로 만들었다(오늘날 상당수 유럽 왕실에는 메디치의 피가 흐른다). 그리고 원래 있지도 않던 투스카니의 공작 집안으로 둔갑했다. 한자동맹의 푸거 가문이 고작 교황과 군주의 친구가 되는 데 만족했다면, 메디치는 직접 교황과 군주가 된 것이다.

그러나 도저히 돈으로 할 수 없는 것이 있었다. 목숨이 그런 것 중 하나였다. 돈, 명예, 권력, 학식을 모두 가진 메디치 집안은 몸이 허약했다. 집안 남자들은 전부 통풍에 걸려 평생 손발이 퉁퉁 부어있었다. 코시모의 아들 피에로는 아버지한테 사업을 물려받은 지 5년 만에 죽었다. 피에로의 아들 로렌초 역시 통풍 때문에 고생하다가 43세의 나

피렌체의 산마르코 대성당에 전시된 〈성모 마리아의 대관식〉.
거장 프라 안젤리코(Fra Angelico)의 이 작품에서 마리아와 아기 예수 앞에 무릎 꿇은 두 사람(빨간 모자)은 코시모 형제들이다. 교황청과 메디치 가문은 이 그림을 보는 것만으로도 10년짜리 면죄부를 받은 셈이라고 선전했다.

이로 죽었다. 이들 부자는 세상 모든 것을 움직이면서도 정작 자기 몸을 가누지 못하여 집 안에서도 항상 들것에 실려 다녔다.

자식도 마음대로 되지 않았다. '위대한 로렌초(Lorenzo the Magnificent)'라고 불렸던 피에로의 아들 로렌초는 15세기 최고의 시인이자 정치가요, 최고의 협상가였다. 외국과 전쟁을 치를 때 혼자 몸으로 적진에 들어가 철군을 협상하고 돌아올 정도로 배포가 컸다. 예술에도 조예가 깊어 미켈란젤로를 자기 집에 불러 젊은 시절을 함께 보냈다.

'위대한 로렌초'의 흉상. 얼굴도 못생기고 목소리도 몹시 거칠었으나, 17세 때부터 아버지와 친위 쿠데타를 도모하고 교황과 독점계약을 담판 지을 정도로 머리가 좋았다. 공포정치의 주역인 동시에 르네상스 시대 최고의 시인이었다.

그토록 지적이었던 '위대한 로렌초'도 "내겐 아들이 셋인데, 하나는 바보고, 하나는 똑똑하고, 하나는 사랑스럽지"라고 탄식했다. 똑똑한 차남은 나중에 교황(레오 10세)으로 만들었지만, '어리석은 피에로'라고 불린 장남은 축구밖에 할 줄 아는 것이 없었다. 아무리 훌륭한 가정교사를 붙여줘도 전혀 소용이 없었다. 결국 그는 로렌초가 사망한 지 2년 만에 모든 것을 말아먹고 피렌체를 떠났다가 객지에서 죽음을 맞이했다.

메디치 가문 역사에서도 가장 출중하다고 할 수 있는 '위대한 로렌초'는 평생 돈을 가지고 교환, 매수, 협상, 타협, 절충, 협박하면서 살았다. 그런 그가 도저히 손볼 수 없는 것이 있었다. 그의 위대함이 그것 때문에 철저하게 파멸되었다. 바로 원칙이었다. 위대한 로렌초의 그 많은 돈도, 원칙 앞에서는 아무 힘이 없었다.

메디치 집안이 피렌체공화국의 빛나는 민주정치를 뒤엎고 독재를 휘둘렀을 때 시민들은 신음했다. 그리고 구원의 손길을 기다렸다. 이

때 등장한 것이 기독교 원리주의자인 기롤라모 사보나롤라Girolamo Savonarola였다. 원래 의학도였던 사보나롤라는 어느 날 깨우침을 받고 사제의 길로 돌아선 사람으로, 성경의 교리를 강조하면서 가는 곳마다 돈 많고 권력 있는 자들에게 회개하라고 꾸짖었다. 그는 교황청에서도 머리를 절레절레 흔드는 요주의 인물이었다.

로렌초는 꼴통으로 소문난 사보나롤라가 어떤 사람인지 잘 몰랐다. 그래서 그를 피렌체로 초빙했다. 시민들이 보고 싶어 하는 유명 설교사를 이용해서 인기를 얻으려는 속셈도 있었지만, 몸이 아파 남은 생을 알 수 없는 로렌초 스스로가 예언자로 알려진 사보나롤라의 기도를 받아내고 싶었다. 로렌초는 정권 안정을 위해 17세 때 친위 쿠데타를 도모하거나(1466년), 체제에 저항하는 시위대를 잔인무도하게 탄압하거나(1471년), 유부녀와 놀아나거나, 자신의 경쟁상대 파치 일가의 씨를 흔적도 없이 말려버리거나(1478년), 미켈란젤로나 레오나르도 다빈치 같은 거장들에게 집안을 미화하는 예술작품을 만들게 하고 돈을 주지 않는 등 나쁜 짓을 많이 했다. 그래서 죽기 전에 빌어야 할 일들이 많았다. 그의 할아버지 코시모도 사제들이 세상 끝나는 날까지 매일 기도해 주는 대가로 새 성당을 지어주었다. 돈으로 영생과 기도를 산 것이다.

하지만 피렌체로 초빙되어 온 사보나롤라는 전혀 달랐다. 그는 설교할 때마다 메디치 가문의 독재정치와 금전만능주의를 규탄하면서 민중봉기를 선동했다. 놀란 로렌초가 아무리 설득하고 다독거려도 막무가내였다. 심지어 만나주지도 않았다. 로렌초는 돈으로 무마하려고 했지만, 사보나롤라는 일체의 사치와 개인 소유를 거부하고 오직 성경책 한 권, 십자가 하나로만 살아가는 사람이라 타협의 여지가 전혀 없었다.

오히려 돈의 힘에 지배당하는 피렌체가 성경에서 말하는 '소돔과 고모라'라고 생각하고 하루빨리 악의 축에서 해방되어야 한다고 믿었다. 결국 1494년 프랑스가 피렌체로 침공해 왔을 때 사보나롤라는 프랑스와 손을 잡고 피렌체의 메디치 독재정권을 타도했다. 이때 로렌초의 후원을 받아 왔던 다빈치와 미켈란젤로 등 르네상스의 대가들이 피렌체를 떠났다. 이렇게 해서 1397년 문을 열어 5대를 이어 온 메디치 은행은 100년을 넘기지 못하고 갑작스레 막을 내렸다.

기나긴 중세가 끝나면서 화폐경제가 다시 시작되자 사람들은 돈의 힘에 매료되었다. 오죽하면 돈으로 슬픔까지 물리칠 수 있다는 시가 나왔겠는가(이 장 맨 앞의 시를 보라)!

돈으로 무엇이든 할 수 있다는 14세기 이탈리아 사람들의 착각은 시간이 흐를수록 심해졌다. 연옥에서 고통받을 형량을 줄인다고 면죄부를 거래하기도 하고, 전쟁터에서 목숨을 걸고 대신 싸워주는 용병제도를 운영하기도 했다. 지금도 어떤 사람들은 여자의 몸을 사고팔기도 한다. 하버드 대학의 마이클 샌델 교수는《돈으로 살 수 없는 것들》이라는 책에서 기상천외한 금전거래들을 소개하고 있다. 합법적인지는 몰라도 지독하게 역겨운 거래들이다.

교환과 매매가 매력적이기는 하나 완전한 것은 아니다. 진짜 고귀하고 성스러운 것은 돈을 통한 교환의 기술이 적용되지 않는다. 하룻밤을 함께 보낸 쾌락의 상대와는 금전거래를 하지만, 가슴이 저미는 첫사랑과의 이별에서는 생각할 수도 없는 일이다. 이는 다른 사람도 아닌, 유물론을 주장한 카를 마르크스의 설명이다.

그렇다. 천하의 유물론자가 보기에도 돈으로 할 수 없는 것이 있다. 메디치 은행의 흥망이 바로 그것을 보여준다. 귀하고 소중한 것일수록 돈의 힘은 작동하지 않는다. 세상의 모든 것을 가진 로렌초는 아무것도 가진 것 없는 사보나롤라의 소신과 원칙 앞에서 무너졌다. 병상에서 죽어가는 로렌초의 간절한 부탁으로 종부성사(임종 직전 하나님 앞에 가는 것을 돕는 가톨릭 의식)를 집전한 사보나롤라가 물었다.

지독한 원리주의자였던 지롤라모 사보나롤라. 메디치를 축출한 뒤 그들이 후원했던 각종 르네상스 서적과 예술품들을 불태워버렸으나 (1497년 '허영의 불꽃' 사건), 1년 뒤 자신도 똑같은 장소에서 화형당했다.

"천국에서도 지금처럼 사시겠습니까?"

로렌초는 조용히 대답했다.

"아닙니다."

이것이 지독한 배금주의자와 지독한 원칙주의자 사이에 있었던, 처음이자 마지막 대화였다. 그것은 돈에 대한 원칙의 승리였다!

사보나롤라는 '위대한 로렌초'뿐만 아니라 우리에게도 질문을 던진다. 교환의 기술에 찌든 21세기의 우리에게 준엄하게 묻는 것이다.

"돈이 전부라고 생각하십니까?"

제2부

An Odyssey of Money and Banking

은행
Bank

8장

은행, 인류 앞에 서다

"런던, 리스본, 레그혼 등에서는 외국어음이 그 지역 화폐와 교환되지만, 암스테르담, 함부르크, 베니스 등에서는 은행권과 교환된다. 은행권은 동일한 금액의 실제 화폐보다 더 가치가 있다. 암스테르담 은행의 은행권은 그 지역에서 유통되는 화폐보다도 5퍼센트 정도 더 가치가 있는 것으로 알려져 있다. 그것을 사람들이 아지오agio라고 부른다. (중략) 1609년 이전에는 유럽 전역에서 온갖 불량 주화가 암스테르담으로 유입되어 그 지역 화폐들은 제값을 받지 못하는 경우가 많았다. 상인들의 불편과 불안을 해소하기 위해 암스테르담 시 당국이 은행을 설립했다. 이 은행은 시중의 불량 주화를 몽땅 회수하고 은행권, 즉 어음을 발행했다. 불량 주화의 명목 가치와 실질 가치 차이, 어음 인쇄 비용은 암스테르담 은행이 부담했지만, 그 결과 5퍼센트의 아지오가 생겼다. 이제 암스테르담에서는 600길더 이상의 거래는 금화 없이 오직 이 은행의 은행권으로만 거래된다."

- 애덤 스미스, 《국부론》 제4권 제3장

국가 안의 국가 우피치의 등장

이자를 받고 대출하는 합법적인 조직이 없을 때 가장 불편함을 느꼈던 것은 군주들이었다. 일반 백성이야 근근이 먹고살기 바빠 저축할 돈도 없었고, 아주 형편이 어려우면 교회가 도와주기도 하기 때문에 크게 대출받을 일도 없었다. 재산을 늘릴 목적으로 돈을 빌리는 일은 더더욱 없었다. 남들 눈에 띄는 재산이 많아 봐야 세금만 더 뜯기고 시달리기만 했기 때문이다.* 반면 군주들은 사치품을 사거나 전쟁을 치르기 위해 돈이 필요할 때가 많았다. 그리고 세금이 걷힐 때까지 기다리려고 하지 않았다.

이때 제일 흔하게 동원하는 수법이 은밀히 불량 화폐를 찍는 것이었다. 영국, 프랑스, 스페인 등 경제대국뿐만 아니라 독일과 프로이센(합스부르크 제국) 등 경제력이 왜소한 주변 지역에서도 횡행했다(3장 참조).

불량 화폐를 찍는 데 양심의 가책을 느낀 왕은 유대인 대금업자들을 쥐어짜서 부족한 경비를 충당했다. 영국의 에드워드 1세는 재정이 부족할 때마다 유대인 대금업자들에게 각종 구실을 붙여서 세금을 부과했다.

* 과거에는 부동산과 사람(인두세)에 대한 세금이 대부분이었고, 군주가 항구에서 배의 출입을 통제하면서 거두는 관세가 부수적인 역할을 했다. 소득세는 1799년 나폴레옹 전쟁 직전 영국의 피트 수상이 도입한 것이 처음이었으며, 그나마 한참 중단되었다가 1842년 로버트 필 수상에 의해 항구적인 재정수입원으로 정착되었다.

피렌체 우피치 박물관의 모습(양옆).
현재 박물관으로 유명한 이 건물은 르네상스 시절 행정부 청사였던 시뇨리아 궁(정면) 바로 옆에서 정부의 은행이자 국세청 기능을 수행하던 곳이다.

그런데 유대인 인구가 점점 늘어 사회적으로 혐오가 커지자 유대인을 대신할 부자를 해외에서 찾게 되었다. 바로 롬바르드(7장 참조)였다. 당시 영국 최고의 수출 상품은 양모였다.

1275년 에드워드 1세는 이탈리아 북부 루카 지방의 리치아르디Ricciardi에게 매년 1만 파운드의 수입이 생기는 양모 수출관세 도급인(tax farmer) 자격을 넘기고 재정후견인 계약을 맺었다. 그리고 결과가 만족스러워 보이자 1290년 유대인들을 영국에서 추방했다.

하지만 왕실과 특수한 관계가 상인에게 항상 이윤을 보장하는 것은 아니었다. 리치아르디가 징세도급을 통해 얻는 수입은 왕이 마구 써대는 돈의 절반에 불과했다. 1294년 영국과 프랑스 사이에서 전쟁이 터지자 더는 영국 왕실의 돈줄 역할을 하지 못하겠다며 손을 들었다. 에드워드 1세는 그에 대한 보복으로 징세도급인 자격을 박탈했고, 이는 유럽 최초의 신용위기로 발전했다. 그로 인해 영국 왕실과 리치아르디 모두 치명적인 어려움을 겪었다.

200년 뒤 에드워드 3세 때도 똑같은 일이 벌어졌다. 왕은 피렌체의 상인 가문 바르디Bardi와 페루치Peruzzi 가문에 일부 무역독점권을 대가로 대출을 요구했고, 이들 상인은 에드워드 3세에게 40년간 40만 파운드라는 거액을 빌려줬다. 그러다가 결국 1348년 에드워드 3세와 함께 파산했다(7장 참조).*

이런 일들이 소문나자 군주에게 대출하겠다고 나서는 상인들이 사라졌다. 푸거 가문같이 황제의 결혼식 비용을 대면서 정권에 올인 하는 경우에나 가능한 일이었다(6장 참조).

왕에게 절대적으로 복종해야 하는 영국 같은 경우는 그나마 다행이었다. 그에 비해 이탈리아의 자잘한 도시국가에서는 단단하게 권력을 쥔 군주도 없었다. 따라서 거액의 정부 부채를 원활하게 조달하는 것은 도시국가의 운명이 달린 중대한 문제였다.

1148년 이탈리아 북부의 제노아에서는 고민 끝에 꽤나 합리적인 방법을 찾았다. 상인들이 일종의 채권단*Compere*을 구성하여 공화국

* 에드워드 3세는 재정 긴진성에는 관심을 두지 않고 영토 확장에만 주력했다. 백년전쟁을 일으킨 뒤 '흑태자'라고 불리던 아들을 통해 프랑스의 장 2세 부자를 생포한 뒤 프랑스 땅의 일부를 빼앗는 브레티니 화약을 맺었다. 이때 영국에 대한 배상금을 갚기 위해 탄생한 것이 프랑스의 프랑(Franc)화다(4장 참조).

의 부채를 합동으로 인수한 것이다. 오늘날 프라이머리 딜러primary dealer*의 원조였다. 다만 채권단에 참가한 상인들은 국가채무를 인수할 때 공식적으로 이자를 받는 대신에 징세나 국고금 관리 권한 등의 특권을 요구했다.

이런 방식은 베니스, 피렌체, 시에나 등 인근 도시국가에 유행처럼 번졌다. 생각보다 수입이 짭짤했기 때문이다. 그 결과 공공부채가 발행될 때 한시적으로 결성되었던 채권단이 1407년에 이르러서는 상설기구인 우피치*Ufficio di San Giorgio*로 발전했다. 우피치는 공화국에 대출해 주고 세금을 거두는 한편, 각종 국유자산을 운용하고 관리했다.

오랜 기간 국세 징수의 최전선이었던 징세도급인(7장 참조)이 역사 속으로 사라지고 우피치로 대체되었다. 저주받아 왔던 대금업자들이 어느덧 권력의 최상층부에 전진배치되어 권력을 옹립하게 된 것이다. 우피치는 보통 국가수반의 집무실과 붙어 있었다. 마키아벨리는 《피렌체의 역사》에서 "상인들이 관리하던 우피치야말로 국가 안의 국가였으며, 행정부보다도 힘이 셌다"고 기록했다.

제노아의 경우 우피치에 국가채무 인수를 부탁하면서 징세 권한도 넘겼다. 이것은 그나마 다행이었다. 피렌체공화국에서는 국가채무와 민주주의를 통째로 맞바꿨다. 일개 시민이 국가재정을 총책임지는 대가로 일인 장기독재를 휘두른 것이다. 그 주인공은 바로 메디치 가문

* 정부가 국채를 발행할 때 입찰에 참가하는 금융기관들로, 정부에 협조하는 대신 여러 가지 배려를 받는다.

네덜란드 화가 루벤스의 〈앙기아리 전투〉. 이 그림의 원작인 레오나르도 다빈치의 작품은 언제부터인가 사라져 전설로만 내려오다가 2012년 3월 갑자기 그 위치가 알려졌다. 원래 있었던 자리에 붙어 있는 벽화 한구석에 "찾으라 그러면 발견할 것이다(Cerca Trova)"라는 문구가 있는데, 바로 그 벽화 밑에 숨어있었다. 다빈치의 흔적을 모두 없애라는 메디치 가문의 지시에 맞서 화가 바사리가 그 그림 위에 자기 그림을 덧칠해서 보호한 것으로 알려졌다. 2016년 개봉된 톰 행크스 주연의 영화 〈인페르노〉는 이 이야기를 모티브로 만들어졌다.

이었다(7장 참조).

1440년 밀라노의 용병대장 필리포 비스콘티가 2,000여 명의 군사들을 모아 진격했을 때, 모든 유럽인의 예상을 깨고 피렌체 연합군이 인근 앙기아리Anghiari에서 대승했다. 이는 청일전쟁에서 유대계 자본가들로부터 자금지원을 받은 일본이 러시아를 꺾은 것과 비슷했다. 앙기아리 전투의 승리는 사실상의 국가수반이었던 코시모 데 메디치의 자금력이 가져다준 결과였다. 주변에서 더 많은 용병을 샀기 때문이다.* 이쯤 되자 피렌체 시민들은 재벌 가문의 독재 통치에 아무 불만을 품지 않았다.

중세의 대금업 논란과 제정 분리

근세의 특징 가운데 하나는 잦은 종교전쟁이었다. 처음에는 기독교와 이슬람이 싸웠지만, 나중에는 유럽 안에서 기독교도끼리 싸웠다. 싸우는 이유도 제각각이었다. 가장 큰 싸움은 16세기 초 루터, 츠빙글리, 칼뱅 등에 의해 시작된 종교개혁이었다. 이후 구교도와 신교도들은 사랑을 실천하기보다는 상대방에 대한 살의를 키웠다. 지독하고

* 흥미로운 사실은 비스콘티의 용병이나 피렌체의 용병이나 받은 돈을 고향의 가족에게 송금할 때는 메디치 은행을 이용했다는 사실이다. 유럽 전역에 깔린 점포망 때문에 송금이 편리했기 때문이다. 메디치는 비스콘티 용병들의 송금 정보를 통해 상대방의 전력을 손금 보듯 알 수 있었을 것이다(오늘날 신용카드 지출 내역을 통해 금융기관들이 고객의 소득 흐름을 가늠해 보는 것과 같다).

지루하게.

기독교 사회가 근 100년을 전쟁으로 지새던 나날의 마지막은 독일을 무대로 벌어졌던 30년 전쟁(1618~1648)이다. 유럽의 거의 모든 국가가 두 패로 갈려 죽도록 싸운 그 전쟁의 막바지에 이르러 신교와 구교는 마침내 신앙의 자유에 합의했다. 1648년 체결된 베스트팔렌 조약에서는 신성로마제국의 존재를 지워버리고 로마 교황청의 지배적 역할도 인정하지 않았다. 그리하여 오늘날과 비슷한 국경선이 만들어지고 나라마다 민족국가의 개념이 형성되기 시작했다.

구교와 신교 간의 갈등을 봉합한 것이 베스트팔렌 조약이라면 성경의 가르침과 현실 간의 모순을 봉합한 것은 대금업 합법화 조치였다. 베스트팔렌 조약보다는 백여 년 빨랐지만, 전쟁만큼이나 치열했으며 봉합된 뒤에도 200년을 더 방황했다. 그 이야기는 이렇다.

중세를 빠져나오면서 대금업이 슬금슬금 늘어나자 1179년 라테란 공의회는 캐논 25조에서 "대금업자는 파문한다"고 다시 한번 대금업에 대한 강경한 입장을 공식 확인했다. 각국 군주가 지출에 필요한 자금을 마련하는 데 어려움을 겪었던 것도 바로 이 공의회의 결정 때문이었다. 이후 기독교 사회에서는 도대체 대금업이 무엇인지를 두고 아주 지루하고 소모적인 논쟁이 계속되었다.

첫 번째 논쟁거리는 어음거래였다. 국제무역이 점차 늘어나면서 어음거래가 늘어났다. 항구에서 물건을 싣고 외국에 가서 물건을 팔아 오는 동안 시간이 걸리기 때문이다. 만일 어음거래를 막으면 경제가 돌아가지 않는다. 그래서 실물거래와 직결된 진성어음*cambio reale*의 거래는 대금업에서 제외한다는 결정이 내려졌다.

그러자 규제를 회피하려는 시도가 생겼다. 자금 융통을 위해 어음을 발행하면서도 마치 실물거래가 있었던 것처럼 꾸몄다. 이런 어음을 건식어음이라고 했는데(7장 참조), 건식어음과 진성어음을 구별해 내는 것이 교회의 큰 골칫거리였다. 건식어음이 발견될 때마다 새로운 규제가 늘어났다.

이런 식의 규제와 규제 회피는 끝없이 이어져 여러 사람을 피곤하게 만들었다. 그러다가 16세기 초에 이르러 마침내 교회 안에서 개선의 목소리가 나왔다. 프랑스의 신학자 장 거송Jean Gerson이 '차입자를 가혹하게 옥죌 목적으로 대출할 때'만 대금업이 금지되어야 한다고 주장했다.

그러자 기다렸다는 듯이 독일의 에크Eck라는 학자가 1515년《금리 5퍼센트 계약에 관한 연구*Tractates Contractu quinque de centum*》라는 책에서 여러 가지 이유에서 인간이 하나님에게 용서를 받을 수 있는 합리적인 금리 상한선은 5퍼센트라고 맞장구를 쳤다. 푸거 가문에서 뒷돈을 댄 결과였다.*

남쪽에서도 호응이 따랐다. 교황 레오 10세가 같은 해인 1515년 '가난한 사람을 위한 대출업법'을 통해 약간의 이자 수취를 합법화한 것

* 르네상스 시대의 학자들은 대부분 주문자의 입맛에 맞춰 책을 쓰는 지식장사꾼들이었다. 오늘날 이른바 '연구용역' 활동에 몰두하는 일부 교수들의 원조라고 할 수 있다. 1471년 바르톨로메오는 자신이 쓴 책《군주론》을 용병 출신 군주 페데리코 곤자가에게 헌정했다. 그러고 나서 1475년 피렌체공화국의 지도자 '위대한 로렌초'에게《시민론》이라는 제목으로 다시 헌정했다. 프란체스코 파트리지라는 학자도《공화주의 교육론》과《왕국과 제왕 교육론》이라는 책을 거의 같은 시기에 쓴 뒤 각각의 교육법이 최고라고 주장했다. 돈을 받고 쓴 결과였다.

Iſrael ex. Cum Priuil. Reg.
es Voleurs infames et perdus ,
uits malheureux a cet arbre pendus
Monſtrent bien que le crime (horrible et noire engeance)
Eſt luy meſme inſtrument de honte et de vengeance ,
Et que ceſt le Deſtin des hommes vicieux
Deſprouuer toſt ou tard la iuſtice des Cieux .

최악의 종교전쟁이었던 30년 전쟁의 한 장면을 그린 자크 칼로(Jacques Callot)의 1633년 작품

이다. 상한선은 5퍼센트였다. 레오 10세는 다름 아닌 제4대 메디치 은행 대표 '위대한 로렌초'의 아들이었다. 수천 년을 내려온 대금업에 대한 고정관념을 뒤집는 데 그만큼 적합한 사람은 없었다(이쯤 되면 6장과 7장에서 푸거와 메디치 가문을 왜 그토록 공들여 소개했는지 알 수 있을 것이다).

이 법이 세상을 크게 바꾼 것은 아니었다. 이미 세상은 교회 밖에서 얼마든지 음성적으로 이자 거래를 하고 있었기 때문이다. 하지만 현실과 관계없이 이자에 대한 형이상학을 바꾸는 것은 틀림없는 혁명이었다. 그리고 혁명은 또 다른 혁명을 불렀다. 1545년 스위스의 종교개

혁 지도자 칼뱅이 레오 10세의 결정에 다시 의문을 제기한 것이다. 왜 꼭 5퍼센트여야 하는가?

칼뱅의 생각은 이러했다. 그가 히브리어 성경을 오래 연구한 결과 이자 수취로 해석할 수 있는 단어가 두 가지였다. '깨문다'라는 뜻의 네섹neshek과 '늘린다'라는 뜻의 타빗tarbit이었다. 이중 성경에서 명백히 금지하는 것은 네섹뿐이라는 것이 칼뱅의 결론이었다.

장 칼뱅의 초상. 인문학적 소양을 바탕으로 성경을 재해석하여 '주석의 왕'으로 불린다. 금욕과 절약을 통한 부의 축적을 옹호한 그의 노동이론(켈빈주의)은 훗날 자본주의의 이념적 토대가 되었다.

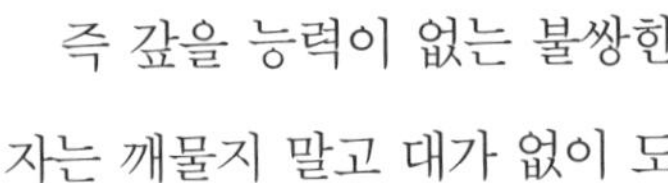

즉 갚을 능력이 없는 불쌍한 자는 깨물지 말고 대가 없이 도와주어야 하지만, 그렇지 않으면 얼마든지 이자를 받고 대출할 수 있는 것이다! 코페르니쿠스가 지동설로 가톨릭의 우주관을 뒤집었다면, 같은 시대 같은 문화권의 칼뱅은 대금업에 대한 새로운 해석으로 가톨릭의 경제관을 뒤집었다.

그러자 영국 왕 헨리 8세가 거들고 나왔다. 그는 사사건건 교황청과 대립하고 있었다. 그는 죽은 형의 부인인 아라곤 왕국 출신 캐서린과는 전혀 결혼할 마음이 없었다. 하지만 전쟁과 외교의 달인이던 교황 율리오 2세가 정치적인 계산에서 아라곤과의 관계 개선이 필요하자, 캐서린이 죽은 남편과는 첫날밤을 제대로 보내지 않았다는 증명서까지 발급하면서 열일곱 살의 헨리를 압박해 형수와 강제로 결혼하게 했다.

결혼 후 캐서린은 헨리의 아이를 계속 유산하거나 사산했다. 어쩌다 아이가 태어나더라도 한두 달 만에 죽는 경우가 허다했다(세상에 나온 여섯 명의 자식 중 석 달 이상 생존한 것은 메리 1세뿐이었다). 헨리는 이것이 하나님의 노여움 때문이라고 겁을 먹고 이혼을 결심했다. 그리고 형수를 아내로 맞이했던 것은 교황에 의한 '강요된 간음'이었다고 주장했다.*

그러나 당시 교황이었던 클레멘스 7세는 이혼을 허락하지 않았다. 신성로마제국 황제 카를 5세의 도움으로 교황에 오른 클레멘스 7세는 황제의 이모인 캐서린을 이혼녀로 만드는 데 동의할 수 없었던 것이다.** 교황 율리오 2세와 클레멘스 7세는 지극히 정치적 이유로 결혼을 강요하고 이혼을 허락하지 않았다.

이런 배경 속에서 헨리 8세는 당치않은 결정에 분노하여 1534년에 교황청을 이탈하고 성공회(Church of England)를 조직했다. 그리고 1545년 대금업 금지법(An Act against Usuries)을 통해 금리 상한선을 연 10퍼센트로 끌어올렸다(제목은 대금업을 금지하지만 내용은 허용하

* 성경의 창세기 38장에는 형수를 아내로 맞이했다가 횡사를 한 오난의 이야기가 나온다. 어렸을 때 매우 종교적이었던 헨리 8세는 이 때문에 겁을 먹었다. 교황이 정치적이고 군주가 종교적이었다는 것은 역설이다.

** 클레멘테 7세는 메디치 가문 '위대한 로렌초(7장 참조)'의 조카였으며 교황 레오 10세의 사촌 동생이었다. 그는 레오 10세와 함께 마법을 '크리멘 익셉툼(crimen exceptum)', 즉 특별한 조사가 필요한 범죄로 규정하고 마녀사냥을 장려했다. 마녀고문수칙을 제정하고 구체적 방법론까지 보급했다.

는 법이었다). 금리 수준이 중요한 것은 아니었다. 그것은 이제부터 교황이 아닌 국왕이 금리를 규율하겠다는 선언이었다. 정치에서만 있었던 제정분리祭政分離가 금융에서 시작된 것이다.

금융의 제정분리는 혼란을 불러왔다. 헨리 8세의 아들 에드워드 6세는 아버지가 만든 법을 1552년에 폐지했고, 그의 누나 엘리자베스 1세는 1571년 오빠의 폐지법을 다시 폐지했다.

이후 1624년 제임스 1세(8퍼센트), 1660년 찰스 2세(6퍼센트), 1713년 앤 여왕(5퍼센트)을 거치면서 금리의 법정 상한선이 다시 5퍼센트로 돌아왔다. 교황 레오 10세가 처음 결정했던 최고금리 5퍼센트가 200년 동안 방황하다가 제자리로 회귀했을 때, 법정 최고금리 결정권자는 교황을 떠나 왕에게로 완전히 옮겨져 있었다.*

* 헨리 8세의 첫 번째 결혼이 적법이었느냐는 이후 영국 사회의 큰 골칫거리가 되었다. 아버지 때문에 런던탑에서 감금된 채 자라다가 나중에 왕의 자리에 오른 메리 1세는 아버지의 신하들과 성공회 간부들을 모조리 처형했다(그래서 '블러디 메리'라는 별명이 붙었다). 아버지와 성공회의 시각에서 보자면 자기는 '강요된 간음'의 산물로서, 태어나서는 안 될 존재였기 때문이다. 그래서 메리 1세는 영국을 다시 가톨릭 세계로 돌려놓으려고 했다. 당시 이자제한법이 자주 바뀐 데에는 이런 '출생의 비극'과 그를 둘러싼 종교 대립이 작용한다.
한편, 영국이 금리 상한선을 자주 바꾸는 동안 교황청과 신성로마제국에서는 별다른 시비를 걸지 않았다. 구교와 신교가 지독하게 싸우느라고 교황이 금리 상한선을 지키는 데는 관심과 의지가 사라졌기 때문이다.

16세기 베니스에 출현한 최초의 공공은행

상업거래가 늘어나면서 돈을 들고 다니는 불편함과 돈의 가치를 일일이 확인하는 작업은 고통스러운 수준에 이르렀다(3장에서 보았듯이 돈에 흠집이 나지 않도록 가죽 주머니에 싸고 주머니째 교환했다). 그래서 '지로*Giro*' 거래라는 것이 등장했다. 상거래를 하는 사람들이 같은 은행에 예금을 맡긴 뒤 그 은행의 회계장부에서 예금 잔고를 수정하는 방법이다. 하지만 지로 거래를 하려면 거래당사자들이 함께 은행을 방문해야 하는 불편함이 있었다.

그러던 끝에 1587년 베니스에서 지급 결제만을 전문적으로 수행하는 은행이 탄생했다. 그 이전의 민간 금융업자들과 달리 당국이 공식적으로 설립을 허가한 인류 최초의 공공은행(public bank)이었다(7장에서 소개한 중국의 전장錢莊은 베니스 은행보다 시기적으로는 앞섰지만 개인 기업이었다).

당시 베니스는 국제무역의 중심지로 상설 장터가 개설되어 있어서 상거래나 선적과 관련한 결제수요가 어느 곳보다도 많았다.* 이런 사정을 고려하여 베니스 당국은 상인들에게 돈(금)을 받아 예금 범위 내에서 은행권을 발행하는 은행*Banco della Piazza del Rialto*을 세웠다. 대출이 금지된 채 오직 예금 받은 범위 내에서 은행권을 발행했던 이

* 베니스에서 예금을 받는 은행이 등장한 것은 영국보다도 100년 빠르다(7장 참조). 당시 베니스의 화려했던 경제적 위상을 보여주는 것이 셰익스피어의 《베니스의 상인》(1596년)이다. 이때까지는 영국이 이탈리아를 앞서가지 못했다.

은행은 독점은행이었다.*

그러나 베니스 정부도 씀씀이가 컸던 과거 영국의 에드워드 1세나 에드워드 3세와 똑같은 유혹과 함정에 빠졌다. 지출을 통제하지 못하여 새로운 돈줄을 찾아 나섰다. 그래서 1619년 독점체제를 깨고 두 번째 은행을 허가했다. 그 은행의 이름은 '결제은행*Banco del Giro*'이었지만, 이름과 달리 정부에 대출도 했다.

정부와 특수관계를 누렸던 이 두 번째 은행은 1637년 원래 있었던 은행을 흡수하고 정부 대출을 점점 늘렸다. 그러다가 상당 기간(1717~1739년) 고객의 예금 인출요구를 수행하지 못하는 상황에 이르렀다. 그 사이 찬란했던 베니스의 상권이 기울어갔고, 결제은행도 1806년 문을 닫았다.

발렌시아 지역에서도 똑같은 일이 벌어졌다. 발권은행이 식량(밀)에 투자해서 높은 수익을 얻으려다가 1613년 스페인의 침공 때 갑자기 늘어난 예금인출을 견디지 못해 바로 파산하고 말았다. 발권은행이 수익성에 눈을 돌리면 안 된다는 교훈과 함께(그래서 중앙은행의 여신은 단기이어야 한다는 원칙이 생겼다. 한국은행법은 여신 만기를 1년으로 제한한다).

* 이론적으로 볼 때 요구불예금(checkable account)만 수취하면서 안전자산에만 투자하는 은행을 내로우 뱅크(narrow bank)라고 한다. 결제수단으로서 화폐의 공급에만 초점을 맞추는 기관이다. 이런 은행은 고금리 저축성예금을 수취하여 고수익을 추구하는, 즉 가치저장수단으로서 화폐를 취급하는 와이드 뱅크(wide bank)에 대비된다. 한편 베니스 은행의 경우에는 금으로 받은 예금 이상의 은행권 발행이 금지되었으므로 밀턴 프리드먼이 말하는 100퍼센트 지급준비은행이기도 하다. 100퍼센트 지급준비은행은 1844년 영란은행법이 추구했던 개념이다.

암스테르담 은행의 모습. 네덜란드 자본주의의 상징이었던 이 은행은 화폐가치의 안정에 충실한 결과 온 나라가 투기에 미쳤던 튤립 파동(1636~1637) 때에도 흔들리지 않았다. 그리하여 애덤 스미스는 《국부론》에서 이 은행의 역할에 대해 경외감을 표시했다.

온갖 유혹과 역경 속에서도 발권 기관이 원칙을 잘 지킨 사례도 있었다. 네덜란드의 암스테르담 은행이 그 예다. 1609년 기존의 모든 환전상을 몰아낸 뒤 독점은행으로 설립된 암스테르담 은행은 스페인과 독립전쟁을 치르는 과정에서도 금으로 받은 예금을 초과하여 은행권을 발행하지 않음으로써 태환 요구를 성실하게 수행했다.

물류 유통으로 먹고살던 네덜란드에는 워낙 많은 종류의 외국 화폐가 유통되었으나 이 은행이 설립된 뒤에는 여기서 발행하는 은행권이 오히려 외국에서 선호하는 화폐가 되었다. 이를 토대로 네덜란드는 물류 유통에 이어 발권제도와 금융업에서도 선진국으로 발돋움했다.*

네덜란드의 상권이 나날이 커지자 정부는 새로운 은행을 설립했다. 암스테르담 은행은 발권과 지급결제업무(수신)만 담당토록 하고, 대출 업무까지 수행하는 대출은행*Huys van Leening*을 1614년에 설립했다. 이 은행은 진성어음이 아닌 융통어음(롬바르드 대출)까지 취급했다.

상업이 발달했던 네덜란드에서 발권(예금)은행과 대출은행을 분리해 운영하는 것은 굉장히 획기적인 발상으로, 주변국에 많은 영향을 미쳤다. 스웨덴은 1668년 최초의 중앙은행이라고 알려진 릭스방크Riksbank를 설립하면서 네덜란드의 사례를 본받았다. 이 은행은 발권과 대출을 병행했지만, 발권 조직과 대출 조직이 각각 별도의 회계장부를 운용하면서 마치 독립된 은행처럼 일했다(이런 복잡한 회계기술이 이탈리아의 롬바르드에게서 나왔다. 7장 참조).

영국도 마찬가지였다. 영란은행 설립을 허가한 오렌지 공 윌리엄과 메리 부부 왕은 젊은 시절 네덜란드에서 망명 생활을 하다가 명예혁명 이후 국왕으로 추대되어 고국으로 돌아갔다. 그 후 프랑스와 전쟁을 앞두고 비용 조달이 시급해졌을 때 네덜란드에서 본 것을 흉내 내서 1694년 영란은행 설립을 승인했다(제3장 참조).

이 은행은 과거 이탈리아의 채권단처럼 주세와 선박세 등을 담보로 정부에 전쟁 비용을 대출했다. 그리고 런던 시내에서는 이 은행이 발행한 증서만 유통되는 특권을 부여받았다. 설립 이듬해부터는 정부

* 하지만 암스테르담 은행도 나중에는 동인도회사에 과도하게 투자했다가 1819년 파산했다. 앞에서 설명한 베니스와 발렌시아 지역의 은행들과 마찬가지로 발권 기관이 이윤을 추구한 결과였다.

대출에서 발생한 이자를 근거로 일반인을 상대로도 대출업무를 시작했다.* 이런 일을 할 때 영란은행은 스웨덴의 릭스방크처럼 두 개의 회계장부를 운영했고, 지금도 그 전통을 이어가고 있다.**

이처럼 각각의 배경은 조금씩 달랐지만, 이자 수취가 합법화되면서 16세기 이후 제노아, 피렌체, 베니스, 암스테르담 등지에서는 새로운 변화가 나타났다. 일반인을 상대로 예금을 받거나 대출을 하거나 송금 업무를 수행하는 조직들이 국가의 승인 아래 설립된 것이다. 대부분은 국가가 나서서 독점을 보장해 주기까지 했다.***

그럼으로써 과거 '상위 1퍼센트만을 위한 비밀조직'은 이제 사회의 필수 불가결한 조직으로 바뀌었다. 상인들이 장사를 원활하게 하고, 정부가 전쟁을 잘 치르기 위해서는 반드시 은행을 이용해야 했다. 그것이 베스트팔렌 조약 이후 인류 사회가 새로운 단계로 진입할 무렵의 모습이었다.

* 초기 영란은행은 정부에게만 대출할 수 있었고, 그 대출금은 몇 장의 영란은행권으로 지급되었다. 당연히 그 영란은행권은 액면 금액이 대단히 커서 일반 상거래에서는 거의 유통되지 않았다. 일 년 뒤 정부가 그 대출금의 이자를 금화로 갚자 마침내 그 이자 수입 범위 내에서 일반에 대한 영란은행의 대출이 시작되었다. 일종의 수취이자부 대출(interest-backed loan)이었다. 초기에는 건당 대출금액이 컸지만, 시간이 흐르면서 수취이자부 대출의 건당 금액도 조금씩 작아졌다. 그 과정에서 영란은행권(금태환 가능)의 액면 금액이 소액화되고, 이를 통해 영란은행권이 대중들에게 화폐로 이용되었다.

** 경제이론 면에서 초기 릭스방크와 영란은행의 운영 원리는 대단히 중요하다. 금융사학자 킨들버거 교수가 지적한 대로 화폐(money)와 신용(credit)을 엄격히 구분하고 있기 때문이다. 변변한 화폐 이론이 없었던 상태에서 원조 중앙은행들이 화폐와 신용을 구분했다는 것은 대단히 놀라운 사실이다.

*** 공공은행들은 지역에 따라 설립 배경과 목적이 전부 다르지만, 대체로 송금(예금)과 발권에서 출발하여 대출로 업무가 확장되었다는 공통점이 있다. 이것이 대출에서 출발했던 가족경영 형태의 사설 은행(예: 메디치 은행)이나 우피치와 다른 점이었다.

그러나 공공은행의 출현이 반드시 좋은 면만 있었던 것은 아니다. 어떤 때는 국가적 재앙의 씨앗이 되기도 했다. 공공은행의 개념이 없었던 프랑스가 그런 불행의 첫 희생자였다. 이것이 다음 장의 주제다.

9장

은행,
국민의 원흉이 되다

파산한 바보들아, 이리로 모이거라.
너희들의 실수에 누구를 탓할쏘냐?
남의 말에 솔깃했던 자기 귀나 자르거라.
무턱대고 오른 배에 사기꾼이 선장이니,
실린 것은 쪽박이요 탔던 배는 깡통이라.
그럴듯한 말일수록 의심부터 했어야지,
한탕 해서 쉽게 벌면 돈 없을 자 누굴쏘냐?
벌기보다 잃기가 쉽다는 걸 몰랐느냐,
처음부터 정신 차려 깨달아야 했느니라.
망한 사연 말하려면 개한테나 털어놔라.
무릉도원 가려다가 삼수갑산 갔었다고.

– 존 로(1671~1729)의 묘비문

투기 광풍의 시작
네덜란드 튤립 파동

축구 감독 히딩크의 고향 네덜란드는 흥미로운 땅이다. 이 지역은 로마제국의 지배를 받으면서 역사에 등장하기 시작했지만, 빙하가 스치고 간 척박한 땅이라서 역대 정복자들이 큰 관심을 보이지 않았다. 관심이 없다 보니 제대로 된 이름조차 없었고 사람들은 그냥 '저지대(lowland)'라고 불렀다.*

이 지역은 9세기경 프랑크 왕국이 분열될 때 부스러기처럼 떨어져 나간 뒤 자치 지역으로 남았다. 명목상으로는 부르고뉴 가문의 통치를 받았지만, 별다른 간섭은 받지 않았다. 그러다가 16세기 초 신성로마제국의 황태자 막시밀리안이 부르고뉴 가문의 마리와 결혼해 이 지역의 통치권을 흡수한 뒤 스페인의 지배를 받았다(6장 참조).

스페인의 지배라고 해도 대단한 것은 아니었다. 사실상 무정부나 자유방임에 가까웠다. 그래서 '저지대'는 해상무역을 하는 상인들의 자치 지역으로 자리 잡았다. 그러다가 종교전쟁이 가열되면서 돈 많은 유대인과 프랑스의 위그노(신교도)들이 정치와 종교적 박해를 피해 대거 이주해왔고, 그런 분위기 속에서 네덜란드 지역은 유럽 대륙의

* 식당에서 각자 먹은 만큼 내는 것을 '더치페이(Dutch pay)'라고 하는데, 이것은 오늘날의 네덜란드와는 상관이 없다. 더치(Dutch)는 독일어의 '도이치(Deutsch)'와 마찬가지로 북유럽 말로 '사람들(people)'이라는 뜻이다. 과거 유럽 북쪽의 저지대는 농사도 지을 수 없고 자원도 없어서 주변국이 탐내지 않은 채 버려졌다. 그래서 어느 나라에도 소속되지 않은 그 지역 주민들은 '더치'로 불렸다.

해방 공간으로 발돋움했다.*

이것은 스페인에 별로 달가운 일이 아니었다. 어느 순간부터 스페인은 '저지대'에 대한 자유방임을 중단시키고 중앙의 통제를 강화했다. 경쟁자인 프랑스를 견제하기 위해서는 저지대에 스페인 군대를 주둔시킨 뒤 프랑스를 남북으로 압박해야 하는데, 그곳 주민들이 별로 협조하지 않았기 때문이다. 그래서 압박 수위를 높이려고 하자 영국과 프랑스가 저지대 편을 들고 나섰다. 이들 나라가 보기에는 저지대와 스페인을 분리하는 것이 힘의 균형 차원에서 바람직했다. 이렇게 해서 신교도들의 종교적 자유를 앞세우고 외세가 개입된, 기나긴 투쟁의 역사가 시작되었다. 역사에서는 이를 80년 전쟁(1568~1648)이라고 부른다.

전쟁 초기는 저지대 식민지 주민들의 반란에 가까웠다. 스페인 왕실은 먼저 현지 귀족을 앞세워 반란을 진압하는 전략을 취했다. 하지만 종교 문제가 더해지면서 마침내 현지 귀족들도 스페인에게 등을 돌렸다. 거기에 더하여 영국 엘리자베스 여왕까지 힘을 보태주자 저지대 주민들은 1581년 공식적으로 독립을 선포했다.

그런데 그때까지도 식민지 주민의 의견은 통일되지 않았다. 남부 최대 자유도시이자 가톨릭 주민이 많았던 안트베르펜Antwerp은 독립을 원치 않았기 때문에 독립선언에 합류하지 않았다(안트베르펜은 결국 오늘날 벨기에 땅이 되었다). 그러자 안트베르펜의 부자들과 신교도들

* 지금도 네덜란드는 동성애, 마약, 안락사 문제 등에 대단히 진보적이며, 네덜란드 사람들의 생각은 놀랄 정도로 실용적이고 현실적이다. 유대인 상인 가문 출신으로서 급진적 자유주의 사상 때문에 교회에서 파문당한 철학자 스피노자가 좋은 예다.

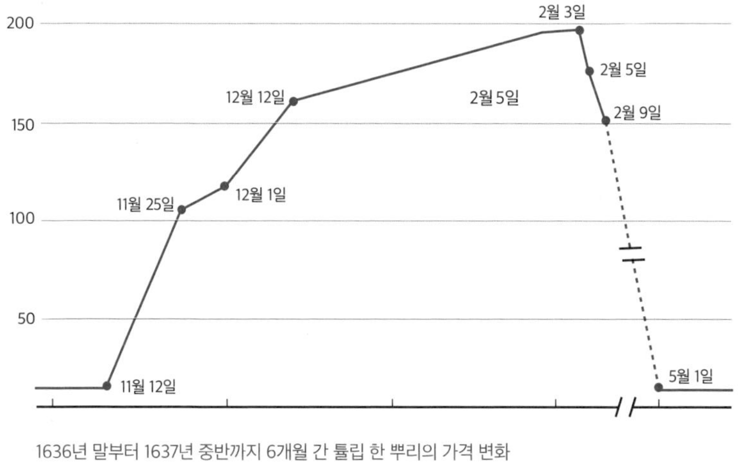

1636년 말부터 1637년 중반까지 6개월 간 튤립 한 뿌리의 가격 변화

이 독립을 선언한 북쪽 암스테르담으로 대거 빠져나갔다. 이후 1609년에는 암스테르담에 근대식 은행이 생겼고, 이듬해에는 증권거래소도 설립되면서 네덜란드 북쪽은 유럽 어느 곳보다도 빠르게 자본주의의 맹아기로 접어들었다.

하지만 이제 막 걸음마를 시작한 자본주의는 몇 걸음 가지 못하고 바로 엎어졌다. 그때까지 인류가 한 번도 경험해 보지 못했던 집단 광기 때문이었다. 아직도 답을 찾지 못해 수백 년간 반복되면서 지금도 전 세계가 앓고 있는 투기와 불황을 만난 것이다.

독립전쟁 중인 네덜란드 주민들이 생업을 팽개치고 투기판에 뛰어들게 한 것은 튤립 뿌리였다. 오스만 튀르크에서 이국적인 튤립 종자가 들어온 이후 수익성이 좋을 것이라는 소문이 퍼지면서 증권거래소에서 거래되는 튤립 한 뿌리 가격이 몇 달 만에 20배 이상 폭등했다.

튤립 광기를 묘사한 얀 브뤼헐의 그림(1640년).
튤립 광기 때 펼쳐졌던 소동을 원숭이들의 미친 짓으로 묘사한 가운데, 오른쪽 끝에는 버블 붕괴 후 튤립에 오줌을 싸거나 장례식을 치르는 모습이 보인다.

하지만 사람들이 꿈에서 빠져나오는 데는 그리 오랜 시간이 걸리지 않았다. 튤립은 일단 재배되면 쉽게 번식하는 것 아닌가!

튤립을 사랑하는 네덜란드 사람들이 익히 알고 있던 이 단순한 사실을 상기했을 때 가격은 급격히 제자리를 찾았지만, 시민들의 삶과 경제는 파탄 났다. 1636년과 1637년 사이에 아주 잠깐 벌어졌던 이 사태를 역사에서는 튤립 파동(Tulip Mania)이라고 부르는데, 이것은 이후 세계 곳곳에서 줄기차게 반복되고 있는 투기와 광기의 시작이었다. 그러나 네덜란드의 광기는 80여 년 뒤 프랑스에서 일어났던 일에 비하면 아무것도 아니었다.

존 로가 쓴 프랑스 은행의 역사

신교도의 땅 네덜란드가 가톨릭 국가인 스페인과 독립투쟁을 벌이고 있을 때 프랑스도 종교 문제로 내홍을 겪고 있었다. 30년 이상 계속된 위그노 전쟁(1562~1598)은 국력을 소진하고 민심을 갈기갈기 찢어 놓았다. 이러한 구교도와 신교도 간의 적개심과 살의는 1598년 간신히 수습되었다. 앙리 4세가 낭트칙령(Edict of Nates)을 통해 마침내 개신교도들에게 종교의 자유를 허용한 것이다.*

낭트칙령은 프랑스에 많은 변화를 가져왔는데, 금융도 그 가운데 하나였다. 과거에는 이탈리아 피렌체 출신의 대금업자 또는 롬바르드가 징세도급인 역할을 하면서 프랑스 왕실의 재정을 뒷받침했다. 그러나 낭트칙령 이후 위그노와 돈 많은 귀족들이 귀국하면서 그 역할을 이어받았다.

* 위그노 전쟁은 앙리 4세의 할머니 캐서린 메디치(Catherine de' Medici) 때문에 시작되었다. 가톨릭 세력을 대변하던 캐서린이 자기 딸의 결혼식에 참석한 사돈 집안의 하객, 즉 신교도들을 무참히 학살하면서 위그노 전쟁이 시작됐다. 이로 인해 개신교를 믿는 부자들이 프랑스를 떠나면서 프랑스 국력이 약해지자 앙리 4세가 그 수습책으로 내놓은 것이 낭트칙령이다.

대표적인 인물이 사뮈엘 베르나르Samuel Bernard였다. 당대 최고의 부자였던 베르나르는 원래 네덜란드 출신의 신교도였는데, 태양왕 루이 14세로부터 공작 작위를 받고 그의 재정적 후견인 노릇을 했다.

하지만 루이 14세가 다스리는 왕실의 지출은 도저히 감당할 수 있는 수준이 아니었다. 루이 14세에게 대출해 준 돈이 1703년에는 1,500만 리브르였으나 1년 뒤 다시 500만 리브르가 추가되고, 4년 뒤에는 다시 1,000만 리브르가 추가되었다. 1709년 마침내 베르나르마저도 두 손을 들고 프랑스 왕실에 대출을 중단했다. 그러자 루이 14세는 원금상환중단을 선언하고 그 여파로 베르나르도 유동성 부족으로 일시적인 파산에 몰렸다.

돈 많은 개인이 국가재정을 책임지는 것은 확실히 구시대적이었다. 그래서 무엇인가 변화가 필요했다. 이때 등장한 인물이 존 로John Law였다. 스코틀랜드 출신의 금은세공업자(골드스미스) 겸 주화검사관의 아들로 태어난 존 로는 어려서부터 호화롭게 자랐다. 아버지 윌리엄은 에든버러의 귀족이 살았던 로리스톤 성을 사들일 정도로 성공한 사업가였고, 존 로는 당당한 체구에 키가 180센티미터가 넘는 호남형에다 파라오라는 도박 게임에서 돈을 잃는 법이 없을 정도로 머리도 좋았다. 항상 비싼 정장 차림으로 다니는 그에게 여자가 끊이지 않았다.

그런데 그가 스물 세 살이 되었을 때 여자 문제로 친구와 다투다가 살인을 저질렀다. 체격이 좋았던 존 로가 결투 도중 칼로 친구의 심장을 찌른 것이다. 죽은 친구 역시 보통 집안이 아니었기에 신속한 재판으로 존 로의 사형이 선고됐지만, 로는 또 다른 친구의 도움으로 탈옥

하고 그 길로 애인 캐서린과 함께 네덜란드로 도망갔다. 암스테르담에 도착한 그가 본 것은 막 피어오르고 있던 근대 은행업의 가능성이었다.

한동안 네덜란드에 머물다가 고향 스코틀랜드로 잠깐 돌아왔을 때 그는 어느덧 금융전문가가 되어 있었다. 이때까지 스코틀랜드는 영국과 통합되지 않아서 런던에서의 살인은 고향 스코틀랜드에서 별로 문제되지 않았다. 1705년에는 《화폐와 무역》*이라는 책까지 발간했다. 사상 최초의 화폐금융 이론서였다.

이 책에서 그는 초근대적인 아이디어를 제시했다. 돈이 돌지 않으면 경제가 죽는데, 은행은 영업을 통해 자연스럽게 돈을 늘리고 전국 방방곡곡으로 돈을 유통하므로 '은행은 경제를 살찌우는 존재'라는 것이다. 그의 결론은 이처럼 유익한 사업은 자유방임 상태로 둘 것이 아니라 국가가 독점해야 한다는 것이었다.

때마침 1707년 잉글랜드와 스코틀랜드의 통합이 결정되자, 그는 자기가 주장한 대로 통합 왕국 아래서 국립은행(National Bank)을 만들자고 제안했다. 하지만 당시 영국 사회는 아무도 그의 이론에 귀를 기울이지 않았다.** 고향에서 관심받지 못한 그는 예전처럼 프랑스와

* 이 책은 윌리엄 하비(William Harvey)의 혈액순환이론을 경제에 접목한 것이다. 1628년 하비가 발표한 혈액순환이론(De Motu Cordis, 다른 이름으로는 On the Motion of the Heart and Blood)은 당시 유럽 지식인들에게 많은 영감을 불러일으켰다.

** 네덜란드, 스웨덴, 이탈리아 등과 달리 영국에서는 특정 기관에 발권독점권을 부여하는 방안을 생각하지 못했다. 1694년 설립된 영란은행도 오직 런던 시내에서만 독점권을 갖다가 1844년 필 조례(Peel's Act)에 따라 비로소 전국적인 독점권을 확보했다. 당시 스코틀랜드에서는 중앙은행 없이 모든 은행이 자유롭게 은행권을 발행했고, 심지어 지금도 세 개 민간 은행이 화폐를 발행한다. 사정이 이러했으니 존 로의 생각은 받아들여지기 매우 힘들었다.

네덜란드를 오가면서 도박장과 투기 거리를 좇으며 세월을 보냈다. 그러다가 1714년 마침내 그에게 기회가 찾아왔다. 프랑스에서 귀인을 만난 것이다.

영국에서 건너온 금융전문가 행세를 하면서 프랑스의 사회지도층 인사들과 어울리던 존 로는 어느 날 오를레앙 공작을 만났다. 공작은 당시 프랑스를 통치하던 태양왕 루이 14세의 조카였으므로 그와 사귀는 것은 만사형통의 지름길이었다.

예상은 틀리지 않았다. 70년 이상을 통치하던 루이 14세가 1715년 사망하자 왕위를 물려받은 루이 15세는 죽은 왕의 증손자로서 당시 다섯 살에 불과했다. 그러면서 자연스럽게 그의 삼촌인 오를레앙 공작이 섭정을 시작했다.

당시 왕실은 만신창이가 된 재정 문제가 고민이었다. 왕실의 부채는 30억 리브르에 이르러 이자 갚기도 벅찼다. 루이 14세가 재위하던 1685년에 낭트칙령 파기를 선언하고 위그노들을 다시 탄압하기 시작하자 그들이 돈을 들고 외국으로 떠나는 바람에 프랑스 안에는 왕에게 급전을 빌려줄 사람이 없었다. 이때 외국에서 건너온 존 로가 오를레앙 공작에게 묘안을 제시했다.

로는 몇 년 전 스코틀랜드에서 했던 말을 그대로 옮겼다. 외국인들이 차지한 금융업을 독점사업으로 만들고 그 은행에 정부 지출을 맡기면, 신교도의 도움 없이도 재정이 개선되고 경제도 좋아진다고 설명했다.

자기 고향에서는 이 말이 전혀 통하지 않았지만, 오를레앙 공작은 그 말에 뛸 듯이 기뻐했다. 존 로를 왕실 재정 고문으로 임명하면서 그

태양왕 루이 14세(1638~1715). 72년간 통치하면서 절대왕정의 극치를 보여주었다. (그러나 "짐이 곧 국가"라는 말은 볼테르가 지어낸 말이다). 다섯 살에 즉위한 뒤 신교도의 반란을 여러 차례 경험했기 때문에 신교를 타도의 대상으로 생각했다. 영국과 자주 전쟁한 것도 자신이 가톨릭 세계의 수호자라고 믿었기 때문이다.

가 제안하는 은행(Banque Générale)을 설립하는 것을 궁정회의 안건으로 회부했다. 이탈리아, 네덜란드, 영국 등에만 있었던 은행을 프랑스에도 만들자는 것이었다.

왕실은행과 전환사채 프로젝트*

영국에서 영란은행을 세울 때도 그랬지만, 프랑스에서도 은행업을 제대로 이해하는 사람은 거의 없었다. 1715년 10월 존 로의 은행설립안이 궁정에서 논의될 때 네 명은 찬성하고, 여덟 명은 반대했으며, 나머지 대부분은 잘 모르겠다고 대답했다. 그래서 결국 부결되었다.

이때 재정고문 존 로가 제안한 것은 기존의 징세도급인과 왕실재정담당 자격을 자기가 세우는 은행에 맡기자는 것이었다. 새 은행의 은행권이 전국적으로 유통되면 지급결제 차원에서 획기적인 변화가 찾아올 것이라고 설명했다.

처음에 궁정 관리들은 왕실 재정이 화급한 판에 그런 문제는 중요하지 않다며 반대했다. 그러나 왕실이 부분적으로 파산상태에 이르고 부자들에게 살인적인 고금리로 급전을 조달하게 되자 생각을 바꾸었다. 발권은행이 왕실에 돈을 찍어 낮은 이자로 빌려주면 급한 불을

* 국내외적으로 존 로의 이야기는 지나치게 단순화되거나 과장되어 알려져 있다. 투기와 버블에만 초점이 맞춰지기 때문이다. 화폐금융이론의 관점에서 설명하는 이 글이 프랑스의 정사(正史)에 가장 가까울 것이다.

끌 수 있다고 생각했기 때문이다. 이렇게 해서 마침내 존 로의 은행은 1716년 5월 마침내 허가되었다(지금부터 이어지는 이야기는 상당히 기술적이다. 178쪽 아래로 넘어가도 좋다. 그러나 금융공학에 관심 있는 독자들은 찬찬히 읽어보기 바란다. 존 로의 천재성을 알 수 있다).

존 로의 천재성은 이때부터 드러나기 시작했다. 그는 6백만 리브르의 자본금을 조달하는데, 자신과 왕실이 각각 4분의 1을 납부하고 나머지 4분의 3은 일반 투자자에게서 조달했다. 이것이 프랑스 최초의 주식공모이자 유한회사였다. 주주들이 자기가 낸 돈 만큼만 경영에 참여하고 책임지는 조직이 등장한 것이다.

이때 일반인은 현찰 대신 왕실이 발행한 채권(Billet d'État)으로 투자금을 납부할 수 있도록 했다. 게다가 존 로는 주주들에게 7.5퍼센트의 배당까지 약속했다. 당시 국채 이자가 4퍼센트였던 것에 비하면 대단히 높은 수준이므로 투자자들이 유혹을 느끼지 않을 수 없었다.

그때 존 로가 발명한 것은 오늘날의 전환사채(국채를 독점기업 주식으로 전환)에 해당하는 것으로 오늘날에도 보통 사람들은 이해하기가 어려운 첨단 금융기법이었다. 어찌 되었든 주식 공모는 왕실의 설립 허가 과정과는 비교가 안 될 정도로 빠르게 진행되었다.

존 로의 은행이 발행한 은행권은 고객이 요구할 때 은화(Écus)로 교환해 주어야 할 의무가 있었지만, 그리 큰 부담은 아니었다. 왕실의 궁정 관료와 귀족 등 초기 예금가입자들이 은화 교환을 요구할 리 없었던 데다가 존 로가 왕을 설득하여 엄청난 안전장치를 마련했기 때문이다.

로의 은행이 설립된 지 6개월 뒤 모든 세금은 이 은행의 은행권으로만 내라는 국왕의 칙령이 내려졌다. 그로 인해 존 로의 은행이 발행하는 은행권은 사실상의 법정화폐(fiat money)가 되었다.* 이 은행은 은행권 발행을 통한 시뇨리지 이외에 어음할인과 환전 등의 독점 사업을 통해서도 짭짤한 이익을 거두었고, 첫 2년간 15퍼센트 정도의 배당까지 실시했다.

그러자 왕실은 욕심이 생겼다. 1718년 12월 이 은행을 프랑스 왕실이 단독으로 소유하겠다며 존 로를 포함한 일반 주주들의 주식을 액면가로 사들였다.** 지배구조가 달라졌으므로 은행의 이름도 서민은행(Banque Générale)에서 왕실은행(Banque Royale)으로 바뀌었다.

이것이 별것 아닌 것 같지만, 2년 반 전의 상황에 비하면 엄청난 변화였다. 당시 프랑스 왕실이 발행한 채권은 만기 없이 이자만 영원히 지급하는 영구채권이었다(프랑스의 영구채는 영국의 영구채인 콘솔consol보다 일찍 등장했다).

그러나 왕실 재정이 워낙 부실해서 프랑스 영구채의 가치는 거의 휴지 조각이나 다름없었다. 이런 국채가 서민은행 설립을 계기로 대거 회수된 것이다. 이후 발행되는 왕실은행의 은행권에는 이자가 지급되지 않았으므로, 당연히 왕실 재정이 급격하게 튼튼해질 수밖에 없었

* 프랑스 왕실은 1718년 기존의 주화를 녹여 새로운 주화를 발행하면서 돈을 가져오는 사람들에게 세금을 거두었다. 이때 존 로의 은행이 발행한 은행권은 그럴 필요가 없었으므로 사람들은 화폐 대신 존 로의 은행이 발행한 은행권을 더 좋아했다. 이것 역시 존 로의 은행이 초기에 상당한 이익을 거두는 데 이바지했다.

** 이런 제안을 한 사람은 존 로 자신이었다. 존 로는 일반 주주로부터 주식 액면가의 40퍼센트만 지급하고 주식을 사 모은 뒤 왕실에 넘길 때는 액면가를 모두 받았다. 그래서 존 로는 엄청나게 돈을 벌었다.

다. 존 로가 2년 반 동안 일으킨 변화였지만, 아무도 그 변화를 눈치채지 못했다.*

그런데 존 로는 왕실보다 더 욕심이 많았다. 자신이 세운 은행을 왕실은행으로 바꾼 뒤 훨씬 엄청난 일을 꾸몄다. 이미 성공한 전환사채 프로젝트 규모를 10배 이상으로 늘리는 것이다. 낡아빠진 금본위제도를 파기하고, 프랑스 국민 전체를 토지 투기에 가담시키는 것이 그의 궁극적인 목표였다.

왕실 후원으로 만들어진 서인도회사

존 로는 금속을 화폐로 써야 한다는 생각에 처음부터 불만이 많았다(이런 생각은 '금본위제도는 야만의 유산'이라고 주장한 케인스와 똑같았다. 그래서 존 로를 최초의 케인스주의자라고 보기도 한다). 그가 생각했던 화폐제도는 일종의 토지본위제도였다. 은행권의 가치를 토지에 대한 청구권(claim)과 연계함으로써 금속화폐를 대신한다는 생각이었다. 토지는 귀금속보다 영원하지 않은가?

그의 생각에 따르면 토지본위제도에서는 물가가 상승하는 일이 없

* 당시 프랑스에서 존 로가 불러일으킨 변화는 화폐와 국채, 통화정책과 재정정책에 관해서 다시 한번 생각하게 한다. 당시 존 로가 했던 일은 통화정책과 재정정책을 하나로 묶은 것이다. 오늘날 우드포드나 리퍼 등 일부 학자들도 통화정책은 결국 재정정책의 한 분야일 뿐이라고 본다.

다. 사람들이 토지를 원하지 않는다면 그것과 연계된 은행권을 보유하려고 하지 않을 것이기 때문이다. 즉 토지가 인기 없으면 토지청구권에 해당하는 은행권은 은행으로 자동 환수될 것이요, 반대로 농사나 상업활동을 위해 토지가 필요하면 토지청구권인 은행권의 수요가 커져서 은행권 발행이 늘어난다.

다시 말해서 토지본위제도에서 화폐 발행은 실물경제의 그림자일 뿐이지 실물경제에 영향을 미치는 원인이 아니며, 토지본위제도에서는 화폐 발행액이 언제나 적정 수준에 있다는 것이 로의 생각이었다. 이는 대공황 직전까지 전 세계를 풍미했던 진성어음주의(real bills doctrine)와 똑같은 이론이다.*

그가 은행권 발행의 근거로 삼으려고 생각한 지역은 오늘날의 북미 중부에 있는 아칸소(프랑스 말로는 아르콩사)였다. 이 지역은 프랑스가 개척했지만, 별 용도 없어 놀려두고 있는 땅이었다. 그 무렵 몇몇 민간 영세 개발업자들이 달려드는 것을 보고 존 로는 자기가 나서야겠다고 생각했다.

그는 거기에 서인도회사(Compagnie d'Occident)를 세웠다. 다른 말로 미시시피회사(Mississippi Company)라고도 했다. 이 회사의 역할은 왕실을 대신해 아칸소 지역을 개간하는 것이었다. 지난번 은행을 세울 때와 마찬가지로 미시시피회사의 자본금도 국채(왕실 채무증서)로

* 진성어음주의는 상업활동에서 발생하는 진성어음의 할인을 통해 화폐를 공급하면 인플레도 디플레도 없는 이상적인 상태, 즉 골디락스(goldilocks) 경제에 도달한다는 이론이다. 진성어음주의에 따르면 화폐 발행은 실물경제의 그림자일 뿐이다. 존 로의 생각이 훗날 등장한 진성어음주의보다도 앞섰기 때문에 경제학자 슘페터는 그를 '최초의 화폐이론가'라고 불렀고, 마르크스는 '사기꾼과 선지자의 중간'이라고 평했다.

모집되었다. 따라서 회사가 세워지더라도 왕실의 부채는 달라지지 않는다. 불모지가 개척되면 세금이 더 걷히기 때문에 왕실이 손해 볼 것은 없었다.

이런 점 때문에 왕실은 존 로에게 아르콩사 공작(duc d'Arkansas)이라는 작위를 수여하고 그의 사업을 후원했다. 로는 투자자들을 안심시키기 위해서 왕실이 이 회사에 25년간 개발독점권을 양도해야 한다고 설득했다.

또한 당시 국채 이자와 같은 수준으로 매년 4퍼센트의 배당을 보장하는 차원에서 왕실이 갖고 있던 북미 담배농장의 수입을 서인도회사에 넘기라고 요구했다. 담배농장의 수입을 포기하는 것을 왕실이 떨떠름해 하자 그는 "이 회사는 장차 인도보다도 더 귀한 선물을 프랑스에 선사할 것"이라고 장담했다.*

이런 메커니즘은 오늘날에도 제대로 이해하기 어려울 정도로 복잡하다. 과거에는 개인들이 국채를 매입하고 국가에 세금을 냈는데, 이제는 개인들이 서인도회사에 투자하고 이 회사가 국가 대신 재정 사업을 하며, 국가는 그 반대급부로 담배농장 수입을 이 회사에 양도한다.

국가가 이 회사에 담보물로 제공하는 것도 처음에는 식민지 담배농장의 수입이었지만, 나중에는 모든 국세 수입의 55퍼센트까지로 확장되었다. 또한 이 회사가 독점권을 갖는 사업지역이 처음에는 아칸소에 한정되었지만, 나중에는 세네갈, 중국, 중미 등까지 확대되고

* 존 로는 이때 자기 계획을 후원하는 오를레앙 공작에게 경의를 표하기 위해 북미 식민지 한 지역에 그의 이름을 딴 누벨 오를레앙(La Nouvelle-Orleans)이라는 이름을 붙였다. 오늘날의 뉴올리언스다.

아프리카 기니의 노예무역권도 포함되었다. 이 과정에서 국가와 회사의 구분이 모호해지고 개인과 국가가 한 운명이 되었다(국가와 회사의 관계가 8장에서 소개한 우피치와 비슷하다)![*]

프랑스를 뒤흔든 부동산과 주식 광풍

이 회사의 출범이 처음에는 조금 힘들었다. 먼저 세웠던 은행의 자본금은 6백만 리브르였지만, 미시시피회사(서인도회사)의 자본금은 1억 리브르나 되었기 때문에 주식 모집에도 시간이 더 많이 걸렸다. 1717년 9월부터 1718년 7월까지 무려 열 달이었다.

주식 모집이 다소 부진해지자 존 로는 여러 가지 꾀를 생각해냈다. 우선 투자를 원하는 사람들에게 자신이 관리하는 왕실은행을 통해 2퍼센트의 금리로 대출을 해주었다. 이는 당시 5~6퍼센트의 금리 수준에 비해서 터무니없이 낮은 수준이었다.[**] 더 나아가 주식청약금의 20퍼센트만 선납하면 5개월간 분할납부할 수 있도록 했다. 하지만 중간에 포기할 수는 없다는 조건을 내세웠다(오늘날 스마트폰 판매에서도

* 서인도회사의 개발독점권과 이 회사의 대정부 독점대출 기능이 맞교환된 왕실과 미시시피회사의 관계를 요즈음 개념으로 설명하면 쌍방독점에 해당한다. 쌍방독점이란, 수요자와 공급자가 각각 하나뿐인 관계다. 화폐제조에 있어 한국은행과 한국조폐공사 간의 관계가 쌍방독점이다. 부부도 일종의 쌍방독점이다.

** 그는 이런 대출에 아무 문제가 없다고 생각했다. 자기가 보았던 네덜란드에서 대출금리가 2퍼센트인 것을 보고 금리가 낮을수록 경제가 잘 돌아간다고 결론내렸기 때문이다.

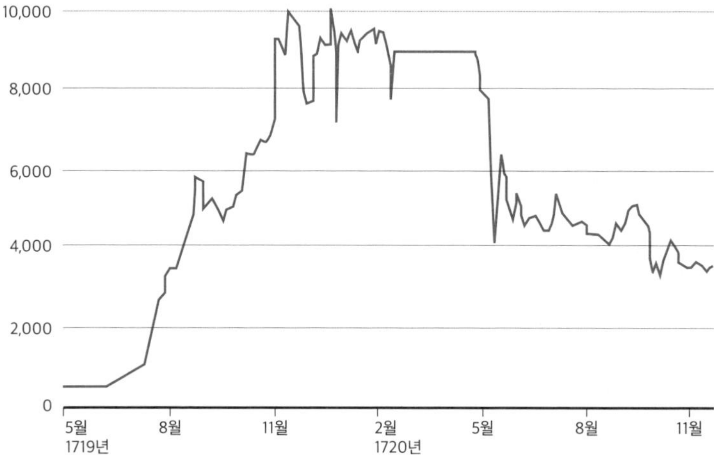

1719년에서 1720년까지의 미시시피 주가. 처음 5백 리브르로 시작해서 한때 1만 리브르에 육박했던 주가가 일 년 만에 곤두박질치기 시작했다.

이용되는 이런 마케팅 기법 역시 존 로가 개발한 것이다).

왕실이 가진 모든 사업을 독점하면서 국세 수입을 통해 배당이 보장되는 회사에 저리로 대출까지 받아 투자할 수 있다는데 이를 마다할 사람이 없었다. 프랑스 사람들은 스페인이 차지한 남미나 영국이 차지한 인도처럼 아칸소가 조만간 프랑스를 위해 금을 쏟아내는 모습을 상상하면서 이 회사 주식을 사기 위해 몰려들기 시작했다.

주가가 급등하면서 주식거래량도 폭증했다. 사람들은 왕실은행에서 대출을 받은 돈을 들고 이 회사의 본사가 있는 파리 켕캉프와Quincampoix 거리로 몰려들었다. 증권거래소보다는 거리에서 거래당사자들끼리 만나서 직접 매매하는 것이 더 빨랐기 때문이다. 덕분에 회사 근처의 집세는 1,000리브르에서 1년 만에 1만 6,000리브르로 뛰었다. 다른 생필품 가격도 폭등했다.

그러는 과정에서 돈을 번 졸부들이 속출했다. 주식을 팔아 돈을 번 하인들이 보석을 두르고 거리를 활보하기도 했다. 계급 사회인 프랑스에서 일찍이 유래를 찾을 수 없는 일이었다. 모든 사람이 법률과 단두대 앞에서 평등해진 프랑스대혁명 이전에 벌어진 현상이었다.

상황이 그렇게 변하자 존 로는 다시 한번 머리를 굴렸다. 주가가 오르니 증자를 통해 돈을 더 긁어모았다. 여기에도 첨단 금융기법을 동원했다. 증자에 참여하려면 원래 발행된 주식(구주)을 가져야 한다는 건을 내세웠다. 이런 방식으로 2년간 총 다섯 차례 증자했는데, 다섯 번째 증자에 참여하려면 처음부터 네 번째까지 발행된 구 주식을 전부 보유하고 일정 기간을 기다린 뒤 정해진 가격으로 주식을 살 수 있게 했다. 단순히 증자하는 것이 아니라 주식을 살 수 있는 권리, 즉 오늘날의 콜옵션call option을 판 것이다.

주가가 오를 것으로 기대하는 사람들은 옵션을 샀고, 옵션을 산 사람들은 주가가 올라야만 이익을 보기 때문에 주가가 더 오르기를 안달했다. 왕실은행에서 끊임없이 2퍼센트로 대출해주었기 때문에 주가는 계속 오를 수밖에 없었다. 최초 기업공개 당시 5백 리브르였던 미시시피회사의 주가는 1720년 1월 1만 리브르를 돌파했다. 덜컥 겁이 난 존 로는 주가를 9천 리브르 이하로 유지하라고 지시하면서 왕실은행의 대출금리를 3퍼센트로 올렸다.

그러나 이런 현상이 언제까지 계속될 수는 없는 일이었다. 사람들은 슬슬 이런 소동에 염증을 느끼기 시작했다. 물가폭등은 고통스러운 수준에 이르렀다. 때마침 북미 식민지를 직접 다녀온 배가 돌아와

1720년 5월 존 로의 왕실은행이 파산할 당시 이 은행 본점이 있던
파리 켕캉프와 거리의 모습

서는 말라리아, 잔혹한 원주민, 뜨거운 태양, 모래땅에 관해 이야기를 털어놓았다. 모든 환상이 한 번에 날아갔다. 5월의 어느 날, 주가는 급전직하로 곤두박질치기 시작했다.

그러자 존 로는 길거리의 부랑아와 거지들을 불러 모아 삽과 곡괭이를 나눠줬다. 그가 부른 사람은 6천 명이나 되었다. 아칸소에서 막 금광이 발견되어 채굴하러 가는 인상을 주기 위해 이들을 파리 시내로 행진시켰다. 하지만 약삭빠른 패거리들은 길모퉁이를 돌아서자마자 흩어졌다. 존 로에게 다시 고용되어 돈을 더 받기 위해서였다.

존 로는 재무상으로 승격해 있었으나 할 수 있는 일은 아무것도 없었다. 미시시피회사 주가를 지키기 위해서 왕실은행에게 돈을 더 찍어 주식을 사도록 했지만, 물가만 폭등했다. 왕실은 그가 주가 유지를 위해 더 찍은 돈이 26억 리브르나 된다는 것을 알았지만, 다른 방법이 없었기에 입을 다물었다.

왕실은행의 파산과 미시시피 버블의 붕괴

꿈은 깨졌다. 미시시피회사 주식은 휴지조각이 되었고 사람들은 왕실은행에 몰려들어 은행권을 은화로 다시 바꿔 달라고 요구했다. 미시시피회사와 왕실은행은 파산했고, 프랑스는 다시 금속화폐 시대로 돌아갔다. 역사에서는 이를 '미시시피 버블이'라고 부른다. 미시시피 버블의 연출자 존 로는 이제 국민의 우상에서 국민의 원흉이 되었다.

존 로는 이런저런 방법을 시도해보았으나 전부 실패하고, 결국 1720년 12월 18일 국외로 추방되었다. 한때 그가 소유했던 그림, 토지, 궁전은 전부 몰수당했다. 이후 그는 유럽 각지의 도박장을 돌아다니며 확률 계산으로 번 푼돈으로 겨우 연명하는 백수가 되었다. 그러다가 1729년 카니발이 열리고 있던 베네치아에서 폐렴으로 쓸쓸히 사망했다. 그의 나이 58세였다.

사람들은 존 로가 죽은 뒤에도 절대로 그를 잊지 않았다. 무덤에는

존 로. 그에 대한 평가는 극단적으로 갈리며, 시대마다 다르다.

그에 대한 원망과 그에게 속은 사람들에 대한 조롱이 가득하다(이 장 맨 앞에 소개한 묘비문을 보라). 존 로에게 속았던 프랑스 사람들은 그가 내세웠던 모든 생각을 거부했다. 대혁명 이전인 1788년 루이 16세가 재정난 타파를 위해 이자를 지급하는 종이돈을 발행하려고 하자, 시민들은 일제히 고개를 가로저었다. 결국 루이 16세는 화폐개혁을 포기했다. 이후 경제가 더 어려워지면서 프랑스대혁명의 싹이 텄다.

존 로에 대한 증오감이 얼마나 컸던지, 그가 썼던 '은행'이라는 말도 프랑스에서는 용납되지 않았다. 오늘날 프랑스계 은행들이 은행이라는 말보다 금고(caisse), 신용(crédit), 협회(société), 계산소(comptoir)와 같은 말을 쓰는 것은 존 로의 후유증이다. 다른 유럽 국가보다 프랑스에서 관치금융이 유독 강한 것도 존 로의 영향이다(프랑스 은행의 독립성은 유럽중앙은행 설립과 맞물려 1990년대에 확보되었다). 프랑스는 전통적으로 금융인에 대한 신뢰도가 낮다.

그렇다고 존 로의 흔적이 완전히 사라진 것은 아니었다. 로가 죽은 뒤 프랑스는 대혁명을 맞아 또 한 번의 극심한 혼란을 겪었다. 이때 국민공회는 귀족과 교회에서 압수한 토지를 근거로 존 로가 시도했던 토지본위제도를 흉내 냈다. 이때 발행된 돈이 아시냐assignat다. 종이돈의 가치를 안정시키기 위해서 토지 소유권을 '할당(assignment)'한

미시시피 거품 이후 발표된 풍자만화. 악마가 돈을 뿌리며 사람들을 현혹하는 가운데 새끼 악마인 은행가가 그 뒤에 있다. 〈돈의 악마〉라는 제목의 이런 그림은 존 로가 활동한 프랑스에서 시작하여 서양 풍속화의 한 장르로 자리 잡았다. 은행가들의 사회적 지위와 영향력이 커지면서 나타난 현상이었다.

다는 뜻이다. 이 돈 역시 나중에 남발되어 과두체제인 국민공회가 붕괴하는 데 일조했다(이후 등장한 것이 나폴레옹이다).*

이집트 원정을 마치고 돌아와서 일인천하를 구축한 나폴레옹이 맨 처음 한 일은 1800년에 프랑스 은행(Banque de France)을 설립한 것이다. 발권은행의 중요성을 알았기 때문이다. 나폴레옹과 조세핀, 그리고 그의 친인척들은 프랑스 은행의 초대 주주가 되면서 그 옛날 존 로가 개발하려고 하던 아칸소 땅은 깨끗이 포기하기로 했다. 나폴레

* 아시냐의 원형은 존 로가 아니라는 설도 있다. 프랑스대혁명 이전인 1768년 러시아의 예카테리나 2세가 터키와의 전쟁 비용 충당을 위해 토지를 담보로 은행권을 발행하는 아시냐 은행을 설립했다는 기록이 있다.

옹은 그 땅을 신생국 미국에 팔아넘겼다. 오늘날 미국 땅의 40퍼센트를 차지하는 광활한 지역이었다.

돌이켜 보건대, 투기와 버블이 인류의 역사에서 기록된 것은 종교개혁 이후다. 인간의 욕망이 종교의 권위를 통해 잘 통제되던 시절에는 사회 전체가 투기에 빠져들거나 버블이 폭발하는 일은 있을 수 없었다. 인간의 내면적 욕망뿐만 아니라 과시적 소비와 부의 축적까지도 죄악으로 생각하던 가톨릭 세계관의 미덕이었다.

투기와 버블은 인간의 이윤추구 본능을 자연스러운 것으로 받아들이고 부의 축적이 옹호되면서 나타난 현상이다. 신교도들의 땅 네덜란드가 첫 희생자였고, 신교도들이 경제권을 잡았던 프랑스가 두 번째였다. 남해회사 버블을 겪은 영국이 세 번째쯤 된다. 영국도 가톨릭 세계를 이탈한 국가였다.

역사상 두 번째 버블을 초래한 존 로는 형편없는 인물로 기록된다. 그러나 화폐금융이론과 거시경제학 차원에서 보자면 그는 선구자였다. 케인스를 능가하는 독창성이 곳곳에서 감지된다. 그가 한 가지 생각하지 못했던 것은 금리와 화폐량의 관계였다. 그는 명목금리가 높다는 것을 무조건 돈이 부족하다는 것으로만 해석하여 금리를 낮추는 것이 좋은 일이라고 믿었다.* 중요한 사실은, 한 은행가의 잘못된 믿

* 이런 오류를 막기 위해서 오늘날에는 '테일러 룰'이라는 것이 있다. 이 룰에 따르자면, 물가를 잡기 위해서는 명목금리를 물가상승률보다 더 많이 올려야 한다. 존 로는 그와 반대로 물가 때문에 명목금리가 오르면 오히려 금리를 낮춤으로써 악순환을 초래했다. 그의 실수는 이후에도 반복되었다. 20세기 초 독일의 저명한 화폐금융학자이자 중앙은행 총재였던 루돌프 하펜슈타인 역시 존 로와 똑같이 생각하여 진성어음주의를 주장하면서도 명목금리는 지나치게 낮게 유지했다. 그 결과가 하이퍼인플레이션(hyperinflation)이었다.

음이 너무나 엄청난 결과를 가져왔다는 점이다.

그렇다. 이제 귀족보다도 은행가들의 영향력이 더 크다는 것을 사람들이 피부로 느끼기 시작했다. 자본주의가 성장하면서 금융의 역할이 커진 탓이다. 어떤 통치자는 은행가들의 존재를 의식하면서 은근히 경쟁자로 생각하기까지 했다. 국민들도 은행과 은행가들을 경계하면서 이들을 통제하는 통치자를 지지했다. 아칸소 땅을 사들인 신생국 미국에서 30년 뒤 벌어졌던 일이었다. 그것이 다음 장의 주제다.

10장

은행,
대통령의 눈 밖에 나다

"은행들이야말로 눈앞의 외적보다도 우리의 자유를 더 위협하는, 진짜 위험한 존재입니다."

- 토머스 제퍼슨 미국 제3대 대통령, 〈뉴햄프셔 주지사에게 보내는 편지〉

"헌법에 따라 의회가 종이돈 발행을 허가할 수 있는 권한을 가졌다면, 정부에게 그 권한을 허가해야 하며 일부 개인이나 민간기관이 그것을 휘두르게 놔두어서는 안 됩니다."

- 앤드루 잭슨 미국 제7대 대통령, 〈대국민성명서〉

유럽 최초의 지폐가 탄생된 스웨덴

종이돈은 종이와 인쇄술의 합작품이다. 그러나 종이를 만든 후한後漢의 환관 채륜蔡倫이나 1455년 금속활자를 발명한 독일의 구텐베르크는 종이를 돈으로 쓴다는 것을 감히 생각하지 못했다. 처음으로 그런 생각을 해낸 사람은 칭기즈 칸이었다. 그는 전쟁을 위해 금과 은을 징발할 목적으로 1273년 황제의 이름으로 지폐를 발행하면서 강제통용력을 부여했다. 이후 서양과 무역을 마치고 외국에서 돌아온 배에 실린 귀금속은 항구에서 몽땅 지폐로 교환되었다.

13세기 초 중국을 방문했던 마르코 폴로는 원나라 조정에서 닥나무로 만든 지폐를 발행하는 것을 보고 엄청나게 놀랐다. 서양에서는 생각할 수 없는 혁명적 발상이었기 때문이다. 이슬람 세계 여행자 이븐 바투타Ibn-Batuta 역시 1345년 중국을 방문했을 때 지폐가 통용되는 것을 보고 감탄했다. 지폐를 돈으로 쓰기 때문에 노상에서 강도를 만날 일이 없을 것이라고 상상하고 중국의 치안 시스템을 침이 마르도록 칭찬했다.

하지만 이븐 바투타의 관찰은 정확치 않다. 당시 중국의 치안은 그다지 신통치 않았다. 원나라 상인들은 도적들이 밤중에 습격하는 것을 두려워하여 귀금속을 녹여 다락이나 천장에 감추는 일이 흔했다. 그리고 명나라가 들어선 뒤에는 다시 금속화폐로 복귀했다. 중국에 다시 지폐가 보급된 것은 19세기였다.*

물론 유럽에서도 지폐가 쓰인 때가 있었지만, 아주 잠깐이었다. 오늘날 스페인 지역의 아라곤 왕국에서는 하메스 1세James I가 전쟁을 치르기 위해서 1250년 지폐를 발행했다는 기록이 있다. 그 시기는 칭기즈 칸보다도 빠르다. 오늘날 네덜란드 지역에서도 전쟁 중에 지폐가 잠깐 발행되었다. 독립을 위해 스페인을 상대로 80년 전쟁을 치르던 중이었던 1574년 네덜란드 남부의 레이든Leyden 시가 포위당했다.** 그러자 시장 피터르 아드리안순Pieter Andriaanszoon이 무기를 만들기 위해 동전을 비롯해 시내의 모든 금속 쪼가리를 수거해가고, 그 대신 종이돈을 지급했다는 기록이 남아 있다. 이런 경우에 발행되는 종이돈은 쿠폰에 가깝다. 무엇인가 진짜 돈이 있다는 전제 아래서 통용되는 임시 또는 보조 지급수단이다.***

유럽 최초의 공식적이고 항구적인 지폐는 스웨덴에서 탄생했다. 스웨덴은 남쪽의 스페인이나 이탈리아와 달리 식민지나 금광도 없었고, 아시아와 직접 무역하지도 않았다. 그러니 돈으로 쓸 수 있는 금속은 광활한 대지 밑에 무진장하게 널린 구리밖에 없었다. 구리 돈이 유럽 중심국의 주화들과 대등한 가치를 갖기 위해서는 당연히 무거워야 했다. 돈의 모습도 널빤지에 가까웠다. 1644년 크리스티나 여왕이

* 명나라에 들어 법정화폐가 소멸된 것은 시장의 힘이 국가를 이긴 사례다. 국가와 정부의 관계에 관해서는 1장과 2장을 참조하라.

** 레이든 시는 미국 건국의 아버지들이 종교적 핍박을 피해 신대륙으로 출발하기 전에 집결한 곳으로 유명하다. 이들은 여기를 떠난 뒤 오늘날 맨해튼이 된 뉴 암스테르담과 매사추세츠 주로 흩어졌다.

*** 서양의 전쟁은 보통 높은 성벽으로 둘러싸인 철옹성 안팎에서 오랜 기간 대치하면서 간간이 공수를 주고받는 식으로 진행되었다. 그때 봉쇄된 성안에서는 성주가 일종의 불태환 지역 화폐를 발행했다. 이를 봉쇄화폐(siege money)라고 하는데, 그런 사례가 대단히 많다. 다만 국지적이었고 일시적이었다.

스웨덴의 8달러짜리 구리판. 20세기 초에 촬영한 것으로 무게가 14킬로그램에 달했다.

발행한 액면가 10달러daler짜리 구리 돈 또는 구리 판은 무게가 무려 43.45파운드, 즉 19.7킬로그램이나 되었다. 이 정도가 되면 스웨덴의 돈은 문명의 이기라기보다는 생활의 족쇄였다.

이 무렵 네덜란드 출신의 상인 요한 팔름스투뤼흐Johan Palmstruch가 스웨덴에 도착했다. 그는 유럽의 변방인 스웨덴 사람들이 금융업에 대해 잘 모른다는 것을 알고 1656년 스톡홀름 은행을 세웠다. 그리고 1661년에는 정부를 설득하여 구리 돈을 대신할 지폐 발행을 제안했다. 이때는 은행권이라는 말조차 없었기 때문에 이것을 '신용 용지(Kreditivsedlar)'라고 불렀다.

이렇게 해서 그가 처음 발행한 120달러짜리 신용 용지는 227킬로그램에 해당하는 구리 돈을 대신했다. 사람들은 그 물건을 환영했다. 그러나 팔름스투뤼흐는 은행 경영에 너무나 서툴렀다. 발권 기관인데도 수지조차 맞추지 못했다. 결국 이 돈이 나온 지 7년 만인 1668년에 스톡홀름 은행은 파산했고, 은행장 팔름스투뤼흐는 모든 직위를 박탈당한 채 사형을 선고받았다. 이후 복역하다가 일 년 만에 병보석으로 출옥했으나 이듬해인 1670년 60세의 나이로 사망했다.

스톡홀름 은행의 파산으로 스웨덴 사람들이 한 가지 배운 것이 있었다. 발권은행이 필요하기는 하지만 적절한 견제 장치가 필요하다는 점이었다. 그래서 1668년 왕의 이름으로 새로운 발권은행을 세울 때 왕은 경영진의 인사권만 갖고 영업감독권은 의회가 갖기로 타협했다. 그렇게 탄생한 릭스방크Riksbank는 오늘날 현존하는 최고最古의 중앙은행이다. 왕과 의회의 합의로 세워졌기 때문에 릭스방크는 헌법 기구다.*

어찌 되었든 과거 중국에서는 칭기즈 칸이 뿌린 돈이 민생을 어렵게 만들지는 않았지만, 스웨덴의 팔름스투뤄흐가 발행한 종이돈은 수많은 사람들을 곤경에 빠뜨렸다. 그에 더하여 80여 년 뒤 등장한 존 로는 종이돈으로 프랑스 경제를 완전히 파탄지경으로 만들었다.

이후 유럽 사람들은 종이돈을 경계하지 않을 수 없었다. 19세기 초 영국에서는 프랑스와의 전쟁이 끝난 뒤 금본위제도 복귀 여부를 두고 20여 년간 국론이 크게 분열될 정도로 격렬한 논쟁이 벌어지기도 했다.** 종이돈에 대한 두려움과 혐오감은 대서양 건너 신생국인 미국에서도 마찬가지였다.

* 입헌군주국인 스웨덴에는 왕과 의회가 계약을 맺어 만든 정부조직법이 헌법의 일부인데, 이 정부조직법에 릭스방크가 언급되어 있다. 미국, 독일, 러시아, 브라질, 핀란드 등 일부 국가에서도 헌법에 화폐와 중앙은행이 언급되고 있다(주로 연방국가들이다). 비트코인 류의 가상화폐가 경제 시스템에 상당한 교란을 일으킨다고 판단되면, 앞으로 불태환화폐의 발행을 국가주권의 하나로서 헌법에서 다루는 사례가 늘어날 것으로 보인다.

** 당시 영국 사회를 두 쪽으로 쪼개어 20년 가까이 진행된 논쟁을 지금논쟁(bullionist controversy)이라고 한다. 그때 은행예금도 화폐라는 개념이 만들어져 지금까지 이어지고 있다. 중앙은행이 발행하는 지폐(은행권)는 본원적 화폐이고, 그것을 바탕으로 창조되는 은행예금은 파생적 화폐다.

영국의 화폐법과 미국의 독립전쟁

네덜란드가 결사 항전을 펼친 끝에 1648년 베스트팔렌 조약을 통해 독립국으로 떠오른 것은 엄청난 사건이었다. 80년 전 전쟁이 시작될 때 작은 식민지에 불과했던 네덜란드가 유럽 최강의 군사대국 스페인을 꺾으리라고는 아무도 예상하지 못했다. 이것을 목격한 미국 식민지 주민들은 자신들도 영국에서 독립할 수 있다는 자신감을 얻었다.

영국을 향해 독립을 선언한 미국의 열세 개 주는 현재 캐나다 영토인 노바스코샤와 중앙아메리카 지역의 버뮤다, 온두라스, 자메이카, 바베이도스 등에 이르는 광활한 영국령 미국(British America)의 일부에 지나지 않았다. 영국은 이 넓은 땅을 개척하거나 방어하기 위해 많은 돈을 썼다. 하지만 비용이 부족해지자 '수익자 부담 원칙'에 입각하여 그 비용을 북미 식민지 주민들에게 부과하기 시작했다. 북미 식민지 주민들에게 영국군의 숙식 제공을 의무화(반란법)하고 식민지에서 발행하는 모든 인쇄물에 간접세를 부과(인지세법)하였으며, 식민지 안에서 지폐 발행을 금지하고 영국 돈만 쓰도록 강요(화폐법)했다. 이 정도라면 주민자치라는 것이 의미가 없었다.

이렇게 해서 미국 혁명에 불이 붙었다. 처음에는 13개 주 여기저기서 자연발생적으로 시작된 시위가 '대표 없는 과세 없다'라는 구호 아래 독립전쟁으로 발전했다(이때 영국 왕에 복종했던 노바스코샤는 혁명에 불참했다. 그래서 지금은 캐나다 영토가 되었다).

독립전쟁은 식민지의 승리로 끝났다. 1783년 파리조약을 통해 미국은 국제사회에서 국가로서 지위를 인정받았다. 그러나 앞날이 결코 밝지는 않았다. 돈 문제 때문이었다.

건국 직후 미국은 대륙회의(Continental Convention)를 개최하여 열세 개 주의 공통관심사를 다루는 방식으로 운영되었다. 회원국들이 독자적으로 재정정책을 펼치는 오늘날의 유로 지역처럼 각 주의 자율성이 너무 강했다. 이런 가운데 열세 개 주가 독립전쟁의 비용 분담에 대해 서로 모른 척하자, 화가 난 상이군인과 퇴역군인들은 대륙회의가 열리는 곳마다 쫓아다니며 전쟁 중에 약속했던 연금과 보상금을 요구했다.

조지 워싱턴을 비롯한 건국의 아버지들은 이들을 피해 도망 다니기 바빴다. 그 바람에 신생 독립국의 행정수도는 필라델피아, 볼티모어, 랭커스터, 아나폴리스, 뉴욕을 전전했다. 정확히 말하자면 기습적으로 대륙회의를 개최했다가 흩어지는 모습이었다.

이런 모습을 보면서 뉴욕주를 대표하는 대륙회의 의원 알렉산더 해밀턴Alexander Hamilton은 크게 실망했다. 식민지 시대에 만들었던 시스템을 대체할 새로운 체제가 필요하다고 느꼈던 그는 연방정부 구성을 골자로 하는 헌법제정 운동을 펼쳤다. 해밀턴은 열세 개 주의 주정부가 권한을 조금씩 양보하여 연방정부를 세워야만 국가답게 발전할 수 있다는 주장을 담은 기고문을 여러 차례 신문에 연재했다.*

그러나 오늘날 컬럼비아대학교의 전신인 킹스칼리지 중퇴생이었

* 당시 알렉산더 해밀턴 등이 연재한 기고문은 나중에 《페더럴리스트Federalist》라는 책으로 발간되었다. 미국의 헌법정신을 다룬 이 책은 오늘날 미국 법대생의 필독서이며, 대법원 판사들이 헌법재판을 할 때 가장 많이 의존하는 최고의 학리 해설서다.

던 해밀턴의 법률 지식은 몇 달 동안 독학으로 변호사 자격증을 딴 것이 전부였다. 그에 비해 대륙회의 의원에는 벤저민 프랭클린, 존 애덤스(제2대 대통령), 토머스 제퍼슨(제3대 대통령) 등 독립선언문을 작성한 대문장가와 석학들이 많았다.

그중에서도 빼어난 실력을 갖춘 사람은 토머스 제퍼슨이었다. 버지니아주의 유복한 집안에서 출생한 그는 열여섯 살에 대학에 입학할 정도로 명석했으며, 법학 이외에도 철학, 정치학, 수학, 물리학, 건축학 등에 두루 해박했다. 버지니아 주지사였던 그의 손끝에서 미국 헌법이 만들어졌다.

미국의
첫 번째 중앙은행

함께 힘을 모아 헌법을 만들었지만, 해밀턴과 제퍼슨은 물과 기름 같은 사이였다. 정치철학이 완전히 달랐기 때문이다. 상공업 활동이 왕성한 뉴욕주를 대변하던 해밀턴은 '유치산업 보호론'을 주장하면서 새로 탄생한 연방정부가 수입규제를 통해 미국의 제조업을 육성해야 한다고 주장했다. 그것이 미국이 갈 길이라고 믿었다.

반면 농업이 대부분을 차지하는 버지니아주 출신의 제퍼슨은 자유무역을 통해 미국이 농산물을 많이 수출하는 것이 미국의 미래를 위해 바람직하다고 믿었다. 당시 땅이 넓고 기술이 뒤처진 미국이 유럽 국가들을 상대로 비교 우위를 가진 것은 농업밖에 없었다(미국의 수출품 1

호는 '버지니아 슬림'으로 유명한 담배였다).

미국의 초대 재무부 장관 알렉산더 해밀턴. 항구적이며 독립성을 가진 중앙은행 설립을 주장했기 때문에 오늘날 연준 의장의 집무실에는 그의 초상이 걸려 있다.

해밀턴은 조지 워싱턴의 부관이었고, 제퍼슨은 워싱턴의 버지니아주 후배였다. 워싱턴 대통령은 해밀턴을 초대 재무장관으로, 제퍼슨을 초대 국무장관을 임명하고 이 두 사람의 장점과 개성을 적절히 활용했다.

그러나 해밀턴과 제퍼슨은 워싱턴이 없을 때는 서로 말도 하지 않았다. 제퍼슨은 해밀턴을 '천민'으로 여겼고, 해밀턴은 제퍼슨을 '위선자'라고 생각했다. 해밀턴은 카리브해의 작은 섬에서 어머니의 외도로 태어나 아버지를 모르고 자랐으며, 그나마 어머니가 일찍 죽는 바람에 거의 고아처럼 컸기에 자기의 생년월일을 몰랐다. 반면 제퍼슨은 루소의 만민평등사상을 이어받아 "We the people"로 시작하는 헌법을 만들어 놓고도 자기 농장에서는 노예를 부렸다.*

법률 지식에 관해서는 해밀턴이 제퍼슨의 상대가 되지 않았지만, 금융에 대한 식견은 그 반대였다. 어린 시절 카리브해에서 점원 생활을 하면서 직접 환전업무를 경험했던 해밀턴은 변호사가 된 후에는 미국 최초의 상업은행 중 하나인 뉴욕은행(Bank of New York)의 영업

* 훨씬 나중에 밝혀진 일이지만, 제퍼슨은 흑인 노예 사이에 사생아를 두었다. 이것은 조지 워싱턴도 마찬가지였다.

허가를 직접 받아내기도 했다.

해밀턴은 애덤 스미스의《국부론》에서 많은 영감을 얻었다. 그 책에서 스미스가 그토록 강조했던 영란은행과 똑같은 은행이 미국에도 필요하다는 확신이 있었다. 해밀턴은 연방정부와 민간주주가 함께 투자하는 미국은행(Bank of the United States)을 설립하기 위해 법률안을 만들었다. 그리고 새로 탄생할 은행은 자본금 범위 내에서 종이돈을 발행할 수 있도록 했다.*

하지만 국무장관 제퍼슨은 종이돈 자체를 우려했다. 초대 프랑스 대사를 역임한 덕분에 존 로의 악행을 잘 알고 있던 제퍼슨은 '종이는 돈이 아니라, 돈의 유령일 뿐'이라고 생각했다. 또한 북부 자본가들이 세운 민간기관이 발권 업무를 담당하면서 정부의 은행 역할까지 하게 되면, 연방정부의 힘이 이들에게 넘어간다고 의심했다. 중앙은행이건 뭐건 간에 소수가 대중을 지배하는 것은, 영국을 상대로 미국 시민들이 자유를 쟁취했던 사건을 수포로 만드는 대단히 위험한 일이라는 것이 제퍼슨의 정치철학이었다(이 장의 앞에서 인용한 제퍼슨 대통령의 편지를 참조하라). 그래서 해밀턴의 미국은행 설립 법안을 결사적으로 반대했다.

해밀턴이 만든 미국은행 설립 법안은 재무부와 국무부, 북부와 남부, 상공업과 농업, 연방정부와 주정부가 서로 다투는, 건국 이후 최대의 정치 쟁점으로 부상했다. 헌법을 만들 때까지만 해도 미국 건국

* 해밀턴의 이런 철학을 반영해서 지금 보스턴 연방준비은행이 진행하는 디지털화폐(CBDC) 모의실험의 이름을 '프로젝트 해밀턴'이라고 붙였다. 종이돈 발행을 주장했던 해밀턴의 선구적 생각을 이어받아 디지털 화폐 발행을 연구한다는 뜻이다.

필라델피아 독립공원 안에 있는 제1차 미국은행 건물. 설립될 때 미국 최대 기업이었지만, 정면만 대리석이고 나머지는 벽돌이다. 당시 미국 경제가 어떠했는지 알 수 있다.

의 아버지들은 당파가 없는 정치가 이상적이라고 믿었다. 영국의 토리당과 휘그당이 극렬하게 대립하는 모습을 보았기 때문이다. 하지만 1787년 헌법이 제정되고 4년이 지난 후 미국은 완전히 두 패로 갈렸다. 중앙은행에 관한 생각의 차이가 그렇게 만든 것이다. 이렇게 해서 건국의 아버지들이 생각지도 않았던 양당정치의 체제로 빠져들었다. 조지 워싱턴 대통령은 이런 싸움을 보면서 머리를 흔들었다. 두 번째 임기가 끝나면 낙향하겠다는 생각이 굳어진 것이 바로 이 무렵이었다.

제퍼슨이 결사적으로 반대했지만, 당시 그를 따르는 공화파(오늘날의 공화당과 구별하기 위해서 Democratic-Republican이라고 부른다)는 소수였다. 의회에는 해밀턴을 따르는 연방파가 다수였다. 워싱턴 대통령 역시 해밀턴의 손을 들어주었다. 종이돈을 찍은 미국은행이 위헌 조직일 수 있다는 제퍼슨의 법리 해석보다는 영국처럼 부강해지려면 중앙은행이 꼭 필요하다는 해밀턴의 현실론에 마음이 끌렸기 때문이다.

그러나 1791년 설립된 미국 최초의 중앙은행인 미국은행은 항구적인 조직이 아니었다. 여야 정치인들의 이견이 너무 컸기 때문에 일단 이십 년만 실험적으로 운영하는 것으로 타협이 이뤄졌다. 주주들은 대부분 법안에 찬성한 의원들과 상공인들이었다. 당시 수도였던 필라델피아에서 워싱턴 집무실 바로 뒤에 세워진 이 은행은 미국 최대의 기업이었다.

경제 불황과 제2차 미국은행의 출범

미국은행이 한정된 목숨을 갖고 영업하는 사이에 많은 일이 생겼다. 1800년 선거에서는 미국은행의 설립을 그토록 반대했던 토머스 제퍼슨이 대통령에 당선되었다. 1804년에는 이 은행을 설립했던 해밀턴이 권총대결 끝에 세상을 떠났다.* 1808년에는 제퍼슨의 정치적 후

* 1800년 대통령 선거에서는 공교롭게도 같은 당의 토머스 제퍼슨과 아론 버가 똑같은 표를 얻었다. 그래서 당시 헌법에 따라 의회에서 표결로 대통령을 정해야 했다. 이때 다수당 지도자였던 해밀턴은 비록 자기와 많이 싸우기는 했지만, 제퍼슨을 대통령으로, 버를 부통령으로 결정했다. 이 일을 계기로 헌법이 개정되어 오늘날과 같은 러닝메이트 제도로 바뀌었다.
한편, 아론 버는 자신을 대통령으로 밀지 않은 해밀턴에게 앙심을 품고 기회를 노리다가 권총대결을 요구했다. 두 사람의 권총대결에서 해밀턴이 사망하고, 그를 죽인 아론 버는 평생 도망자가 되었다.

계자인 제임스 매디슨James Madison이 제4대 대통령으로 당선되었다. 그러니 1811년 미국은행의 영업허가 기간이 만료되었을 때는 영업 연장에 찬성하는 사람이 없었다.

하지만 미국은행을 그토록 반대했던 제임스 매디슨 대통령은 얼마 되지 않아 후회했다. 1812년 영국과 전쟁을 치르면서 중앙은행이 없는 것이 얼마나 불편한지 뼈저리게 느꼈기 때문이다. 전쟁이 끝나자 그가 제일 먼저 한 일은 불탄 백악관을 새로 짓는 것과 더불어 미국은행을 복원하는 것이었다.

지배구조는 전과 같았다. 정부가 5분의 1 지분을 갖고 스물다섯 명의 임원 중 다섯 명을 임명할 수 있도록 했다. 자본금은 크게 늘렸다. 과거에는 자본금이 1,000만 달러였으나 이번에는 3,500만 달러였다.

그런데 역설적인 일이 벌어졌다. 야당으로 전락한 연방파가 은행의 복원을 반대하고 나선 것이다. 그들은 금융에 무지한 여당에서 덩치만 큰 은행을 만들었다가는 실패하기에 십상이고, 세계적인 웃음거리가 될 것이라고 비아냥거렸다. 하지만 진짜 이유는 다른 데 있었다. 제1차 미국은행이 문을 닫은 뒤 북부에서는 많은 민간은행이 우후죽순처럼 등장했고, 야당 의원들은 이들로부터 정치후원금을 받고 있었다. 따라서 연방정부가 출자하는 초대형 경쟁은행의 출현이 달가울 리 없었다.

여야의 입장이 완전히 뒤바뀐 가운데 지난번처럼 이십 년만 영업하는 쪽으로 타협이 이루어졌다. 이렇게 해서 1816년 제2차 미국은행이 출범했다.

그러나 은행이 출범한 지 얼마 안 돼서 미국 경제가 큰 수렁에 빠졌

필라델피아에 남아있는 제2차 미국은행 건물. 당대 최대 기업답게 건축미도 최고였다.

다. 당시 미국은 나폴레옹 전쟁 중 프랑스가 선포한 대륙봉쇄령 때문에 수출길이 막히고, 국내에서는 인디언들과 토지를 둘러싸고 분쟁이 끊이지 않아 폭력 사태가 심심치 않았으며, 투기 열풍으로 물가가 급등했다. 아울러 연방정부가 프랑스에게서 중부 지역의 빈 땅을 사들이면서(1803년 루이지애나 매입) 거액을 지급한 탓에 재정 건전성도 나빠져 있었다. 제2차 미국은행이 문을 연 지 3년 만인 1819년에 미국 역사상 최초의 심각한 불황이 찾아왔다.

이 와중에 메릴랜드주는 세수를 늘리기 위해 제2차 미국은행의 볼티모어 지점에 법인세를 부과했다. 그러자 연방정부가 설립한 은행에 주 정부가 과세하는 것이 과연 타당한가 하는 논쟁이 벌어졌다. 이 문제는 헌법재판으로 이어졌고, 당시 대법원장이었던 존 마셜

John Marshall은 1819년 제2차 미국은행은 합헌적 기관이며, 주 정부가 이에 과세하는 것은 위헌이라고 판결했다.*

대통령과 은행장의 은행 전쟁

법인세 소송에서 이겼다고 해서 제2차 미국은행의 문제가 모두 해결된 것은 아니었다. 경기불황 속에서 경영이 시원치 않자 결국 은행장마저 사임했다. 그러자 매디슨 대통령은 삼십 대에 불과한 니컬러스 비들Nicholas Biddle을 후임 은행장으로 임명했다.

비들 가문은 필라델피아에서 알아주는 명문가였다. 아버지는 독립전쟁 때 의병 대장이었으며, 삼촌과 형제들은 필라델피아 재계와 금융계의 실력자들이었다. 비들 자신은 열다섯 살에 프린스턴 대학교를 최우등으로 졸업한 천재였다. 이후 프랑스로 유학을 떠났는데, 마침 프랑스에서 제퍼슨 대통령과 나폴레옹 간의 토지매매 계약(루이지애

* 발권 기관에 대한 과세는 90여 년 뒤 일본에서도 똑같이 전개되었다. 1882년 정부와 민간 합작으로 일본은행을 설립한 뒤 정부가 사실상 정부의 은행으로 운영하자 민간주주들이 반발하여 세금을 내지 못하겠다고 버텼다. 이 싸움은 20년간 계속되다가 '일본은행의 과세에 관한 특별법(1902년)' 제정을 통해 해결되었다.
오늘날에도 중앙은행에 대한 과세는 마땅한 원칙이 없다. 전 세계 중앙은행 중 절반 정도만 법인세를 낸다. 한국은행도 1980년대 초까지는 비과세기관이었다가 현재는 과세기관으로 바뀌었다. 이익의 100퍼센트가 정부에 귀속되는데, 굳이 법인세를 내도록 하는 이유는 분명치 않다. 한국은행의 이익이 서울시 남대문세무서로 흘러가느냐, 기획재정부 국고국으로 흘러가느냐의 차이밖에 없다.

나 매입)이 추진되고 있었다. 당시 열일곱에 불과했던 비들은 영국 베어링스 은행*이 미국 정부의 지급을 보증하도록 하는 계약을 성사시켰다. 프랑스에서 돌아와서는 변호사가 되어 필라델피아 주 의회 의원이 되었다.

비들이 이런 경험과 자질을 가졌기 때문에 서른여섯이라는 나이는 미국 최대기업이자 정부 은행의 대표가 되기에 걸림돌이 될 수 없었다. 그는 은행장으로 임명되자마자 각 지점마다 제각기 발행하는 은행권의 디자인을 통일시켜 인지도를 높였다. 이 은행의 은행권이 서부에서 헐값으로 거래되는 일을 줄이기 위해서였다. 당연히 고객들이 크게 환영했지만, 수백 종의 은행권을 할인하여 먹고 살던 브로커들은 일거리가 줄어들어 못마땅해했다. 특히 서부의 군소 은행들은 필라델피아의 대형 은행이 자기 지역에까지 침투하여 번창하는 것을 보고 민주주의의 쇠락이라면서 분개했다.

그런데 1828년 대통령 선거에서는 부자와 은행을 대중의 적으로 생각하는 인물이 대통령에 당선되었다. 인디언을 잔인하게 토벌한 것으로 명성이 자자한 군인인데다가 홀어머니 손에서 교육을 거의 받지 못하고 자란 이민 2세 앤드루 잭슨Andrew Jackson이 제7대 대통령이 된 것이다.

그는 1824년 대선에서도 당선될 뻔했지만, 선거인단의 과반수를 얻지 못했다. 당시 헌법에 따라 하원에서 벌어진 결선 투표에서는 기

* 1762년 설립된 이 투자은행은 1995년에 28세의 닉 리슨이 벌인 무모한 파생금융거래 때문에 문을 닫았다.

득권을 가진 후보들끼리 타협하는 바람에 득표 2위에 불과했던 전 국무장관 존 퀸시 애덤스John Quincy Adams가 대통령에 당선되었다.

앤드루 잭슨 대통령. 학교를 거의 다니지 않았던 그는 서민들에게는 인기가 많았으나, 고집 세고 쉽게 격분하며 막말을 잘하는 것으로 유명했다. 그래서 여러 장관과 부통령(존 칼훈)이 사임했다.

자라온 환경과 대선 실패 경험을 통해 잭슨은 고등교육을 받은 사람, 부자, 기득권층, 북부 사람들을 뼛속 깊이 혐오했다. 그 대신 서민, 노동자, 농부, 남부의 대변인임을 자처했다. 그는 1828년 취임식에서 '보통 사람의 시대'를 선언하고 백악관을 개방하였고, 그날 백악관은 온갖 뜨내기들의 난장판이 되었다(우리나라의 노태우 대통령이 내세웠던 '보통 사람의 시대'라는 슬로건은 잭슨의 취임식에서 나온 말이다).

잭슨 대통령이 보기에 필라델피아의 제2차 미국은행과 비들 은행장은 기득권층의 상징이었다. 그래서 취임할 때부터 이 은행에 대해 부정적인 발언을 서슴지 않았다. 비들은 긴장하지 않을 수 없었다. 그리고 은행 경영에 관해 트집이 잡힐까 봐 대출의 고삐를 당겼다.

그러자 1831년 서부를 시작으로 경기불황이 찾아왔다. 재선을 앞두고 자신의 정치적 텃밭에서 불경기 조짐이 나타나는 것을 본 잭슨 대통령은 이것이 제2차 미국은행을 비롯한 자본가들의 몽니라고 생각했다. 그래서 재선에 성공하면 이 은행을 반드시 없애버리겠다고 국무장관인 밴 뷰런Van Buren에게 다짐했다.

이렇게 해서 잭슨과 비들은 두 사람 가운데 하나가 죽어야 하는 싸움으로 접어들었다. 훗날 역사가들이 '은행 전쟁(Bank War)'이라고 부르는 사건이 시작된 것이다.

비들이 처음부터 대통령과 싸울 생각이 있었던 것은 아니었다. 그는 매디슨 대통령 때부터 '정부와 원활한 관계 유지가 중앙은행의 첫 번째 덕목'이라고 주장했었고, 잭슨 행정부와도 잘 지내려고 노력했다. 대통령이 제2차 미국은행에 대해 공개적으로 심한 말을 하면 '은행은 은행일 뿐'이라면서 정치적 발언을 애써 삼갔다. 직원들이 동요할 때도 열심히 일만 하면 된다고 다독거렸다.

하지만 측근들이 전해주는 대통령의 발언을 들을 때마다 비들은 간담이 서늘해졌다. 이때 대니얼 웹스터Daniel Webster가 접근해 왔다. 그는 이 은행이 메릴랜드주와 법인세 소송을 벌일 때 미국은행 측 변호인으로, 잭슨이 대통령이 되던 해 매사추세츠주 상원의원으로 당선되어 헨리 클레이Henry Clay, 존 칼훈John Calhoun 등과 더불어 잭슨 행정부의 저격수가 되었다.*

비들은 야당 지도자이자 다음 대선 주자인 웹스터와 인연을 맺는 것이 좋겠다고 생각하고 그를 자문변호사로 위촉했다. 이런 일은 당연히 잭슨 대통령의 귀에도 흘러 들어갔다.

자문변호사이자 현역 의원으로서 웹스터가 생각한 전략은 대통령 선거를 앞두고 제2차 미국은행의 영업 기간 연장법안을 상정하는 일

* 해밀턴의 급작스런 사망 이후 공화파들은 정당의 형태를 갖추지 않고 몇몇 지도자들이 이끄는 정파로 전락했다. 그러다가 1860년 대통령 선거를 앞두고 링컨을 중심으로 뭉쳐서 오늘날의 공화당으로 진화했다.

이었다. 제아무리 잭슨이 자본가와 북부를 싫어하더라도 선거를 의식한다면 영업 기간 연장에 동의하지 않을 수 없다고 계산한 것이다. 웅변 실력이 뛰어났던 웹스터는 의회 연단에서 "무질서한 화폐제도는 사회의 근간을 뒤흔들고 사회의 안녕을 파괴하는 사회악입니다. 서민층을 보호하기 위해서라도 미국은행의 영업은 보장되어야 합니다"라며 열변을 토했다.

격론 끝에 의회에서는 영업연장 법안을 통과시켰다. 법안은 잭슨 대통령의 책상 위로 전달되었다. 그런데 잭슨은 웹스터가 생각한 것과 반대로 반응했다. 권총대결에 이골이 난 군인 출신이었던 그는 영업 종료 시한이 아직 충분히 남았는데도 웹스터와 비들이 이 법안을 들고나온 것은 자본가와 기득권층이 담합해서 대통령과 한판 붙겠다는 결투 신청으로 받아들였다. 그래서 이 법안의 운명을 정의와 불의, 서민과 부자, 민주와 독재의 한판 대결로 규정하고, 이 법안에 대통령 거부권을 행사했다(이 장의 앞에 소개한 대국민 성명서를 참고하라).

야당은 잭슨의 거부권 행사를 다가오는 대통령 선거의 핵심 쟁점으로 부각하기 시작했다. 자기 생각만 고집하면서 민생은 돌보지도 않는 잭슨은 로마제국 이래 가장 난폭한 폭군이라고 공격했다.

잭슨이 재선하는 한 미국은행의 사망은 너무나 분명한 사실이었다. 그래서 미국은행의 주가는 폭락했다. 주주와 기업들은 분노했고, 고객들은 실망했다. 인구 8만 명이 사는 필라델피아에서는 6만 명이 모여 대통령의 거부권을 성토하다가 마침내 '잭슨을 낙선시키자'라는 정치 구호를 외쳤다.

결국, 1832년 대선은 미국은행의 영업 연장과 대통령의 거부권이

잭슨 대통령이 제2차 미국은행 영업 연장법안에 거부권을 행사하는 모습을 다룬 풍자화. 여당의 생각을 반영한 이 그림에서 악마와 은행가들이 추풍낙엽처럼 쓰러진다.

최대 쟁점이었다. 일반 서민들은 기득권층이 주주로 있는 미국은행을 '악의 축' 정도로 생각하고 이를 이끄는 비들을 악마라고 생각했다. 그 덕분에 현직 대통령 잭슨은 자잘한 야당 후보 3명을 가볍게 누르고 재선에 성공했다.

이제 미국은행은 죽는 일만 남게 되었다. 국민적 지지를 확인한 잭슨은 1836년으로 예정된 미국은행의 영업 종료까지 기다리지도 않았다. 자기에게 도전하면 어떻게 되는지 확실히 보여주기 위해 그 이전에 숨통을 끊어놓기로 했다. 그는 우선 법무장관을 불러 미국은행에서 국고금을 몽땅 인출하는 방안을 검토해보라고 말했다. 그리고 우편국장에게 미국은행 대신 정부의 은행 역할을 대신할 은행을 찾아보라고 지시했다.

대통령이 국고금을 모두 인출한다는 소식을 접한 비들은 잭슨에게 미사여구로 가득한 반성문 같은 편지를 보냈다. 그러나 잭슨의 마음을 돌려놓기에는 너무 늦은 일이었다.

미국은행의 파국이 불러온 공황

미국은행에 예치되었던 국고금이 다른 은행으로 인출되면서 이 은행의 영업은 눈에 띄게 축소되었다. 그 대책으로 대출금을 회수하자 경기침체가 시작되었다. 하지만 금융을 전혀 모르는 잭슨은 이것이 미국은행의 마지막 발악이라고 생각했다. 금융계 원로들이 잭슨 대통령을 찾아가서 여러 사정과 경제 상황을 설명했지만, 대통령은 대뜸 핏대를 세우며 "나는 악마와 타협하지 않습니다. 그따위 소리를 하려면 내 앞에서 꺼지시오"라며 고함을 질렀다.

그러자 한 가지 변화가 일어났다. 잭슨 대통령과 거리를 두던 은행계가 미국은행에서 인출되는 국고금을 예치하기 위해 고분고분하게 말을 잘 듣기 시작한 것이다. 물론 야당이 보기에 이것은 현직 대통령이 국고금을 이용해서 금융계를 길들이는 것에 불과했다.

자본계급의 상징인 미국은행을 못살게 구는 잭슨에 서민들은 열광했다. 그렇게 되자 야당의 3인방들도 슬그머니 미국은행과 관계를 끊었다. 외톨이가 된 비들은 할 수 있는 게 별로 없었다. 1836년 약속된 시간이 찾아왔을 때 그는 필라델피아 시에서 단일점포를 가진 소형

잭슨 대통령의 국고금 인출 사태를 풍자한 만화. 거대한 사자가 금을 토하는 가운데 비들이 침대 맡에서 어쩔 줄을 모르고, 한쪽에서는 아이(경제)가 울고 있다. 의사들(야당 3인방)이 머리를 맞대고 걱정만 하는 가운데, 창밖에서 잭슨 대통령이 비웃고 있다.

미국은행에서 인출한 국고금을 여타 은행에 예치하면서 은행계를 길들이는 잭슨 대통령을 풍자한 만화. 빈털터리가 된 비들이 멀리서 바라보고 있다.

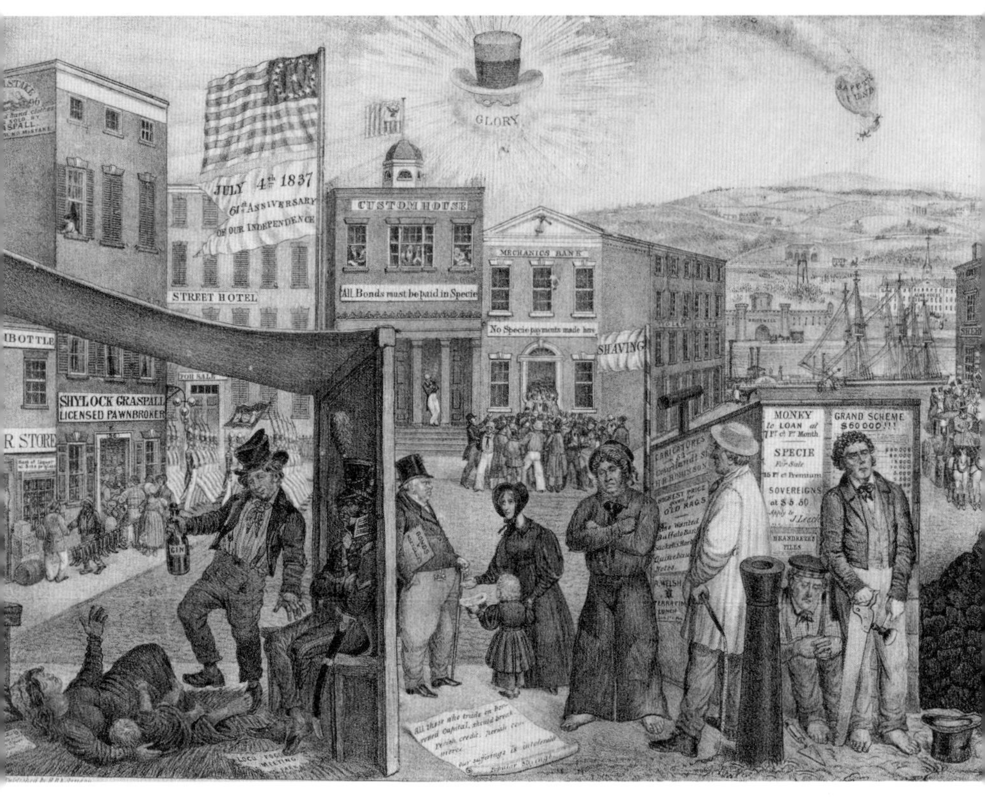

1837년 금융공황을 묘사한 그림. 미국의 부동산 시장 침체에서 시작되었다는 점에서 21세기의 글로벌 금융위기와 유사하다.

은행으로라도 영업하겠다는 구차한 신청서를 제출했다. 우리나라로 차자면 한국은행이 저축은행으로 강등하는 꼴이다.

제2차 미국은행이 군소 은행으로 전락한 다음 해인 1837년, 미국에 공황이 찾아왔다. 건국 이래 최대 규모였던 그 공황의 원인은 전국 최대의 미국은행의 영업이 정지된 것뿐만 아니라 잭슨 대통령이 1836년에 발동한 '통화에 관한 긴급조치(Specie Circular)' 때문이었다.

제퍼슨 대통령이 나폴레옹한테 산 땅을 연방정부가 민간인들에게 매각했는데, 이 과정에서 은행에서 대출받은 돈으로 땅에 투기하는 일이 만연했다. 그러자 잭슨 대통령은 정부와 민간이 토지 거래를 할 때는 은행권이 아니라 금이나 은으로만 거래하도록 하는 극약 처방을 내렸다.

이 조치로 폭등하던 땅값이 안정을 찾았지만, 토지거래대금이 금속화폐로만 결제되는 중세시대로 회귀하면서 심각한 불황이 찾아왔다. 직장과 집을 잃은 사람들이 거리로 내몰렸다. 전형적인 정책 실패였다. 비들은 이런 모습을 보면서 씁쓸하게 웃었다. 한때 정치판에 빌미를 제공했던 일을 후회하면서도 가까운 친구들 앞에서는 '무식한 잭슨에게 표를 던진 사람들은 이제 손가락을 잘라야 할 것'이라면서 쓴소리를 뱉었다.*

1839년 비들은 은행장직을 사임했다. 그가 떠난 후 미국은행은 위상뿐만 아니라 기강도 무너졌다. 임직원들의 독직 사건과 스캔들이 계속되다가 1841년에 이르러 미국은행은 마침내 문을 닫았다. 비들은 이런 모습들을 안타깝게 지켜보다가 1844년 눈을 감았다. 이듬해에는 잭슨 대통령도 세상을 떴다.

이렇게 해서 은행 전쟁이라는 희대의 사건으로 격돌했던 두 사람이 역사 속으로 사라졌다. 하지만 은행 전쟁의 부산물인 국고수납은

* 당시 미국은 사상 최악의 경기불황을 겪으면서도 재정 건전성은 대단히 양호했다. 잭슨 대통령이 국가채무를 아주 부정적으로 생각해 임기 내내 재정 흑자를 통해 빚을 갚았기 때문이다. 그 결과 그의 임기 마지막 몇 달은 미국 역사상 유일하게 국가채무가 0 수준이었다. 그로 인해 잭슨의 8년 임기 내내 불경기가 계속되었다. 이런 사정을 무시하고 경기불황을 제2차 미국은행의 대출 회수 탓으로만 돌린 것은 잭슨의 큰 실책이다.

행 제도는 1914년까지 계속되었다. 중앙은행 없이 재무부가 지역마다 민간은행을 정부 대행기관으로 지정한 뒤 세금을 보관하고 재정자금을 방출하는 시스템이었다.*

불행한 은행가 니컬러스 비들의 흉상. 제2차 미국은행 건물 안에 있다.

은행 전쟁은 한때 미국을 뜨겁게 달궜으나 결론 없이 끝났다. 당시 일반 서민들이 생각한 대로 잭슨은 정의롭고 비들은 추악했을까? 은행은 부자들의 전유물이며, 서민의 적일까? 종이돈과 중앙은행은 위험한 존재일까? 미국 사회가 이런 질문에 해답을 얻는 데는 70년이나 걸렸다. 이것이 다음 장의 주제다.**

* 미국은 1914년 연준이 설립된 뒤에도 연방정부의 자금을 연준에 예치하지 않고 대부분 민간은행에 예치해 왔다. 이자소득을 얻기 위해서다. 그러나 2008년 말부터 제로금리 정책이 운용되면서 재무부는 국고금을 상업은행에 예치해도 이자 수입을 기대할 수 없게 되었다. 그래서 2008년 12월부터는 세수 전액을 연준에 예치하고 있다. 교과서에서도 소개되는 중앙은행의 '정부의 은행' 역할이 미국에서는 유난히 늦었다.

** 이 장에서 소개된 제퍼슨 대통령과 잭슨 대통령은 금본위제도를 신봉하고 종이돈을 의심했다. 그러나 그들의 믿음과는 상관없이, 현재 2달러와 20달러짜리 지폐에는 이들의 초상이 그려져 있다. 대단한 역설이다. 달러 지폐의 주인공은 조만간 잭슨 대통령에서 여성 노예해방운동가인 해리엇 터브먼(Harriet Tubman)으로 교체될 예정이다.

11장

뱅커,
세상을 구원하다

"인간의 가장 큰 고통 가운데 하나는

새로운 아이디어를 받아들이는 고통이다."

- 월터 배젓, 영국 언론인

영국 경제를 뒤흔든 남해 버블

영국은 1215년 존 왕이 승인한 마그나카르타(대헌장)를 민주주의의 금자탑이라고 자랑한다. 하지만 그것은 일반 시민들의 권리 신장과 무관하다. 귀족들이 왕으로부터 자기들의 권리를 지키려는 지배계급 안에서의 타협이었기 때문이다.

영국에서 시민들의 권익이 커진 것은 헨리 8세가 1534년 성공회를 조직하고 바티칸과 손을 끊은 이후의 일이다. 수 세기를 이어온 종교와 정치의 유착관계가 약해지면서 상인들의 경제력이 통치자의 힘에 도전하는 수준으로 커진 것이다. 상인들은 악정으로 유명한 찰스 1세를 상대로 권리청원(1628년)을 얻어냈으며, 명예혁명(1688년)을 통해 통치자까지 바꾼 뒤에는 새로운 왕에게서 권리장전(1689년)까지 확보했다. 이 시기에 이탈리아와 신성로마제국이 반종교개혁 움직임에 휩싸이면서 뒤처지게 되자 영국이 민주주의에서 대륙을 앞서가기 시작했다.

정치와 종교의 자유가 신장되면서 경제도 잘 굴러가는 듯 보였다. 하지만 18세기에 이르러 영국은 투기 광풍을 맞았다. 재정난에 허덕이던 정부가 자금조달을 위해서 투기를 조장하고 방치해서 프랑스의 미시시피 버블과 똑같은 일이 빚어진 것이다.

사정은 이러했다. 합스부르크 가문 출신의 스페인 왕 카를로스 2세가 후손 없이 죽게 되자 혈통 면에서 후임 왕의 조건에 가장 가까운 사람은 프랑스 왕 루이 14세의 손자 필리프였다. 그런데 유럽의 G2에

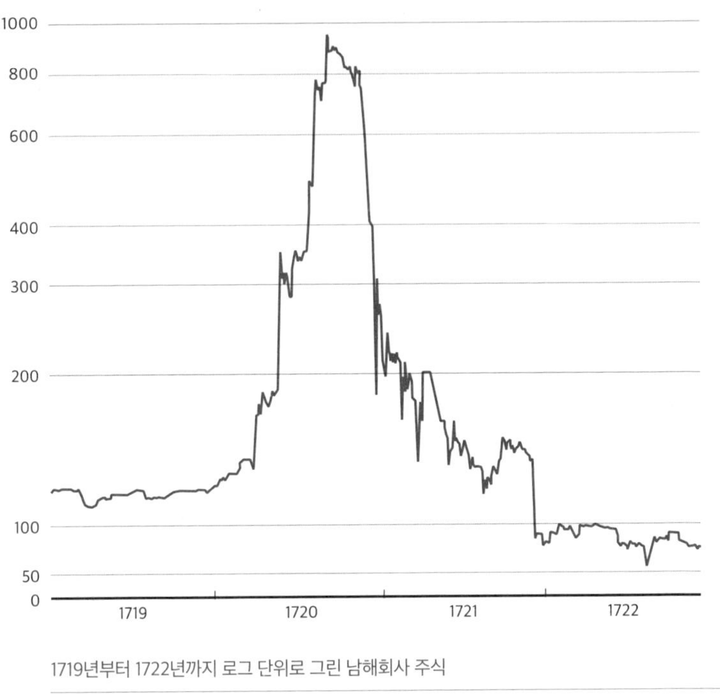

1719년부터 1722년까지 로그 단위로 그린 남해회사 주식

해당하는 프랑스와 스페인이 결합하는 것은 이웃의 작은 나라들이 보기에 엄청난 재앙이었다. 결국 스페인과 프랑스의 연합을 막기 위해 유럽 대륙은 전면전으로 치달았다. 제1차 세계대전과 비슷했던 당시의 양상을 역사에서는 스페인 왕위계승 전쟁(1701~1714년)이라고 부른다. 이 전쟁에서 영국은 승전국이 되었지만, 눈덩이처럼 불어나는 전비를 감당할 방법이 없었다.

당시 영국의 재무장관 로버트 할리Robert Harley는 영란은행의 도움을 얻고자 했지만, 반응은 냉랭했다. 1696년 통화개혁 이후 화폐가치의 안정에 과민해진 상태라 대정부 대출에 시큰둥했던 것이다. 돈줄이 막힌 영국 정부는 다른 방법을 생각해냈다. 스페인과의 전쟁에서 이기면 영국이 누리게 될 남미 식민지와의 무역에서 독점권을 부여한 아주 특별한 기관을 세우는 것이었다. 그렇게 해서 1711년 남해회사(South Sea Company)가 세워졌다. 이 계획의 핵심은 자본금을 영국 국채로 모집함으로써 국채의 수요를 늘리는 데 있었다. 무역독점권이라는 특혜와 확정금리부 국채를 맞교환하는 방식으로, 역사상 최초의 전환사채라고 할 수 있다. 이는 프랑스에서 존 로가 시도했던 것보다도 빠른 것이다(9장 참조).*

그러나 이 회사의 영업은 생각보다 신통치 않았다. 전쟁이 끝난 뒤에도 스페인의 방해로 1717년까지는 무역선이 출항조차 할 수 없었다. 게다가 해상사고도 터지고 밀무역도 성행해서 무역독점권이 별다른 이윤을 가져다주지 못했다. 기껏해야 복권사업을 통해 근근이 파산을 면하는 수준이었다. 그러다가 1718년 스페인과 다시 전쟁이 시작되면서 회사는 깊은 수렁에 빠져들었다.

이런 상황에서 정치인 출신이자 남해회사 대표인 제임스 크레이그 James Crags가 새로운 제안을 내놓았다. 정부가 연 5퍼센트의 만기 없는 국채인 콘솔을 발행하고, 남해회사가 전환사채 발행을 통해 국채

* 이 회사는 자본금 모집을 쉽게 하기 위해서 합자회사(joint-stock company) 형태로 설립되었다. 합자회사가 도입되기 이전에는 소유와 경영이 일치하여 투자자가 회사 경영에 무한책임을 졌으나, 합자회사는 소유와 경영을 분리시켜 투자금 범위 내에서만 책임지도록 했다. 그래서 합자회사는 자본금을 모으기 쉬웠다. 네덜란드에서 망명 생활을 한 윌리엄과 메리 왕은 네덜란드의 동인도회사(1602년)와 서인도회사(1621년)의 사례를 보고 돌아와 영란은행(1684년)을 합자회사 형태로 설립했다. 남해회사는 영란은행, 동인도회사(1707년)에 이은 세 번째 합자회사였다.

남해회사 버블 당시 런던증권거래소의 모습

전액(3,098만 파운드)을 인수하는 것이다. 정부는 거액의 국채를 힘 안 들이고 발행하니 좋고, 남해회사는 절대 부도날 수 없는 국채로써 현물 증자하게 되니 누이 좋고 매부 좋은 방법이었다. 계획은 1720년 4월 의회에서 쉽게 통과되었다(이는 1718년에 존 로가 내놓은 프랑스 왕실은행 설립 아이디어와 거의 비슷하다).

영국 최대의 기업인 영란은행과 동인도회사보다도 국채를 많이 가진 남해회사는 절대로 망할 수 없을 것처럼 보였다. 그래서 이 회사의 주식 가격은 하늘 높은 줄 모르고 치솟았고, 사람이 몰려들어 주식을 사려고 법석을 피웠다.

하지만 시민들의 흥분은 금방 가라앉았다. 소문으로 떠돌던 외국 정부와의 무역독점권 계약 체결 소식이 모두 거짓으로 들통 난 것이다. 이 회사에 대한 장밋빛 전망은 사라지고 주가는 내동댕이쳐졌다. 사람들은 당시의 소동을 '남해 버블(South Sea Bubble)'이라고 했다.

한바탕 광란의 소란 속에서 무식한 사람만 손해 본 것은 아니었다. 《로빈슨 크루소》를 쓴 소설가 다니엘 디포는 알거지가 되었고, 과학자 아이작 뉴턴은 2만 파운드를 날렸다. 이때 뉴턴은 "천체의 운행은 계산할 수 있지만, 인간의 광기는 도저히 알 수가 없다"고 탄식했다.

몇 달 뒤 의회는 버블법(Bubble Act of 1720)을 만들었다. '버블'이라는 단어가 공식문서에 등장한 최초의 사례였다. 하지만 버블 재발을 막겠다는 의회의 처방은 기상천외했다. 여러 사람이 돈을 모아 세운 합자회사(Joint Stock Company)를 탐욕과 버블을 부추긴다고 보고 설립을 금지한 것이다.

최종대부자
중앙은행의 존재 이유

그 옛날 대금업 금지법이 그랬던 것처럼 무조건 금지만 하는 것이 능사는 아니다. 만일 버블법이 요구하는 대로 합자회사가 사라지고 메디치 가문과 같은 가족 기업만 남는다면, 산업혁명 이후 폭발적으로 진행되는 생산성 향상을 물질적 풍요로 연결하기 어려워진다. 가족 기업은 자본을 쉽게 모을 수 없기 때문이다. 결국 이런저런 예외가 늘어나면서 구멍이 뚫린 버블법은 1825년에 이르러 폐지되었다.*

영국의 남해 버블이나 프랑스의 미시시피 버블에서는 주식, 즉 전환사채가 문제였다. 반면 네덜란드에서는 튤립 때문에 버블을 겪었다. 돈 그 자체가 문제를 일으키는 경우도 있었다. 볼리비아(1545년)와 멕시코(1550년) 지역에서 발견된 은광, 브라질(1680년), 캘리포니아(1848년), 호주(1851년), 남아프리카(1886년), 알래스카(1898년) 등지에서 발견된 금광이 그런 예였다. 처음의 흥분이 가라앉은 뒤에는 예외 없이 경제위기가 뒤를 이었다.

르네상스 이후 15세기까지 대부분의 재정 위기, 금융 시스템의 위기, 인플레이션은 대부분 왕실에서 시작되거나 전쟁의 부산물들이었다. 위기는 아주 가끔 닥쳤고, 시간이 흐르면 자연히 치유되었다. 그런데 1551년부터 1866년에 이르는 긴 기간 동안 유럽에는 금융위기가 거의 10년마다 찾아왔다. 원인도 다양했다. 전쟁과 같은 나쁜 일도, 금광의 발견 같은 좋은 일도, 실물에서 시작된 것도, 금융에서 시작된 것도 있었다. 원인이 다양하니 해결책도 찾기 어려웠다.

잘못된 방법으로 문제를 해결하려다가 사태를 악화시키는 경우도

* 영국은 합자회사 설립 금지를 해제한 데 이어 1844년에 이르러서는 합자회사법(Joint Stock Company Act)을 통해 기업의 설립을 촉진했다. 1855년에는 투자자들이 안심하고 기업에 투자할 수 있게 하려고 주주의 책임을 납입자본금 범위 내로 제한하는 법(Limited Liability Act)까지 제정되었다. 이런 제도에 힘입어 영국의 자본주의는 빠르게 성장했다.

있었다. 예컨대 1845년부터 시작된 아일랜드의 감자 흉년(Great Famine)으로 백만 명 이상이 굶어 죽고, 백만 명 이상이 신대륙으로 이주했다.* 한창 미국의 철도사업에 돈을 쏟아붓던 상태(자본수지 적자)에서 흉년으로 인해 곡물 수입이 급증하자 영국의 무역수지는 엄청난 적자를 기록했다.** 이 상황에서 영란은행은 금의 유출을 걱정한 나머지 대출금리를 3퍼센트대에서 10퍼센트까지 대폭 인상했다. 그 결과는 참담한 금융위기와 경기불황이었다(1847년 금융공황).

당시 영란은행은 민간은행이었다. 은행이 파산하면 모든 경영진이 연대책임을 져야 했다. 그래서 어떤 경제위기 속에서도 영란은행 임직원들은 보수적 은행가의 모습을 결코 저버리려고 하지 않았다. 1725년, 1797년, 1810년의 금융위기 때에는 정부가 국채를 발행하고 영란은행이 그것을 할인하는 방식으로 간접적으로만 지원했다. 1825년 금융위기 때는 시장이 심하게 망가져서 정부가 시장에서 국채를 발행할 사정이 안 되자, 수상이 영란은행 총재를 불러 돈줄을 풀라고 압력을 행사했고 영란은행이 마지못해 돈줄을 풀었다.

그러나 1844년 개정된 영란은행법은 온 국민의 밉상이 된 이 은행의 행동 반경을 다시 옥죄었다. 나폴레옹 전쟁 기간 중 정부의 전비를 지원하느라 마구 풀린 돈 때문에 온 국민이 물가폭등의 고통을 겪을 때 영란은행의 이익은 사상 최고 수준에 이르렀다. 화가 난 국민 사이

* 이때 미국으로 이주한 많은 아일랜드계 주민들은 보스턴에 정착했다. 케네디 가문과 바이든 대통령도 그중 하나였다.

** 곡물법은 지주계급이 자신들의 이익을 지키고자 곡물 수입을 제한하는 것이었는데, 이 법이 폐지되면서 산업자본가들의 입김이 커졌다.

에서는 영란은행 폐지론까지 거론되었다. 그런 분위기 속에서 개정된 영란은행법은 이 은행의 영업지역을 전국으로 확대하되 무슨 일이 있어도 금태환을 보장해야 한다는 의무를 부여했다. 그러니 책임감 있는 은행가라면 대출을 늘리는 데 압박감을 느낄 수밖에 없었다.

그보다 약간 앞섰던 1797년 금융위기 때 프랜시스 베어링Francis Baring 경은 영란은행이 몸을 사리며 아무것도 하지 않는 것을 보면서 답답함을 느꼈다. 그래서 영란은행에 '은행의 은행'이라는 사실을 상기시켰다. 그러면서 '최종대부자(le dernier ressort)'라는 개념을 소개했다. 1802년에 헨리 손튼Henry Thornton도 이와 똑같은 말을 했다.* 하지만 영란은행은 이것을 이해하려고 하지 않았다. 1866년 영란은행의 최대 경쟁은행인 오버런드-거니 앤드 컴퍼니Overend, Gurney and Company가 파산할 때는 일절 지원하지 않고 은근히 즐거워했을 정도였다.

마침내 한 언론인이 영란은행의 편협한 생각을 꾸짖었다. 당시 막 창간한《이코노미스트》지의 편집장으로서 영국의 지식인 계층에서 상당한 영향력을 가지고 있던 그는 "평상시에는 사람들이 돈의 흐름에 편승하려고 화폐를 찾지만, 금융위기 때는 돈의 흐름에서 빠져나오려고 화폐를 찾는다"고 주장하면서 영란은행도 금융위기 때에는 평상시의 원칙과 완전히 다른 입장이 되어야 한다고 다그쳤다.

그의 이름은 월터 배젓Walter Bagehot이었다. 그는《롬바르드 스트

* 베어링 경은 독일계 이민(유대인은 아니었다)으로서 베어링스 은행의 창업자였다. 헨리 손튼도 은행가 집안에서 태어난 금융인이자 경제학자였다. 이들은 출신 배경상 금융의 생리를 누구보다도 잘 알았으나 당시의 경제학으로는 중앙은행의 역할을 이론적으로 설명하기는 어려웠다.

경제전문지 《이코노미스트》 지의 초대 편집장이었던 월터 배젓. 비교적 젊은 51세의 나이로 사망했다.

리트Lombard Street》라는 저서에서 중앙은행의 존재 이유를 최종대부자 역할에 두었다. 이것은 사익에 연연하는 당시의 영란은행을 우회적으로 비판하는 말이었다. 책 제목인 '롬바르드 스트리트'는 영란은행의 숙적인 오버랜드-거니 앤드 컴퍼니의 건물이 있던 거리 이름으로, 영란은행에서는 불과 500미터 떨어져 있었다. 그 정도로 가까이 붙어 있으면서 영국 경제를 뒷받침하는 두 은행이 상대방의 파산을 즐거워해서야 되겠냐는 질책이 그 책의 요지였다. 책에서 그가 "인간의 가장 큰 고통 가운데 하나는 새로운 아이디어를 받아들이는 고통이다"라고 한 것은 영란은행이 고리타분한 생각에서 당장 벗어나야 한다는 재촉이었다.

주위의 충고가 거듭되자 영란은행도 조금씩 생각을 바꾸기 시작했다. 심지어 누가 시키지 않아도 최종대부자 역할을 자임하기도 했다. 1890년 아르헨티나에 과잉투자한 베어링스 은행이 파산 직전으로 몰리자 영란은행이 로스차일드Rothchilds 가문 등 영국 내 유력 자본가들을 끌어들여 구제금융을 실시했다. 또한 이때 러시아중앙은행이 예금인출을 요구하자 돈 대신 대출확인증을 던져주고는 그것을 알아서 팔아 쓰도록 했다. 그와 동시에 프랑스 은행에서는 300만 파운드에 해당하는 금화를 차입해서 위기를 수습하는 임기응변을 보였다. 정부도 하기 힘든 일을 영란은행이 팔을 걷어붙이고 해낸 것이다.

그런 때문인지 1873년《롬바르드 스트리트》가 나온 이후 제1차 세계대전이 발발할 때까지 영국은 심각한 금융위기에서 벗어나 있었다. 다른 나라도 사정은 비슷했다. 결국 삼백 년 가까이 주기적으로 계속되던 유럽의 금융위기가 1866년을 고비로 크게 줄어들었다. 유럽인들은 그런 현상을 경험하면서 중앙은행과 '중앙은행의 일'에 대해서 조금씩 눈뜨기 시작했다. 그런 인식을 하지 못했던 곳은 아직 중앙은행이 없는 미국뿐이었다.

독점재벌 J. P. 모건의 등장

영국에서 독립한 이후 미국은 유럽인의 시각에서 투자 매력이 넘치는 최고의 신흥시장국이었다. 특히 1817년 이리Erie 운하 계획이 발표되고 1825년 영국의 스티븐슨이 증기기관차를 발명한 이후, 광활한 미국 땅은 유럽인들의 돈으로 무한히 투자할 수 있는 최고의 블루오션으로 주목받았다.

펜실베이니아, 메릴랜드, 인디애나, 일리노이, 미시간주는 이 기회를 놓치지 않으려고 경쟁적으로 유럽인들의 돈을 끌어들여 대규모 건설공사를 시작했다. 하지만 의욕이 앞선 나머지 많은 주 정부가 이자를 제때 갚지 못하고 디폴트 상태에 빠졌다. 1830~1840년대 미국 중서부 주들의 파산은 오늘날 그리스와 스페인의 파산과 똑같은 것이었다.

영국의 작가 찰스 디킨스는 유럽 사람들이 틈만 나면 떠드는 미국이라는 곳이 궁금했다. 그래서 당시로서는 최첨단 운송수단인 증기선(그 이전의 대서양 횡단 수단은 바람을 이용한 범선이었다)을 타고 필라델피아까지 구경했다. 그리고 이미 문을 닫은 제2차 미국은행의 맞은편 호텔에 머물면서 금융공황(10장 참조)의 음산함과 처참함을 직접 눈으로 확인했다.

찰스 디킨스는 필라델피아에서 느꼈던 스산한 기분을 그가 1843년 발표한《크리스마스 캐럴》에 담았다. 이 소설에서 구두쇠 스크루지는 과거에서 온 귀신을 만나는데, 그 순간 스크루지가 느끼는 오싹함을 "대출담보로 받았던 서류들이 한낮 미국채권으로 바뀌는 느낌"이라고 묘사했다.

제2차 미국은행이 사라지고 난 뒤 미국에서는 금융재벌이라고 할 만한 사람이 등장하지 않았다. 금융규제가 너무 컸기 때문이다. 사업체는 다른 주로 얼마든지 사업을 확장할 수 있었지만, 주 정부의 인가를 받아 설립된 은행은 다른 주에 진출하여 대출하거나 예금을 받는 것이 원칙적으로 금지되었다.*

19세기 말까지 미국에서 금융재벌이라고 할 수 있는 사람은 제이 쿡Jay Cooke 정도였다. 남북전쟁 때 링컨 행정부가 사상 유례가 없는 규모의 국채를 발행하려고 할 때 그는 국채를 몽땅 인수하는 조건으

* 그래서 대안으로 등장한 것이 회사채 투자이며, 다른 주에 있는 회사채 투자자들에게 원거리 투자정보를 전해주기 위해 등장한 것이 오늘날의 스탠더드 앤드 푸어스(S&P)나 무디스(Moody's)와 같은 신용정보사들이다. 결국 미국의 금융규제가 전혀 엉뚱한 분야에서 세계적인 경쟁력을 가져온 셈이다.

로 높은 수수료를 요구했다. 그러고는 집마다 방문하면서 국민의 애국심에 호소하며 그것을 몽땅 팔아 치웠다. 제이 쿡은 오늘날 프라이머리 딜러의 원조였으며, 그의 도움으로 링컨 대통령은 전쟁 비용 조달의 시름을 덜 수 있었다. 한편 전쟁에서 패한 남부군에서는 "제이 쿡 때문에 졌다"는 한탄이 터졌다.

그렇게 수완이 좋았던 제이 쿡마저도 글로벌 금융위기는 피할 수 없었다. 유럽에서 시작된 금융공황이었다. 1871년 보불전쟁의 승리로 프로이센은 프랑스의 알자스-로렌 지방을 점령했고 엄청난 배상금도 받아냈다. 일찍이 민족국가를 형성한 다른 나라와 달리 느슨한 동맹 형태로 유지되어온 프로이센 왕국이 마침내 통일된 독일이 되자 이 나라를 향해 엄청난 투자자금이 쏟아졌다. 주체할 수 없이 많았던 유럽의 돈은 빈 증시를 통해 미국의 철도사업으로도 옮겨갔다.

하지만 여기에도 버블은 있었다. 1873년 5월 1일 빈 증시가 폭락하면서 유럽의 돈줄이 끊겼고, 그 덕분에 9월에는 뉴욕 증시도 폐장했다. 유럽의 돈을 끌어들여 철도사업에 크게 투자했던 제이 쿡 역시 9월 18일 폐업을 선언했다. 국내 문제에만 관심이 있었던 미국인들에게 미국을 대표하는 재벌의 파산은 도저히 이해할 수 없는 청천벽력이었다.

당시 미국에 중앙은행이 있었다면 같은 해 영국의 월터 배젓이 알려준 방법대로 과감한 대출정책을 펼 수도 있었다. 그러나 1836년 제2차 미국은행이 문을 닫은 뒤 '미국에는 중앙은행 따위가 필요 없다'는 생각이 팽배했다. 그래서 1857년 뉴욕주의 오하이오 신탁회사(Ohio Life & Trust Company)가 파산했을 때는 필요 이상의 희생을 치

제이 쿡 은행의 파산 당시 필라델피아 본점의 모습. 은행 바로 앞에 통신회사 텔레그라프(telegraph)가 있었던 점이 눈에 띈다. 지급결제 서비스를 위해서는 통신이 필수적이다. 카카오, 토스 등 테크핀들이 금융업에 진출하는 것도 그런 이유 때문이다.

J. P. 모건이 미국 사회를 홀리고 있는 것을 그린 풍자화.
당시에는 J. P.가 로마 신화에 등장하는 '주피터'의 약자라는 우스갯소리가 있을 정도였다.

르기도 했다. 이 사건은 일개 직원이 저지른 공금횡령 사건에서 시작되었는데, 결국 이 회사에서 대출받은 철도회사는 물론이고 인근의 필라델피아, 볼티모어까지 금융기관 연쇄 부도로 이어졌다. 중앙은행이 없었으니 사태를 해결할 방도가 없었다. 이렇게 취약한 금융구조를 가졌으면서도 미국인들은 해결방법을 찾으려 하지 않았다.

이렇게 게으른 미국인들에게 깨달음을 준 사람은 금융재벌 J. P. 모건이었다. 역설적이게도 미국인들은 금융위기 때 모건이 보여준 활약이 끔찍이 싫었던 나머지 그와 같은 사람이 두 번 다시 활개 치지 않도록 중앙은행을 세웠다.

J. P. 모건은 무역업으로 큰 돈을 번 주니어스 모건Junius Morgan의 아들이었다. 주니어스는 당시의 여느 미국인 사업가와 마찬가지로 금

융업에는 큰 식견이 없었다. 그러다가 우연히 영국에 갔을 때 월터 배젓을 만나 '은행은 하루아침에 만들어지는 것이 아니라 여러 세대를 이어가면서 성장하는 신용 사업'이라는 말을 듣게 되었다. 금융업의 경험이 일천한 미국 사람은 은행업의 발전은 꿈도 꾸지 말라는 충고였다.

그러나 월터 배젓은 주니어스 모건의 아들 J. P. 모건이 장차 어떤 인물로 자라나게 될지 전혀 상상하지 못했다. 보스턴에서 자란 J. P. 모건은 아버지의 사업 관계상 독일에서 대학을 다녔는데, 그때 지도교수는 J. P. 모건이 수학적 재능이 뛰어나다는 것을 발견하고 그에게 수학 교수가 될 것을 권유했다. 그러나 J. P. 모건은 아버지와 같은 사업가의 길을 가기로 이미 마음먹었기 때문에 이를 정중히 사양했다. 그리고 미국으로 돌아와 1861년 자신의 이름으로 회사를 차렸다. 때마침 터진 남북전쟁 때문에 물자가 부족해지면서 그의 무역업은 엄청나게 번창했다. 링컨 대통령이 연간 소득 800달러 이상인 사람들을 고소득층이라고 분류하고 소득세를 거뒀을 때 그의 소득은 연 5만 달러였는데, 이때 그의 나이가 불과 스물일곱 살이었다.

그는 1869년과 1873년의 금융위기도 무사히 견뎌냈다. 오히려 그런 위기가 닥칠 때마다 경쟁자들이 떨어져 나가면서 재계에서 절대강자가 되었다. 하지만 그는 자기 사업체에서만 영향력을 행사하는 데 만족하지 않았다. 동업자들을 불러 모아 자기 뜻을 따르도록 하는 일에 더 흥미를 보였다.

서민들이 보기에는 사업체끼리의 전형적인 담합이었지만, J. P. 모건의 생각은 중복투자와 과잉투자를 막는 '산업합리화'의 일환이었다. 어떤 때는 경쟁사 임직원들을 자기 요트로 부른 다음, 합의가 이루어질 때까지 배에서 내리지 못하게 하기도 했다. 이것은 납치와 다름이 없었지만 아무도 이의를 제기하지 않았다. 이런 소문이 알려질 때마다 J. P. 모건은 점점 신격화되거나 카리스마가 넘치는 재계의 대부로 추앙되었다.

금융의 제왕이 된 J. P. 모건

이때까지만 해도 J. P. 모건은 사업가일 뿐, 은행가로서는 그다지 주목받지 않았다. 정부도 그에게 도움받을 생각은 하지 않았다. 그러나 1893년 금융공황이 터지면서 상황이 달라졌다. 제이 쿡을 파멸시킨 1873년의 금융공황과 달리 1893년의 금융공황은 유독 미국에서만 일어났는데, 그것은 1890년 미국 의회가 여론에 밀려서 만든 은 매입법(Sherman Silver Purchase Act) 때문이었다. 대표적인 포퓰리즘 법안인 이 법은, 서부의 은 생산업자와 농민들의 요구를 받아들여 정부가 매년 일정량의 은을 매입하고 금을 지급도록 했다. 금과 은이 함께 화폐로 쓰여야 한다는 서민층의 요구를 수용한 법이다. 그러나 서민들도 은보다는 금이 귀하고 가치 있다는 것을 잘 알고 있었다.

그래서 시민들은 기회만 있으면 정부에게 은을 금으로 바꿔 달라고 요구했다. 정부가 가진 금의 양에는 한계가 있다는 것을 알았기 때문에 이들의 금태환 요구는 시간이 흐를수록 커졌다. 이로 인해 금값이 폭등하고 국채가격은 곤두박질쳤다. 1893년 그로버 클리블랜드 Grover Cleveland 대통령이 취임했을 때는 정부가 가진 금은 거의 바닥나 있었다. 그 순간 대통령이 할 수 있는 것은 없었다. 그렇다고 서민풍의 클리블랜드 대통령이 독점재벌 J. P. 모건에게 먼저 손을 벌리는 것은 정치적으로 자살행위나 다름없었다.

이 상황에서 J. P. 모건이 먼저 운을 뗐다. 그는 워싱턴 D. C.까지 전용 기차를 타고 간 뒤 사람을 시켜 대통령 면담을 신청했다. 대통령은 잠시 망설이다가 다음 날 아침 만나자고 통보해왔다. J. P. 모건은 백악관에 들어서자마자, 오늘 오후 3시면 정부가 지급불능을 선포해야 할 지경이라고 뉴욕의 상황을 전했다. 상황이 왜 이렇게 돌아가는지 모르겠다고 불평만 하던 클리블랜드 대통령은 그때서야 사태를 직감하고 그에게 매달렸다.

J. P. 모건은 그 자리에서 해법을 제시했다. 당장 쏟아지는 금태환 요구는 1,000만 달러 정도지만 시장을 휘어잡기 위해서는 그보다 열 배 정도 많은 1억 달러어치의 금을 확보해야 하며, 자기가 국채를 담보로 뉴욕의 은행가들에게서 금을 살 수 있는 자금을 확보하겠다는 것이었다. 그러면서 대통령이 할 일은 긴급조치를 발동하여 국채를 더 발행하는 것이라고 귀띔했다.

불과 몇 분 걸리지도 않은 그 면담 결과가 세상에 공개되면서 상황은 아주 싱겁게 끝났다. J. P. 모건의 주선으로 정부가 충분한 금태환 자금을 마련하게 되었다는 소식은 마구 오르던 금값을 제자리로 돌려놓았고, 그 덕분에 연방정부의 파산 위기도 무사히 넘어갔다. 그러나 대통령과 J. P. 모건은 온갖 모욕을 받아야 했다. 현직 대통령이 재벌과 한통속이 되어서 부자들이 더 큰 돈을 벌게 되었다는 사실에 사람들은 분노했다. 시장이 정상화된 탓에 국채가격은 폭등했고, 의회에서는 국채가 소수에게만 발행되는 과정에서 내부자거래 혐의가 있었다고 의심하여 J. P. 모건을 의회로 불러들였다.

남북전쟁 당시 링컨 행정부의 국채를 떠맡아 정부의 전비조달을 도왔던 제이 쿡은 구국의 영웅으로 칭찬받았다. 그러나 삼십 년 뒤 그와 똑같은 일을 한 J. P. 모건은 국채를 매점매석하는 야비한 장사꾼으로 비판받았다. J. P. 모건은 의회의 소환을 이해할 수 없었다. 의회 청문회에 출석한 그는 '남이야 합법적으로 얼마를 벌든, 댁들이 뭔 상관이냐?'는 식으로 아주 무성의하게 대답했고, 이런 모습은 대중에게 역효과를 일으킬 수밖에 없었다.

이런 소동이 있고 난 뒤에 치러진 1896년의 대통령 선거에서는 마침내 복본위제도 채택을 요구하는 인물이 등장했다. 서른 여섯 살에 일약 민주당 대선후보가 된 윌리엄 제닝스 브라이언William Jennings Bryan이었다. 그는 1890년 은 매입법이 일으킨 재정 위기는 아랑곳하지 않고 서부와 서민의 민생이 좋아져야 한다는 달콤한 말만 강조했다. 그리고 앤드루 잭슨 대통령(10장 참조)이 60여 년 전 마지막으로 결정했던 금과 은의 교환비율 1대 16을 지키는 것이 정부가 할 일이라고 주장했다. 그는 국민의 힘으로 세워진 정부는 무엇을 하던 잘못될 수 없다는 생각을 가진, 사상 최악의 포퓰리스트였다.

그런 사람이 세 번씩이나 대선 후보가 될 수 있었던 것은 19세기 말과 20세기 초 미국 사회의 진보적인 분위기 때문이었다. 남북전쟁 이후 제조업의 발달로 국력이 크게 팽창했지만, 내부적으로는 지역

갈등과 빈부격차 확대로 인해서 서민들의 삶이 극도로 황폐해져 있었다. 사람들은 대중의 힘으로 세운 정부가 독점재벌과 자본가들을 해체하고 응징하는 사회를 꿈꾸었다. 그것이 미국의 민초들이 바라던 '경제민주화'였다.*

'기회는 공정하게, 과정은 정의롭게, 결과는 평등하게' 해달라고 압박하는 미국 다수 유권자의 주장에 부자들을 대변하는 공화당의 대통령들도 어느 정도 귀를 기울이지 않을 수 없었다. 전임 대통령이 사망하는 바람에 마흔둘의 나이(사상 최연소)로 대통령직을 이어받은 시어도어 루스벨트Theodore Roosevelt 대통령은 취임하자마자 철도사업체 연맹을 독과점 금지법(Sherman Antitrust Act) 위반 혐의로 제소했다. 미국의 철도사업은 J. P. 모건의 지휘로 1902년 하나의 트러스트로 재편되었는데, 신임 대통령이 이에 대해 제동을 건 것이다. 이는 최초의 반독점 소송이었다.

약 2년이 걸린 이 소송에서 J. P. 모건의 사업체는 5대 4의 판결로 무혐의 처분을 받았고, 이로 인해 미국 시민들의 분노와 절망감은 더 커졌다. J. P. 모건의 독과점은 뻔히 눈에 보이건만 이것을 행정부와 사법부가 손도 댈 수 없다면, 미국 땅에는 과연 희망이 없는 것 아닌가?

* 우리나라에서는 대부호들을 부정적으로 부를 때 '재벌(財閥)'이라는 단어를 쓰지만, 19세기 말 미국에서는 더 심한 말을 썼다. 즉 록펠러(석유), 카네기(철강), 밴더빌트(철도), 스탠퍼드(철도), 듀크(담배) 등 대부호들을 '강도 귀족(robber baron)'이라고 불렀다. 미국 사회에서 용납되지 않는 강도와 귀족의 혼합물이라는 뜻이다. 훗날 이들은 자선사업과 교육사업을 통해 '강도 귀족'의 나쁜 이미지를 씻으려고 노력했고, 국민은 이들을 용서했다. 그래서 오늘날 그들의 후손과 사업체는 남아있지만 '강도 귀족'이라는 단어는 사라졌다. 우리나라에서도 대기업은 존속하되 '재벌'이라는 단어가 사라지게 하는 것이 시대의 과제다.

J. P. 모건 세상을 구원하다

루스벨트 대통령이 J. P. 모건을 향해 방아쇠를 한 번 당겼으나, 그 공격이 계속되었던 것은 아니다. 철도산업 이외에는 모건의 다른 사업체로 독과점 조사를 확대하지 않았다. 그는 독과점의 상징인 모건의 회사들을 갈기갈기 찢어버리고 싶어 했던 세상의 요구를 그대로 따르지 않았다. 루스벨트가 의도했던 것은 J. P. 모건의 날개를 부러뜨리는 것이 아니었다. 그는 금권이 아무리 시장을 좌지우지하더라도 모든 힘은 결국 국민의 손에 있으니 너무 까불지는 말라는 것을 보여주는 선에서 만족했다. 가끔 '부도덕한 부자들'이라는 표현을 쓰기는 했지만, 루스벨트는 어느 정도 시장주의자였다.

그런데 '부도덕한 부자들'과 어느 정도 거리를 두어왔던 루스벨트마저도 또다시 J. P. 모건의 도움을 받아야 하는 일이 벌어졌다. 캘리포니아와 알래스카에서 금광이 발견되어 한때 유동성 사정이 풍족했으나 이것으로는 미국의 경제성장 속도를 따라갈 수 없었다. 거기에 더해서 1906년 샌프란시스코에서 대지진이 터지고, 1907년에는 영란은행이 금리를 올리자 금은 순식간에 유럽으로 빠져나가고 미국의 자금 사정은 빡빡해졌다.

그러는 사이에 뉴욕 증시에서는 하인스Heinze와 모스Morse라는 투기꾼들이 시세를 조작하고 있었다. 이들은 자신들이 소유한 금융기관의 자금을 빼돌려 점찍어놓은 회사의 주가를 띄우려고 무던히 노력하고 있었다. 그러나 주가는 전혀 오르지 않았고 오히려 계속해서 떨어지기만 했다(가장 최근의 연구에 따르면, 모스가 하인스를 배신하고 다른 한쪽에서 계속 주식을 팔았다고 한다). 결국 일 년 내내 하인스와 모스가 하염없이 자금을 퍼붓는 사이에 이들이 소유했던 금융기관들이 파산할 지경에 이르렀다는 소문이 퍼지기 시작했다.

1907년 10월 22일, 결국 하인스가 소유한 니커보커Knickerbocker 신탁회사가 예금인출 사태를 견디지 못하고 문을 닫았다. 맨해튼에서 3위 안에 드는 은행이 문을 닫는다는 소식은 순식간에 뉴욕 증시를 얼어붙게 했다. 그날 저녁 J. P. 모건이 맨해튼에서 주재한 금융기관장 회의에 재무장관 조지 코틸류George Cortelyou까지 달려왔다. 그 자리에서 J. P. 모건은 코틸류 장관에게 정부가 600만 달러의 금융안정자금을 긴급히 투입하라고 지시했다. 그 순간 미국의 경제 대통령은 J. P. 모건이었다.

다음날 모건은 심한 독감에 걸려 몸을 가눌 수 없었지만 그를 기다리는 사람들 때문에 오후에 시내로 나왔다. 그리고 숨 가쁜 일정들을 소화해 냈다. 그가 회의를 마치고 거리로 나오자 대기하고 있던 마부들이 "저기 그분이 나오셨다" 하고 소리쳤다. 이제 모건은 세상이 간절히 기다리는 '그분'이 되어 있었다. 경찰관들은 교통을 통제하고 모건 일행이 빠져나가도록 길을 터줬다. 마치 모세가 홍해 바다를 가르고 행진하는 듯한 모습이었다. 이렇게 해서 10월 23일은 뉴욕시 전체가 J. P. 모건 한 사람의 일거수일투족을 지켜보면서 지나갔다.

그날 이후에도 안심할 수 있는 상황은 아니었다. 10월 24일에는 급전직하로 떨어진 주가 때문에 주식매수 자금과 증거금을 납입할 수 없게 된 증권회사가 폭증했다. 뉴욕 증시가 문을 닫게 될 지경이었다.

뉴욕증권거래소 이사장이 사무실로 뛰어들어 와서 대책을 강구해 달라고 매달리자 J. P. 모건은 그 자리에서 맨해튼의 모든 은행장을 소집했다. 그러고는 현장에서 2,700억 달러의 증시안정자금을 거두었다. 뉴욕 증시가 장을 마감하기 직전이었다.

이렇게 해서 꺼져가던 뉴욕 증시의 불씨를 살렸지만, 이번에는 뉴욕시가 문제였다. 지금도 그렇지만, 뉴욕시는 많은 빚을 지고 있었는데 하필이면 상당량의 채권이 10월 말에 만기가 도래했다. 금융시장이 정상화되지 않은 상황에서는 차환 발행(빚을 갚기 위한 채권발행)이 불가능해 보였다. 그래서 시장이 직접 J. P. 모건을 찾아가 머리를 조아리고 뉴욕시 채권을 인수해 달라고 부탁했다. 그 자리에서 모건은 채권을 인수하는 대신 뉴욕시 감사권을 달라고 요구했다. 민간인이 시 정부의 감사권을 갖는 것은 메디치 가문 이후에 처음 있는 일이었다. 하지만 시장은 이를 거부하지 못했다.

모건의 파격 행보는 이것만이 아니었다. 예금인출사태가 계속되자 그는 은행 간 현금 교환을 중단시키고, 은행들끼리 확인증만 교환하라고 지시했다. 세상 어디에도 근거가 없는 희한한 명령이었다. 그러나 이 지시가 먹혀들었다. 대형 은행들이 맨해튼에 있는 신탁회사들에 돈을 빌려주지 않으려고 할 때는 자신의 집무실로 은행장들을 불러 모은 다음 문을 밖에서 잠그도록 했다. 그들은 공동 자금지원에 대한 타협안에 서명을 마친 다음에야 가까스로 그 방에서 빠져나올 수 있었다. J. P. 모건의 이런 초법적 조치를 통해서 미국은 1907년 연말부터 금융공황의 그림자에서 조금씩 벗어났다.

공공의 적이 된 금융의 신

인간의 기억력은 그리 오래가지 않는다. 고마운 일에는 더욱 그러하다. J. P. 모건의 판단력과 추진력 덕분에 미국 사회가 금융위기에서 빠른 속도로 벗어났지만, 사람들은 그 고마움을 빨리 잊었다.* 그리고 남들이 고생할 때 모건은 도대체 얼마나 벌어들였는지에만 관심을 두었다.

실제로 J. P. 모건은 최종대부자 역할을 하면서 상당한 이익을 거두었다. 1907년 금융공황 당시 파산 지경에 이른 회사 가운데 테네시 철강회사가 있었는데, 이는 자기가 소유하던 U. S. 스틸 사의 경쟁 상대였다. 그래서 그 회사가 도움을 요청하자 현찰 대신 U. S. 스틸 사의 주식을 주고 그것을 팔아서 쓰라고 지시하는 한편(그는 자기 회사 주식이 현찰과 똑같다고 믿었다), 그 대가로 테네시 철강회사 신주를 달라고 했다. 행여나 그것이 독과점 금지법에 걸릴까 봐 미리 대통령의 양해까지 받아두었다. 이렇게 해서 J. P. 모건은 현찰 한 푼 들이지 않고 철강산업에서 독점 사업자가 되었다.**

* 여느 공황과는 달리 1907년의 금융공황은 금융 지표상으로는 대공황과 다르지 않을 정도로 충격이 컸는데도 실물부문에는 충격이 적었다. 이는 J. P. 모건의 최종대부자 기능 덕택이다.

** 당시 시어도어 루스벨트 대통령이 양해했던 이 조치는 훗날 전·현직 대통령이 극심하게 대립하는 계기가 되었다. 루스벨트는 자신이 직접 지명한 후계자 태프트 대통령이 자신의 조치를 비난하자 정계 은퇴를 번복하고 다시 출마했다. 이렇게 여권에서 분열이 일어나는 바람에 우드로 윌슨 민주당 후보가 당선되었다(1912년).

그런 일이 있고 난 뒤 의회는 다시 한번 그를 청문회장으로 불렀다. 소위 금융 트러스트(Money Trust)를 조사한다는 명분으로 결성된 하원의 푸조위원회(Pujo Committee)는 J. P. 모건의 자본집중력을 파헤치는 데 모든 힘을 기울였다. 모건과 여타 증인들이 무슨 대답을 하건 그들의 결론은 미리 정해져 있었다. 283쪽에 이르는 방대한 보고서는 미국 사회가 모건을 위시한 독점재벌 때문에 대단히 위험한 지경에 이르렀다는 점을 누누이 강조했다.

일 년 가까이 청문회장에 끌려나가 시달림을 당하던 모건은 1913년 초 푸조위원회가 종료되자 아주 홀가분해졌다. 그와 동시에 미국이 싫어진 그는 자기가 좋아하는 요트를 타고 가족들과 아프리카로 여행을 떠났다. 하지만 요트 안에서 계속 불면증에 시달리다가 이집트에 도착해서는 몸에 이상 증세를 느꼈다. 이에 급히 뉴욕의 주치의를 부르고 이탈리아로 방향을 틀었다. 주치의가 로마의 숙소에 도착했을 때는 고열 증상까지 나타나 이미 손을 쓸 수 없었다. 그리고 1913년 3월 31일 J. P. 모건은 영원히 잠들었다. 이튿날 유족과 측근들은 푸조위원회가 사망 원인이었다고 원망했다.

J. P. 모건이라는 '공공의 적'이 사라진 뒤 미국인들은 반성하기 시작했다. 미국에서 금융위기가 생길 때마다 한 사람에게 의존해야만 하는 이유를 비로소 고민하기 시작한 것이다. 부자가 더 부자가 되며, 보통 사람들은 그동안 벌었던 돈을 몽땅 까먹고 원래대로 돌아가야 하는 시스템은 분명히 잘못된 것이다. 유럽보다 금융위기가 빈번하게 나타나고, 그리고 더 고통스러워야 하는 시스템도 이상한 것이다. 그런 문제를 해결하기 위해서는 민간은행보다 더 강력하며 그들을 통제

푸조위원회가 열리던 기간 중의 J. P. 모건. 그는 피부질환인 '딸기코' 증세가 있었기 때문에, 평생 사진 찍히는 것을 아주 싫어했다. 이 사진에서도 길에서 카메라를 들이대는 기자에게 지팡이를 휘두르고 있다.

하는 기관을 만들어야 한다. 그래서 J. P. 모건이 죽던 해인 1913년 12월 탄생한 것이 연방준비제도(Federal Reserve System)로, 미국 역사상 세 번째 중앙은행이다.

르네상스가 시작되면서 은행업이 마침내 제도권에 들어왔다. 그러나 은행들은 여전히 혐오의 대상이었다. 더 나아가 국민의 원흉이 되기도 했다. 만기가 없는 은행권을 발행해 놓고 파산해 버리거나 투기에 동원되어 한 나라의 경제를 완전히 망쳐놓았기 때문이다(존 로의 왕실은행). 통치권자가 위협을 느낄 만큼 영향력이 커지면서 오해를 받은 일도 있었다(비들의 제2차 미국은행). 그러다가 19세기 말에 이르러서는 정부도 하지 못하는 큰일을 대신하기도 했다(영란은행). 그런 존재가 없었던 미국에서는 J. P. 모건이라는 한 사람이 그 일을 맡았다.

이런 모습을 보건대, 은행이란 악마와 천사의 양면성을 가진 존재다. 지금까지 길게 살펴보았지만 아직도 답을 알 수 없는 것이 은행의 정체다. 은행이란 무엇인가? 또한 중앙은행이란 무엇인가? 이것이 다음 장의 주제다.

12장

귀향:
그래서 은행이란
무엇인가

"시인에게 가장 큰 비극은 오해 때문에 칭송받는 것이다."

- 장 콕도, 프랑스의 시인

"세계는 사물이 아닌, 사실들의 총체다."

- 비트겐슈타인, 오스트리아의 철학자

"그러나, 보호자는 누가 보호할 것인가?"

- 유베날리스, 고대 로마의 시인

"저 밑바닥까지 파고들면 여지는 무궁무진합니다."

- 리처드 파인만, 미국의 물리학자

은행은
신의 직장인가

은행이 꽤나 편한 직장이라는 선입견은 오래된 생각이다. 그런 선입견 속에서 소위 '은행원의 3-6-3 룰'이라는 말이 나왔다. 은행원은 3퍼센트로 예금을 받아, 6퍼센트로 대출하고, 오후 3시에는 골프 치러 퇴근한다는 비아냥거림이다. 영국 언론인 월터 배젓도《롬바르드 스트리트》에서 "은행원은 원래 놀고먹는 사람들이다. 그들이 바쁘면 뭔가 잘못된 것이다"라고 말했다.

이 말을 증명이나 하듯이, 19세기 말 영란은행 직원이었던 케네스 그레이엄Kenneth Grahame은 근무시간 중에 짬짬이 문학작품을 쓸 정도로 여유가 많았다. 총재 비서실장까지 지낸 그는 10여 년 동안 쓴 글을 모아 퇴직 후《버드나무에 부는 바람The Wind in the Willows》이라는 글을 발표했는데, 이 책은 지금까지도 영미권에서 아동문학의 백미로 꼽힌다.

그러나 평범한 은행가들은 '3-6-3 룰'에서 한참 벗어나 있다. 예를 들어 18세기 말 함부르크의 은행가 존 패리시John Parish는 항구에 얼음이 얼어 겨우내 발길이 끊어졌던 배 열세 척이 한꺼번에 도착했을 때, 늦게 도착한 편지들의 답신을 쓰기 위해 꼬박 사흘 동안 잠도 자지 않았다는 기록이 있다.

이탈리아의 다티니Francesco di Marco Datini라는 은행가는 어느 날 일기에 "이틀 동안 잠도 못 자고 서류를 만지느라 몸이 좀 뻐근하다. 오늘 먹은 것은 빵 한 조각"이라고 썼다. "지금이 밤 9시인데, 오늘은 바빠서 밥 먹을 시간도 물 마실 시간도 없었다. 내일도 그럴 것 같다"는 날도 있었다. 이때 그의 나이가 예순이었다.

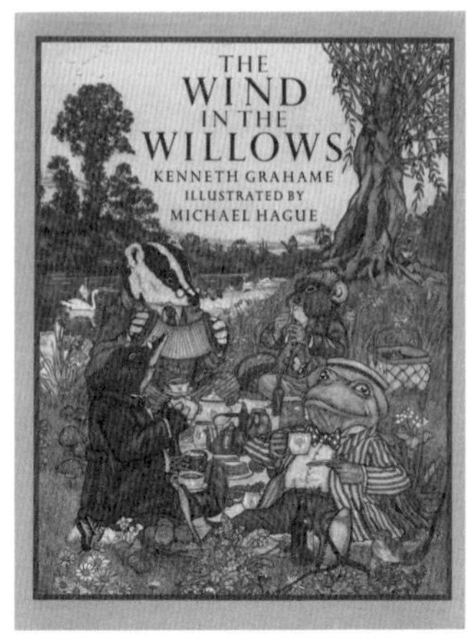

네 마리 야생동물들의 공동생활을 그린 《버드나무에 부는 바람》. 영국을 대표하는 인기 유아 프로그램 '텔레토비'의 전신이라고 할 수 있다.

문학작품에 등장하는 은행가는 놀고먹는 정도가 아니라 가증스러울 정도다. 뒤마의 소설 《몬테 크리스토 백작》에서 주인공 에드몽 당테스를 파멸로 몰아넣고 주식투기로 일확천금을 꿈꾸던 당글라르의 직업은 은행가다. 그는 당테스의 복수계획에 따라 서서히 그리고 통쾌하게 파멸한다.

채만식의 《탁류》에서는 은행원이 더욱 추악하게 등장한다. 위선과 살의로 가득 찬 세상을 살아가는 여주인공 초봉이의 비극적 인생에서 첫 번째 불행은 고태수를 만난 것이다. 초봉이의 첫 남편 고태수는 천하에 둘도 없는 난봉꾼이고 배임과 횡령을 일삼는 사기꾼이다. 나중에 칼에 찔려 죽는 그의 직업은 은행 당좌계 대리다.

물론 현실 속의 은행가들은 문학작품에서와 많이 다르다. 르네상스 시절에는 크고 작은 국지전이 끊이지 않아 은행가들의 노심초사가 이루 말할 수 없었다. 왕에게 빌려준 돈을 떼이기가 일쑤였고, 금과 은을 실은 배가 외국군에 억류되는 일도 많았다. 또한 외국 군주들에게 돈을 빌려주었다가 함께 파산한 은행가가 많았다.

근세에 들어 프랑스의 경제권이 칸에서 파리로 옮겨간 것은 순전히 그 지역 은행가들이 군주와 함께 파산했기 때문이다. 그럴 때 은행가들은 으레 아무것도 먹지 못하고 발을 동동 구르며 날밤을 새웠다. 메디치와 푸거 가문도 외국 군주들에 대한 대출을 결정할 때 유럽 각지에서 올라온 첩보를 읽고 정세를 판단하느라 바쁜 나날을 보냈다(6장과 7장 참조). 그런데도 은행가나 은행원을 놀고먹는 사람들이라고 비난하는 것은 상당히 억울한 일이다. 은행가가 이처럼 미움을 받는 이유는 무엇일까?

왜 은행가는 미움받을까

은행가들이 미움받는 이유 가운데 하나는 돈이 많기 때문이다. J. P. 모건의 경우에서 알 수 있듯이 대부분 은행가는 부자였다(11장 참조). 2011년 가을 세계를 강타했던 월가 시위도 금융기관보다는 상위 1퍼센트 부자들에 대한 항의 성격이 강했다. 최근 수년간 우리나라에서 크게 불거진 재벌의 갑질 문제도 같은 맥락으로 보인다. 이때 사람들의 타깃은 돈(money)이 아니라 돈으로 표시되는 부(wealth)다.

물론 은행이 싫어서 은행가나 은행원들을 혐오하기도 한다. 서양에서는 아주 오래전부터 대금업을 '돈이 돈을 낳는' 화폐의 생식生殖 행위로 받아들이고 이를 저주했다. 생명이 없는 돈으로써 돈을 낳는 것을 창조주의 생명 창조를 모방하는 신성모독으로 본 것이다. 이는 오늘날 유전공학을 바라보는 기독교계의 눈초리와 다르지 않았다.

그러나 대금업이나 은행업을 '돈으로 돈을 만드는 사업'으로 보는 것은 상당한 오해다. 대금업이나 은행업은 돈을 만드는 것이 아니라 늘어나는 부(경제적 가치)를 돈으로 표현하는 일이기 때문이다. 쌀을 돈으로 쓰는 사회에 은행이 있었다면, 봄에 벼농사(차입자)를 지으려는 사람과 벼농사를 포기한 사람(대여자)을 중개했을 것이다. 그런데 봄에 뿌린 벼는 가을에 추수할 때가 되면 당연히 많아진다. 거기서 이자가 생긴다.

이자(interest)란 두 시점 사이(inter)에 달라져 있는 것(est, being), 즉 차이(difference)라는 뜻이다. 그 차이는 대금업자나 은행이 만드는 것이 아니라 자연(시간)이 만든다. 종교개혁을 이끈 장 칼뱅이 대금업을 합법화한 이유다(8장 참조).

한편 경제에서 중요한 것은 돈이 아니라 그 돈으로 표현되는 부 또는 경제적 가치다. 경제적 가치는 생산활동에 참여하는 기업주, 노동자, 투자자, 정부가 함께 만든다. 길을 닦고, 건물을 세우고, 물건을 만드는 일체의 생산과정에 참여한 사람들이 그 사실을 기록하거나 생산과정에 이바지한 몫을 표현하기 위해서 돈을 이용할 뿐이다.*

다시 말해서 돈은 교환 수단이나 계산 수단이기 이전에 기록 수단으로 존재한다. 독일의 경제학자 크나프Knapp는 교환경제가 등장하기 훨씬 이전의 원시공동체 사회에서 이미 돈이 쓰였던 사실을 토대

* 돈이 표현하려는 경제적 가치에 초점을 맞추다 보면, 투자, 소비, 고용, 생산과 같이 경제적 가치를 확대해 나가는 실물경제의 흐름만 중요할 뿐, 돈(화폐) 그 자체는 실물경제의 그림자에 지나지 않는다는 결론에 이르게 된다. 고전파 경제학자에서 시작된 이런 생각은 최근까지 이어져 실물적 경기변동이론으로 이어지고 있다.

로 그렇게 주장했다(1921년). 폴란드의 폴라니Polanyi도 똑같은 말을 했다(1944년). 이들의 주장은 시장경제가 없었을 때도 돈은 있었다는 것이다. 우리나라에서도 생산과 소비를 공유했던 공동체사회 고조선에서 명도전이라는 화폐가 쓰이지 않았던가!*

금방 증발해버리는 맹물로는 그림이나 글을 남길 수 없다. 지워지지 않는 물감과 잉크가 필요하다. 마찬가지로 돈이 기록 수단으로 쓰이기 위해서는 여러 세대에 걸쳐 그것이 이어진다는 믿음이 필요하다. 한때 황금이 그러한 믿음을 지속시키는 수단으로 쓰였으나, 황금의 특징은 다른 것보다 조금 더 반짝거리고 귀하다는 것뿐이다.

반짝거리지 않더라도 사회구성원들 사이에 합의만 이루어진다면 얼마든지 돈으로 쓰일 수 있다. 인류 최초의 법정화폐를 발행한 칭기즈 칸은 그 사실을 알았지만, 종이돈을 혐오한 미국의 토머스 제퍼슨 대통령과 앤드루 잭슨 대통령은 그것을 몰랐다(10장 참조).

앤드루 잭슨보다도 50년 뒤에 태어난 카를 마르크스는 미국 대통령들의 오류가 무엇인지 알려주었다. 그는 돈에 관해 설명하면서 "왕이 왕인 이유를 왕에서 찾기보다는 백성과 신하의 눈에 왕으로 보이는 사실에서 찾아야 한다"고 비유했다. 한 사회에서 돈이 존재하는 근거를 왕과 마찬가지로 대상물 자체가 아니라 그것을 둘러싼 사회구성원 간의 관계(네트워크)에서 파악한 것이다. 이렇게 본다면 한 나라(경제권)에서 돈이 존재할 수 있는 궁극적인 기반은 사회구성원 간의 관

* 최근에는 주류경제학에서도 돈의 첫 번째 존재 이유를 기록수단으로 본다. 미국 미니애폴리스 연준의 코처라코타(Kocherlakota) 총재는 《Money is Memory》(1996년)라는 논문으로 많은 주목을 받았다.

계를 지켜주는 국가의 주권이다(돈이 지닌 이런 측면을 강조한 것이 화폐국정설인데, 이에 대해서는 2장을 참조하라).

돈에 관하여 이와 같은 형이상학적 결론에 이르게 되면 돈을 다루는 대금업이나 은행업을 일방적으로 비난할 수만은 없다. 대금업자나 은행가들이 비난받는 것은 순전히 오해의 산물이다. 시인 장 콕도Jean Cocteau는 시인의 가장 큰 비극이 오해 때문에 칭송받는 것이라고 했지만, 은행가의 가장 큰 비극은 오해 때문에 비난받는 것이다.

국제금융에서 출발한 근대 은행업

은행업의 원조는 비밀리에 운영되던 대금업이다. 처음에는 유대인들이 독점했지만, 사업의 이윤이 매우 크다는 사실이 알려지면서 르네상스 시대가 열리기 직전부터는 각국의 일반 시민들도 대금업에 뛰어들었다. 길거리에서 테이블을 깔고 호객하던 메디치 가문이 그 예다(7장 참조).

메디치 가문의 사업이 그 이전 유대인들이 담당했던 대금업과 다른 것은 국제적이었다는 점이다. 그들이 처음에 표면적으로 내세웠던 사업은 무역과 유통업이었다. 방대한 사업망을 통해 무역을 주력 사업으로 유지하면서 부수적인 사업으로서 은밀하고 교묘하게 여수신 업무를 실시했다.

은밀한 것은 재량예금의 수신이고, 교묘한 것은 외화표시 건식어음의 할인이었다. 재량예금의 창구는 오직 통치자, 귀족, 성직자 등 지배계급에만 열려 있었다. 외화표시 건식어음은 어음을 할인받는 차입자에게 받아내야 할 이자를 환율로 전가하기 위해 고안되었다. 그럼으로써 표면적으로는 이자 없는 그림자금융을 당당하게 운영할 수 있었다.

초기의 은행가들은 건식어음을 할인한 뒤 만기가 되면 해외지점이나 해외 동업자를 통해 외국 화폐로 원금을 돌려받았다. 독립채산제로 움직이는 본점과 지점은 일정 절차에 따라 나중에 어음 실물을 맞춰보면서 서로의 채권과 채무를 정산했다. 이처럼 근대 은행업은 처음부터 국제금융에서 출발했으며, 그 핵심은 본점과 지점 간 어음의 청산과 결제 즉 지급결제 업무(환업무)였다. 다시 말해 근대 은행업의 뿌리는 국제금융과 지급결제 업무에 있었다.*

그런데 사람들은 이 점을 간혹 잊어버린다. 특히 우리나라에서는 은행들이 우물 안 개구리식 경쟁에 몰입한다. 외환위기 직후에는 안전자산으로 몰렸다가 그다음에는 주택담보대출로 몰렸다. 이후에는 신용카드 사업에 확장에 열을 올리다가 나중에는 회수하느라고 정신이 없었다. 최근에는 라임이나 옵티머스 사태처럼 외국에 투자하는

* 개화기의 일본은 국제금융업무가 서양식 은행업의 핵심이라는 사실을 깨달았다. 봉건시대 일본에서는 막부(바쿠후, 幕府)로부터 설립허가를 받은 금융업자 료가에(兩替)들이 대금업을 운영했다. 그러다가 대외 개방이 늘어나면서 개항을 중심으로 가와세카이샤(爲替會社, foreign exchange company)들이 등장했다. 이들은 무역금융 및 외환업무를 전문적으로 취급하는 합자회사로서 훗날 은행으로 발전했다. 봉건적 료가에와 근대적 가와세카이샤 간의 차이는 국내금융과 국제금융이었다. 근대 은행업은 국제금융을 분리해 놓고 이야기할 수 없으며 통화정책, 특히 대외개방도가 높은 한국의 통화정책에서도 외환이나 국제금융 문제를 배제하고 논의하는 것은 무의미하다.

수익증권 판매에 과열 경쟁하다가 사고를 당했다. 판에 박힌 영업 전략을 구사하면서 나라 밖으로 진출하거나 외국 금융기관들과 경쟁하는 데는 주저한다.

그러다 보니 국제금융시장이 경색되어 외국 은행이 달러화 대출한도를 조금만 줄여도 국내 은행들은 질식할 지경에 이른다. 은행 임원들이 해외를 수없이 드나들며 유수 외국은행과 제휴 관계를 맺어도 정작 위기가 닥치면 아무 효과를 발휘하지 못한다. 그래서 당국에 구조를 요청하고, 외환보유액을 헐어서 지원해 주기를 바라거나 중앙은행 간 통화스와프 계약을 통해 외자가 유입되기를 기대한다. 우리나라의 은행업은 분명 G20 수준에 걸맞다고 하기 어렵다.

지급결제 그리고 중앙은행과 지급준비금

지급결제 업무는 국제금융 업무와 함께 은행업 고유의 DNA다. 단순히 자금을 조달해서(funding) 남에게 빌려주는 일(lending)은 대금업자뿐만 아니라 저축은행, 신협, 새마을금고 등 자잘한 금융기관 누구든지 할 수 있다. 외국에서는 증권사도 뛰어들고 외환위기 이전에는 우리나라의 종합금융회사들도 여수신 업무에 가세했었다. 이런 일이 너무 많아져서 문제가 되자 '그림자은행(shadow banking)'이라는 말이 나올 정도가 되었다.

그러나 정식 은행이 아니라면 제아무리 그림자은행 노릇을 하더라도 다른 금융기관들이 절대로 흉내 낼 수 없는 일이 있다. 고객을 대신해서 멀리 떨어진 곳으로 돈을 송금하거나 받아오는(추심) 일이다.

은행들은 택배업체가 아니므로 돈을 직접 운반하지는 않는 대신 중앙은행에 예치해 놓은 지급준비금을 이용한다. 즉 송금이나 추심을 부탁받은 상업은행이 중앙은행에서 돈(지급준비금)을 찾아 고객의 지시를 수행한다.

중앙은행이 없었던 시절에는 동업자끼리 서로 예금을 해 두고 그 돈(상대방에게 맞겨 놓은 금화)으로 결제했다. 지금도 국제적으로는 중앙은행이 없기 때문에 해외송금 업무에서는 동업자은행끼리 코레스(correspondent) 계약을 맺고 서로 지급을 대행하는 편의를 봐주는데, 이럴 때는 미리 예금을 맡겨놓거나 신용한도(credit line)를 정해둔다.

한편, 국내에서 동업자들끼리 서로 예금을 주고받는 것도 귀찮아지자 은행의 집합장소인 어음교환소(clearing house)에 각자 지급준비금을 맡겨 두었다. 그것이 나중에 중앙은행으로 옮겨가 지급준비제도로 진화했다. 오늘날 은행간 채무관계는 중앙은행에 맡겨놓은 지급준비금을 통해 정산된다. 은행들이 지급준비금을 이용하여 고객들을 위해 자금을 주고받는 일을 지급결제업무라고 한다. 과거에는 환(換)업무라고 했다. 예나 지금이나 중요한 것은 지급결제 업무는 미리 맡겨놓은 돈이 있어야 한다는 것이다. 지급결제 수단의 하나인 수표(check)를 인출증(draft)이라고 부르는 이유도 여기에 있다.*

* 수표는 지급인이 은행인 어음의 일종이다. 발행인을 대신해서 은행이 지급하기 위해서는 수표의 발행인이 사전에 결제자금을 맡겨놓아야 한다. 법률적으로 수표는 예금주가 은행에 인출(draft)을 지시하는 요구서다.

한편 중앙은행에 맡겨놓은 돈이 없는 보험사, 증권사, 저축은행, 금고, 신협 등은 지급결제 업무 면에서 일반 개인과 차이가 없다. 이들 제2금융권 금융기관들은 은행의 고객에 불과하다. 정부도 마찬가지다. 중앙은행에 예치한 정부예금을 근거로 국고 수표를 발행하고 전국 각지로 재정 집행 자금을 뿌릴 수 있다는 점에서는 정부의 재정자금 방출 활동은 개인의 송금과 크게 다르지 않다.

결국 한 나라의 지급결제 시스템에서 정점은 정부가 아니라 중앙은행이다. 중앙은행이 없었던 시절에는 어음교환소가 그 자리에 있었지만, 지금은 중앙은행이 있다. 중요한 사실은 근대 은행시스템에서 지급결제 업무, 지급준비금, 그리고 중앙은행은 삼위일체라는 사실이다.

19세기 말 일본은 유럽의 금융 시스템 속에 숨어있는 이런 사실을 발견했다. 송나라 때부터 있었던 중국의 금융업자 전장錢藏이나 일본의 금융업자 료가에兩替는 단독 플레이어들이었다. 이에 비해 유럽의 은행(bank)들은 매일 한자리에 모여 어음이나 수표를 집단적으로 결제(차액결제)했다. 이런 특징을 보고 일본인들은 'bank'라는 단어를 '은행銀行'이라고 번역했다. 남북전쟁 중이던 1863년 링컨 대통령이 만든 '국가 은행법(National Bank Act)'을 읽고 1872년 메이지 정부가 '은행 조례'라는 법을 만들 때 탄생한 단어다.

은행이란 처음에 '은화 취급업자 일행(association of silversmith)'이라는 뜻이었다. 당시 일본은 은본위제도를 채택하고 있었으므로 은행은 결국 '돈을 다루는 기관의 모임'이라는 집합명사다. 이 말 뒤에는 개별 기관보다는 집단이 중요하다는 생각이 자리 잡고 있다. 세계는 사물이 아닌 사실의 총합, 즉 세계는 사물 간의 관계로 이루어졌다는 철학자 비트겐슈타인의 생각과 똑같지 않은가!

그러나 우리나라 정부의 인식은 19세기 말 일본의 메이지 정부 수준에 미치지 못한다. 우리나라 정부는 지급결제 업무에 관해서 은행과 비은행의 차이를 구분하지 못하기 때문이다. 예를 들어 농업협동조합법, 신용협동조합법, 산림조합법, 상호저축은행법, 새마을금고법 등 1970년대 제정된 여러 법률에는 지급결제 업무가 해당 기관의 고유 업무인 것처럼 언급되고 있다. 이들 기관은 중앙은행에 지급준비금을 맡기지 않아서 지급결제 업무 자체가 불가능한데도 그렇게 법률이 만들어져 있다. 일종의 입법 오류이며, 지급결제 업무에 대한 무지의 반증이다.

2008년 소위 자본시장통합법(자통법)을 만들 때 증권사들까지 지급결제 업무를 수행할 수 있도록 법제화했다.* 2020년부터는 카카오나 토스 등 IT 업체가 은행업 허가를 받지 않고 '종합지급결제사업'을 할 수 있도록 전자금융거래법(전금법) 개정을 추진하고 있다. 지급결제는 중앙은행과 지급준비금이 전제되는 서비스라는 것을 전혀 이해하지 못한다는 걸 보여주는 예로, 한마디로 코미디가 아닐 수 없다(중국의 알리페이나 위챗 등은 은행업 허가를 받고 지급결제 서비스를 제공하고 있다).

우리나라의 자통법이나 전금법이 추구하는 것처럼 은행이 아닌 금융기관들이 지급결제제도에 참여하는 것은 위험하다. 1907년 미국의

* 자본시장통합법은 자본시장(capital market)에 관한 법률이다. 그런데 이 법의 상당 부분은 은행업의 근간인 지급결제제도와 콜시장 등 단기금융시장(money market)에 관한 내용들을 다루고 있다. 번지수부터 틀렸다고 할 수 있다.

금융공황이 그 예다. 은행과 신탁회사들이 대등한 자격으로 뒤섞여 지급결제 업무를 수행하다가 신탁회사들이 파산하여 발생한 미국 역사상 최악의 금융위기였다.* 사람들이 그토록 미워했던 J. P. 모건이 나서서 최종대부자 역할을 수행해서 가까스로 수습될 수 있었다(11장 참조).

지급준비금도 없이 지급결제 업무를 수행토록 하는 것이 얼마나 위험한 것인지를 깨닫고 1913년 세운 것이 미국의 연방준비제도다. 과거의 쓰라린 경험 때문에 1970년대 미국의 저축은행들이 규제 완화를 앞세우며 지급결제제도 참가를 요구했을 때 미 의회는 이를 수용하지 않았다. 오히려 1980년 통화관리법을 통해서 저축은행에도 은행과 똑같이 지급준비의무를 부여했다.

어찌 되었든 지급결제 업무의 필요충분조건은 중앙은행과 거기에 맡겨둔 지급준비금이다. 금융의 역사나 생리를 조금이라도 공부한 사람은 누구나 알고 있는 사실을 우리나라 공무원은 모른다. 부끄러운 일이다.

* 당시 신탁회사들은 유동성이 높은 유가증권을 담보로 지급결제업무를 수행했으므로 은행들과 안전성 면에서 다를 바가 없다고 생각했다. 오늘날 우리나라 증권사들이 CMA 투자자들의 투자자산을 담보로 지급결제 업무를 하는 것이 안전하다고 믿는 것과 똑같았다. 내일 이후에야 현금화 또는 인출할 수 있는 부(wealth)를 근거로 오늘 돈(money)을 결제하거나 청산하는 것은 위험하다는 것이 1907년 금융공황의 교훈이다.

무엇을 예금이라고 할 것인가

은행의 가장 대표적이고 전통적인 수신 상품은 예금이다. 그런데 우리나라의 각종 법률에서는 은행뿐만이 아니라 우체국, 상호저축은행, 신협 등도 예금을 취급하는 것으로 규정되어 있다. 그렇다면 예금이란 무엇인가?

우리나라에서는 예금을 다른 금융 상품과 구분하려고 할 때 정체(identity)와 속성(property)을 혼동하는 경향이 있다. 지급수단이라는 속성을 보고 비트코인을 화폐라고 착각하는 것이 그 예다. 지급수단으로만 보면 어음도 화폐라고 해야 하지만, 이에 동의하는 사람은 없다. 예금도 마찬가지다. 소비임치계약(민법 제702조)이라는 속성을 예금의 정체라고 믿는 것은 착각이다.

소비임치계약이란 물건을 맡은 사람이 일단 소비하고 나중에 동종 동량으로 갚는 계약을 말한다. 창고업 같은 통상적인 임치계약에서는 물건을 맡은 사람이 소비하는 것을 금지하지만, 소비임치는 소비가 허용된다.

'소비임치'라는 속성을 강조하면서 예금을 특수한 금융상품으로 보는 것은 역사의 산물이다. 대금업법이 금지되던 시절, 메디치를 포함한 개인 은행들이 재량예금이라는 말을 고안해 냈다(7장 참조). 정해진 이자를 지급하는 것이 아니라 재량적으로 준다는 점을 표시하기 위해 '재량'이라는 말을 붙였고, 은행은 단순히 돈을 보관하는 것이라는 점을 강조하기 위해서 '예치(라틴어로 depositum)'라는 단어를 고른 것이다. 다만 예치된 물건은 은행이 소비할 수 있어야 하므로 '소비임치계약'이라는 속성을 필요 이상으로 강조했다.

그런데 1515년 교황이 연 5퍼센트 이하의 이자 수취를 허용한 데 이어서 1545년 영국이 그 상한을 10퍼센트로 인상하면서 기독교 세계에서 이자 수취가 합법화되었다. 그러면서 재량예금이라는 부자연스러운 이름이 사라지고 고정금리를 지급하는 '예금'이라는 말로 대체되었다. 예금이 소비임치계약임을 강조할 이유도 사라졌다.

1811년 영국의 판례를 시작으로 관습법을 따르는 나라에서는 예금거래를 통해 고객이 맡긴 돈의 주인은 은행이라고 본다. 그런데 우리나라에서는 여전히 '예금은 소비임치계약'이라는 점을 유독 강조한다. 이자 수취가 금지되던 시절 대금업자들의 선전술이 남긴 유산임을 모르는 것이다. 그러면서 예금과 채권(은행채)의 차이를 유난스레 강조한다.*

그렇다면 예금은 무엇인가? 금본위제도 시대에는 예금의 개념이 분명했다. 고객이 상업은행에, 상업은행이 중앙은행에 맡겨둔 금화가 예금이었다. 화폐(금화)와 예금이라는 개념이 중앙은행보다 선행했다.

그러나 불태환제도 시대로 접어들면서 상황이 달라졌다. 중앙은행이 있어야 화폐가 발행되므로 중앙은행이 화폐를 선행한다. 중앙은행

* 대부분의 법학 교과서는 소비대차계약(은행채)과 소비임치계약(예금)은 성격이 다르다는 점을 강조하는데, 이것도 시대착오적이다. 민법 제702조는 "수치인이 계약에 의해 임치물을 소비할 수 있는 경우에는 소비대차에 관한 규정을 준용한다"고 선언함으로써 소비임치와 소비대차의 구분이 사실상 무의미하다는 것을 시사하고 있다.

은 지급준비율과 함께 지급준비의무의 적용대상(예금)을 정한다. 예금이 무엇인지는 중앙은행이 결정하는 것이다.*

그렇다면 은행들이 취급하는 수많은 금융상품 중에서 어디까지를 예금으로 보고 지급준비의무를 적용하느냐를 판단해야 하는 문제가 남는다. 미국과 유럽 국가들은 그 판단을 중앙은행에 맡긴다. 지급결제 업무는 통화정책 운용과 직결되기 때문이다. 참고로 각국 중앙은행들은 예금의 범위를 비교적 넓게 설정하고 낮은 수준의 지급준비율을 적용한다. 예외를 적게 만들어야 빠져나갈 구멍이 줄어들기 때문이다. 이런 나라에서는 정기예금과 채권(은행채)을 구별하지 않고 동일하게 지급준비의무를 부과한다.

그러나 우리나라에서는 한국은행이 예금의 범위를 정하는 것을 허락하지 않는다. 한국은행이 예금의 범위를 넓히면 상업은행들의 지급준비의무 부담이 커진다고 보기 때문이다. 지극히 통화주의적 발상이다. 통화주의적 관점에서는 지급준비제도를 규제 차원에서만 본다. 그래서 '지급준비세(reserve tax)'라는 말이 생겼다.

상업은행들은 지급준비금이 있으므로 지급결제 업무를 수행한다. 평소 중앙은행과 예금거래를 하기 때문에 유사시에는 대출도 받는다. 글로벌 금융위기 직후 골드만삭스를 비롯한 투자은행들이 스스로 상업은행으로 전환한 뒤 지급준비의무를 흔쾌히 부담한 이유는 중앙은행과의 예금거래가 투자은행(증권사)가 누릴 수 없는 특혜이자 특권이

* 그러므로 '예금이 무엇인가?'라는 금본위제도 시대의 질문이 불태환제도 하에서는 '무엇을 예금이라고 할 것인가?'라는 질문으로 바뀐다.

기 때문이다.

그러나 우리나라에서는 지급준비의무를 부정적인 시각으로 본다. 글로벌 금융위기 직후인 2011년 지급준비의무 적용대상을 넓히기 위해 한국은행법 개정 방안이 논의될 때 정부는 물론 은행 노조까지 나서서 반대했다.

금융위원회는 지급준비의무를 무력화시키는 조치를 남발한다. 외국이라면 예금에 해당하여 지급준비의무가 적용되는 공탁금, 주식청약증거금, 신탁계정차, 콜머니, 환매조건부채권매매 등을 희한한 이름으로 분류하여 지급준비의무를 배제한다. 결국 한국은행의 통화정책이 지장을 받을 수밖에 없다.

놀랍게도 한국은행 금융통화위원회는 이런 문제를 애써 외면한다. 은행업의 기본인 예금에 대한 인식이 이러하니 한국은행 금융통화위원회가 과연 은행업을 제대로 이해한다고 할 수 있을까? 유감스럽게도 공무원보다 은행업을 잘 안다고 하기 어렵다.

중앙은행이 지켜야 할 도덕률

순수한 금본위제도에서는 '발권 당국'이라는 개념이 없었다. 땅에서 캐낸 금을 조폐 기관에 맡기고 약간의 수수료를 지급하면 누구나 돈을 만들 수 있었기 때문이다. 이 당시 가장 큰 문제는 돈을 들고 다니기가 불편하거나 위험하다는 것이었다.

그래서 등장한 것이 지로Giro 거래였다. 같은 은행을 이용하는 사람들끼리 상거래를 마친 뒤 나란히 은행 창구에 찾아가 각각의 예금 기록을 수정하는 것이다. 이것마저 불편해서 등장한 것이 1587년 베니스에 설립된 최초의 공공은행(Banco della Piazza del Rialto)이었다(8장 참조). 이 은행은 대출이 금지된 채 오직 예금 받은 범위 내에서만 은행권을 발행하는 조직이었으니 오늘날 어음교환소의 전신이라고 할 수 있다(오늘날 모든 어음교환소는 회원은행으로부터 결제이행보증금을 받아두고 있다).

어음교환소는 초기 중앙은행의 한 단면이다. 어느 대도시에서나 은행들이 몰려 있는 지역의 한가운데 자리 잡고 있었던 어음교환소는 회원 은행들의 유동성을 감시하는 권한이 있었다. 유동성 부족이 의심되는 회원은행은 어음교환소의 요구에 따라 더 많은 보증금을 맡겨 두어야 했다. 어음교환소 회원 간 자율감시기능은 꽤나 잘 작동했다. 그래서 미국에서는 1907년 금융공황이 터질 때까지 중앙은행이 없는 것에 대한 불만이 많지 않았다.

그런데 위기의 정도가 크다면, 어음교환소 회원들끼리의 상호부조만으로는 사태가 해결되지 않는다. 컴퓨터 시스템에 큰 이상이 생겼을 때는 껐다가 켜는 것이 유일한 방법이듯이 금융 시스템에 견딜 수 없는 위기가 닥쳤을 때는 시스템 밖에서 구원해 줄 존재가 필요하다.

원래는 정부가 그런 일을 맡는다. 통상 정부는 국채를 발행해서 조달한 자금으로 금융시장을 살린다. 위기의 한복판에 있을 때는 금융기관을 잠시 휴무토록 하거나 금융시장 전체를 잠시 정지(서킷 브레이크)시키기도 한다. 대외거래를 전면 중단(모라토리엄)하는 충격요법을 쓸 때도 있다.

이런 방법은 후유증이 너무 크고 불편하기 때문에 금융시장과 금융기관 영업에 충격을 주지 않고 위기를 탈피하는 방법이 필요하다. 돈을 찍는 중앙은행의 최종대부자 기능이 바로 그것이다. 위기 시에 중앙은행이 돈을 풀면 성장, 투자, 고용 등에 상당한 변화가 생긴다. 적어도 단기적으로는 그렇다.

따라서 중앙은행의 기능은 평소와 위기 때가 다르다. 평소에는 여수신 활동을 통해 돈의 양을 조절하면서 과거 어음교환소가 했던 것처럼 어음이나 수표의 원활한 결제를 돕는다. 그러다가 위기 시에는 구원투수로 활동한다.

미국은 연방준비제도(연준)를 설립할 때 의회에서 이런 점을 무수히 토론하면서 확인했다. 격렬한 토론 끝에 최종대부자 기능을 수행하는 어음교환소로서 설립된 것이 오늘날의 연준이다. 통화정책의 중요성이 부각된 것은 연준이 설립된 지 한참 뒤인 1951년의 일이고, 발권은행, 정부의 은행 정도는 그 이전에도 얼마든지 있었다(10장 참조). 20세기 초 미국이 중앙은행을 간절히 필요로 했던 것은 위기 시의 최종대부자가 절실했기 때문이다.

한편, 중앙은행의 최종대부자 기능은 대단히 중요한 것이지만 이것을 어떻게 행사하느냐에 관해서는 아직 정답이 없다. 9장에서 살펴보았듯이 존 로의 제안으로 설립된 왕실은행은 1720년 미시시피 버블과 함께 파산했다. 이 은행의 파산은 한참 근대국가의 형태를 갖추어 가던 유럽에서 중앙은행 설립이 백 년 정도 늦어지는 계기가 되었다.

주요 선진국 중앙은행의 설립 시기

국가	은행명	설립 연도
스웨덴	Sverige Riksbank	1688
영국	Bank of England	1694
미국	First Bank of the United States	1791
프랑스	Banque de France	1800
핀란드	Bank of Finland	1811
네덜란드	Nederlandsche Bank	1814
오스트리아	Austrian National Bank	1816
노르웨이	Norges Bank	1816
덴마크	Danmarks Nationalbank	1818
포르투갈	Banco de Portugal	1846
벨기에	Belgian National Bank	1850
스페인	Banco de España	1874
독일	Reichsbank	1876
일본	Bank of Japan	1882
이탈리아	Banca D'Italia	1893

이후 중앙은행은 가급적 보수적으로 영업해야 한다는 원칙이 있었다. 금융시장이 불안할 때일수록 보수적으로 경영하는 것이 중앙은행의 도리라는 생각이 지배한 것이다. 하지만 그런 생각은 1873년 월터 배젓의《롬바르드 스트리트》이후 깨졌다. 그리고 2008년 글로벌 금융위기와 2020년 코로나19 위기를 계기로 더욱 멀어졌다.

미국, 영국, EU, 일본 등 많은 나라에서는 중앙은행들이 최종대부자 기능을 수행할 때 이제는 우량자산을 고집하지 않는다. 부실자산을 매입할 뿐만 아니라 대출할 때도 시장금리보다 훨씬 낮은 금리를 적용하기도 한다. 도덕적 해이와 같은 부작용은 잠시 잊어버렸다. 최종대부자 기능을 촉구했던 배젓마저 기절초풍할 일이다.

네덜란드 경제학자 부이터Buiter와 같은 경제학자들은 이제 중앙은행들이 최종대부자를 넘어서 '최종 시장조성자(last resort of market maker)'가 되어야 한다고 주장한다. 은행만 살릴 것이 아니라 금융시장 전체를 살리라는 주문이다. 정부도 감당할 수 없는 숙제를 중앙은행에 맡기면서 은행들에만 특혜를 베풀지 말고 온 국민에게 혜택을 확대하라고 주문한다. 과연 옳은 말일까?

중앙은행이 지켜야 할 도덕률이 위기 때만 문제되는 것은 아니다. 평상시에도 논란이 되기 충분하다. 이제 상당수 선진국 중앙은행들이 지급준비금에 이자를 지급한다. 그러다 보니 금융자산의 가격이 폭락하고 있는데도 은행들은 기업들을 살릴 생각을 하지 않고 가만히 앉아 중앙은행에 거액의 지급준비금을 묵혀 두면서 이자만 받는다. 21세기 '3-6-3 룰'이라고나 할까?

그 결과 주요국에서는 돈이 잘 돌지 않는 가운데 초과유동성만 넘쳐나는 일이 계속되고 있다. 실물경제는 엉망인데도 은행의 영업이익은 엄청나다. 그러다 보니 정부가 나서서 배당을 억제하고 은행원의 급여와 보너스 수준까지 통제하는 상황이 연출된다.

이런 모습에서 시민들은 분노하지만 은행들은 태연하다. 그리고 금융규제 강화 움직임에 대해서 공공연히 반대 목소리를 높이고 있다. 대부분의 나라에서 벌어지는 일이다. 이렇게 비양심적인 은행들이 위기에 처했을 때 세제 혜택과 발권력을 동원해서 살려둔 것은 정부와 중앙은행의 잘못일까?

은행,
그래도 희망은 있다

금융위기 때 최종대부자로서 중앙은행의 권능은 무한한 것일까? 과거 존 로의 왕실은행이 남긴 교훈은 무엇이란 말인가? 끝없이 돈을 퍼주다가 자본잠식에 들어간 20세기 중남미와 동남아시아 중앙은행들에 얻을 수 있는 교훈은 또 무엇인가?

중앙은행이 지켜야 할 도덕률에 대해서 확실한 답은 없다. 글로벌 금융위기 이후 중앙은행들이 금융 시스템을 보호한다고 나섰지만, 그 "보호자는 누가 보호할 것인가"라는 말은 고대 로마의 시인 유베날리스Juvenalis가 한 말이다. 답을 모르는 문제에 대한 한탄이다.

유베날리스로부터 수 천 년이 흐른 뒤 미국의 물리학자 리처드 파인만은 인간의 무지에 다르게 접근했다. 알 수 없는 것에 대해 한탄하는 대신 희망을 품은 것이다. 그는 일찍이 맨해튼 프로젝트(미국의 핵폭탄 개발계획)에도 참가했던 그는 텅 빈 원자 속 세계에 대해서 아는 것이 별로 없기 때문에 오히려 발전의 가능성이 더 크다고 생각했다. 1959년 전미 물리학회에서 그는 이제 막 알려지기 시작한 원자 속의 텅 빈 세계를 잘만 이용하면 인류의 생활에 놀라운 일이 벌어질 것이라고 상상했다. 그래서 "저 밑바닥까지 파고들면 공간이 무궁무진합니다"라고 말했다. 이것은 오늘날 나노공학의 출발을 알리는 신호탄이었다.

물리학만 그런 것이 아니다. 금융도 저 밑바닥을 파고들면 발전할 여지가 있는 빈 곳을 만나게 된다. 오랜 역사에도 불구하고 인류가 화

2012년 10월 의회 청문회에 출석한 J. P. 모건의 제이미 다이먼 회장.
그는 1907년 금융위기 때 J. P. 모건이 했었던 것처럼 2008년 9월 리먼 사태 직후 경쟁 상대였던 베어스턴스 사를 인수하고 이익을 늘렸다. 그리고 지금은 규제강화에 반대하는 목소리를 높이고 있다.

폐와 은행의 본질에 대해서 아는 것이 별로 없다는 것이 알려졌다. 글로벌 금융위기와 코로나19 위기가 그 계기다. 마이너스 금리가 경제에 도움이 되는지, 비트코인이 과연 화폐인지조차 자신 있게 말하지 못한다. 여러 가지 주장과 억측만 난무할 뿐이다. 하지만 기존 이론의 오류와 한계에 대해 절망감을 가질 필요는 없다.

중요한 것은 밑바닥부터 다시 파는 것이다. 돈, 은행, 예금, 지급결제, 중앙은행 등 우리가 익히 알고 있다고 자부해 오던 개념들에 대해 다시 한번 돌아다보는 것이다. 은행을 모르는데 그림자은행을 어떻게 다룰 수 있겠는가?

저 밑바닥까지 파고들면 미지의 세계는 무궁무진하게 펼쳐질 것이다. 우리가 몰랐던 돈과 은행의 참모습을 보게 될 것이고 그 가운데 위기극복의 해결책도 담겨있을 것이다. 그런 희망을 품고 저 밑바닥의 텅 빈 곳에서 새로 출발하는 경제학을 먼 훗날 '나노 경제학'이라고 부를지도 모른다. 그것은 아마도 기존의 미시경제학(microeconimcs)과 거시경제학(macroeconomics)을 극복하는 중간경제학(mesoeconomics)이자 상위경제학(metaeconomics)의 형태가 될 것이다. 이것이 금융에 관한 긴 여정의 마지막 결론이다.

제 3 부

An Odyssey of Money and Banking

사람
Human

13장

미국의 존과 영국의 존

-

경제학의 정체성

미국 독립의 불씨가 된 보스턴 차 사건

미국 매사추세츠주의 보스턴은 우리에게도 잘 알려진 고풍스러운 도시다. 역사적으로는 1773년 미국 독립의 시발점이 된 보스턴 차 사건(Boston Tea Party)이 일어난 곳이다.

100여 년 뒤 중국에서 벌어졌던 의화단 사건과 마찬가지로, 보스턴 차 사건 역시 혈기왕성한 젊은이들끼리 우연히 충돌한 사건은 아니다. 거기에는 식민지 주민들과 외세 사이에 간신히 유지되고 있던 살얼음판 같은 평화가 사소한 계기로 인해 폭력적으로 붕괴하는 필연성이 있다. 우리에게는 비교적 덜 알려졌지만, 보스턴 차 사건보다 3년 앞서 벌어진 보스턴 학살 사건(Boston Massacre)이 보스턴 차 사건과 미국혁명의 전주곡이었다.

18세기 후반 유럽 제국들은 유럽 밖에서는 식민지 확장을 위해 온

1899년 시작된 의화단 사건 당시 중국으로 몰려든 외국 군대. 공사관을 지킨다는 명분으로 영국, 프랑스, 러시아, 미국, 일본, 오스트리아, 이탈리아, 독일 등 8개국 연합군 2,000여 명이 베이징 자금성에 집결했다.

힘을 기울이며 경쟁하는 한편, 유럽 안에서는 서로의 안위를 위해 합종연횡을 모색하고 있었다. 그러면서 크고 작은 전쟁과 분쟁이 끊이지 않았는데, 그 가운데 하나가 7년 전쟁(1756~1763년)이다.

7년 전쟁은 영국, 프로이센, 하노버 왕국, 포르투갈 등이 한 편이 되고, 프랑스, 러시아, 오스트리아, 스페인, 스웨덴 등과 한 편이 되어 싸운 것이다. 이 전쟁에서 영국 동맹이 힘들게 승리함으로써 영국이 대식민제국으로 발돋움했고, 그때까지 별 볼 일 없던 프로이센 역시 무시할 수 없는 강국의 지위를 차지했지만, 그 대가는 아주 컸다.

영국에게 가장 큰 대가는 재정 파탄이었다. 재무부는 전쟁 기간에 눈덩이처럼 커진 국가채무를 줄이기 위해 온갖 이유를 붙여 세금을 거둬야 했다. 하지만 갈수록 늘어나는 세금 부담으로 본토 국민의 조세 저항이 커지자 식민지에만 부과되는 방법들을 고안해냈다. 그래서 나온 것이 1764년의 설탕세였다. 우리나라의 주류소비세처럼 특정 물품 소비자들에게 부과하는 세금이었는데, 당시 식민지들은 영국 본토에서 생산되는 설탕을 수입할 수밖에 없었기 때문에 식민지 주민들의 부담이 훨씬 컸다.

그다음은 1765년의 인지세였다. 식민지에서 발간되는 책, 유가증권, 팸플릿, 지폐, 유언장 등 종이에 인쇄되는 모든 것에 부과되는 세금이었다. 북미 식민지 주민들이 보기에 이것은 매우 불합리한 것이었다. 설탕의 경우 영국에서 만들어진 것이라 이의를 제기할 수 없다 해도, 북미에서 생산되는 인쇄물에 세금을 붙이는 것은 영국 정부가 북미 식민지 주민들의 생활을 간섭하는 것을 의미했다. 그렇게 되면 더 이상의 자치는 없게 된다.*

그래서 나온 것이 '대표 없는 과세 없다'는 구호였다. 세금을 거두려면 참정권을 달라는 말이었다. 그게 안 된다면 식민지 주민들이 동의할 수 없는 세금은 내지 않겠다는 주장이었다. 식민지 주민들은 항의 의사 표시로 영국산 제품 불매운동을 벌였고, 그 바람에 영국의 재정난이 오히려 더 커졌다. 어설프게 시작된 인지세는 결국 어떤 성과도 거두지 못한 채 오명만 남기고 흐지부지 끝나버렸다.

* 당시 북미 식민지에서는 금이 아닌 다른 금속으로 주화를 만들어 소액거래에 통용하고 지폐도 만들었다. 영국 정부가 보기에 그런 일은 영국의 화폐제조 차익을 좀 먹는 일이었다. 그래서 지폐를 인쇄할 때 인지세를 부과하고 화폐법(Coinage Act)을 제정하여 주화 제조도 금지했다. 잔돈이 부족해진 북미 식민지는 경제활동에 큰 어려움을 겪고 상거래까지 위축되었다(우리나라 조선말에 나타난 전황(錢荒)과 비슷하다). 이는 미국 독립의 한 원인이 되었다.

타운센드법과 보스턴 학살 사건

인지세가 실패로 끝났지만, 어떤 식으로라도 재정난을 해결해야 하는 영국 정부는 가만히 있을 수 없었다. 그래서 1767년 11월 새로 제정한 것이 타운센드법(Townshend Acts)이었다. 하나의 법이 아니라 비슷한 시기에 제정된 여러 법을 말하는데 당시 재무장관인 찰스 타운센드Charles Townshend의 주도로 만들어진 이 법들의 기본 취지는 식민지가 체제 유지 비용을 더 부담하라는 것이었다.

예를 들어 북미를 포함한 모든 식민지 주민들이 그 지역에서 생산되지 않는 종이, 유리 등의 공산품이나 차茶를 수입할 때는 반드시 영국을 통해서만 수입하도록 규제하고, 거기에 높은 관세를 부과했다.* 아울러 식민지의 치안을 유지하는 데 필요한 영국 사법부 파견 인력과 영국 군대의 유지 비용도 그 지역 주민들이 부담토록 했다. 나아가 본토의 결정에 삐딱하게 나오면 어떻게 되는지 본보기를 보여주기 위해 과거 영국 군대에 숙박 제공 의무를 거부했던 뉴욕주 자치의회를 반역법(Treason Act) 위반 혐의로 해산시켜버렸다. 주민자치를 무효로 한 것이다.

북미 식민지 주민들의 반감과 저항은 인지세 때보다 더 커졌다. 타운센드법이 제정된 이듬해인 1768년, 법을 위반하고 네덜란드 물건

* 당시 영국과 경쟁하던 네덜란드가 동인도회사를 통해 중국산 차를 전 유럽에 보급하자, 북미 식민지 주민들은 네덜란드 무역상으로부터 값이 더 싼 차를 밀수해서 마셨다.

을 밀수하던 배의 선장 롬니Romney가 체포되는 일이 벌어졌다. 그러자 존 애덤스John Adams 변호사를 중심으로 북미 식민지 주민들이 하나가 되어 롬니를 석방시키기 위해 발로 뛰었다. 버지니아주에서는 조지 워싱턴의 주도로 영국산 불매운동이 시작되어 식민지 전체로 확산되었다.

재무장관 찰스 타운센드. 애덤 스미스에게 아들의 과외 공부를 부탁했던 학부모였다.

대서양을 마주하는 영국과 식민지 주민들 사이에 갈등이 계속 고조되자, 새로 취임한 노스Frederic North 총리는 결단을 내리지 않을 수 없었다. 북미 식민지의 불매운동을 초래한 타운센드법이 득보다 실이 많다는 것을 알고 이를 철회하기로 한 것이다. 하지만 식민지에 대한 징세 권한은 여전히 영국 정부에 있다는 점은 확실히 해둘 필요가 있었다. 따라서 논란이 된 법률을 전부 폐지하되 차에 대한 관세만 상징적으로 남겨두었다.*

* 이런 정황으로 볼 때 당시 재무장관 찰스 타운센드는 훗날 미국 독립의 한 계기를 제공한 인물이다. 타운센드는 자기보다 일곱 살이나 많으며 이미 4남 2녀의 자식을 두고 있었던 과부 캐롤라인과 결혼했다. 그는 의붓아들의 교육 문제에 관심이 많아서 당시 저명학자의 한 사람인 데이비드 흄(David Hume)에게 아들의 가정교사를 소개해 달라고 부탁했다. 그래서 만난 사람이 흄의 절친한 친구이자, 글래스고대학 도덕철학과 교수인 애덤 스미스(Adam Smith)다. 애덤 스미스는 정해진 보수 이외에 장관의 아들과 함께 유럽을 여행할 특권을 누렸는데, 외국 여행을 통해 견문을 넓히면서 쓴 책이《국부론》이다.

그런데 신임 총리가 마치 자비를 베푸는 듯 타운센드법을 폐지하기로 한 바로 그날, 공교롭게도 큰 사건이 터졌다. 신임 총리가 취임한 지 30여 일 만인 1770년 3월 5일, 영국 군대와 보스턴 주민들 사이에서 벌어진 사소한 실랑이가 살인사건으로 번진 것이다. 이날 시민 네 명이 즉사하고, 한 사람은 며칠 뒤 죽었다. 총을 가진 영국 군인들이 비무장 상태였던 보스턴 주민들을 향해 총을 쏜 이 사건을 역사에서는 '보스턴 학살 사건'이라고 부른다. 사건이 발생한 날 저녁 주지사가 달려와서 공정한 조사와 처벌을 약속하고 흥분한 사람들을 해산시켰지만, 흉흉해진 민심은 쉽게 가라앉지 않았다.

며칠 뒤 현장 검증을 통해 그날 총을 쏘고 부대 안으로 도망간 영국 군인 여덟 명의 신병이 인도되어 살인 혐의로 기소되었다. 재판을 준비하는 동안 법원 밖에서는 각종 음모론과 흑색선전이 난무하고, 시민들의 분노는 더욱 증폭되었다. 이런 분위기 속에서 총을 쏜 영국 군인들을 변호하겠다는 사람이 나타날 수 없었고, 재판은 지연되었다.

국선 변호인을 찾지 못한 식민지 정부는 삼고초려 끝에 존 애덤스를 찾아가 사건을 맡아달라고 부탁했다. 그는 얼마 전까지 타운센드법에 반대하는 시민운동을 주도했던 보스턴의 유지였다. 그런 배경을 가진 사람이 영국 군인을 변호하는 것은 이상하지 않을 수 없었다.

존 애덤스는 영국 정부와 영국 군대를 절대 좋아하지 않았다. 그러나 개인적인 감정보다는 인권과 진실이 훨씬 더 중요하다고 믿었다. 그래서 사건을 맡기로 하고 그날 있었던 일들을 하나하나 재구성했다. 얼마 뒤 보스턴의 들끓는 여론 속에서 재판이 시작되었다. 법정에서 존 애덤스가 밝힌 총체적 진실은 시민들의 입소문과 크게 달랐다.

보스턴 주민들에게 자신들을 보호한다는 명분으로 파병되어 항구에 주둔해 있는 영국 군대가 곱게 보일 리가 없었다. 그들의 주둔 비용도 보스턴 주민들의 몫이었다. 그러던 중 어떤 가게 주인이 영국 장교에게 밀린 외상값을 받으려고 군부대로 찾아가서 소란을 피웠다. 두 사람의 대화를 듣고 있던 부대 초소의 병사는 상관이 외상값 정도로 식민지 주민에게 모욕적인 핀잔을 듣는 것을 보고는 가게주인에게 말 조심하라고 경고했다. 하지만 가게 주인은 병사에게도 욕설을 멈추지 않았다. 그러자 혈기왕성한 해군 병사는 초소를 박차고 나와 욕설을 한 주민의 팔목을 꺾고 주먹을 날렸다. 얻어맞은 상인은 행인에게 도움을 청했다.

그 자리를 지나던 사람은 열아홉 살의 책방 점원 헨리 녹스Henry Knox였다(그는 훗날 독립 전쟁에 참전한 뒤 초대 국방부장관이 되었다). 이 청년은 흥분한 영국 병사에게 "방아쇠를 당기면, 당신도 죽을 줄 알라"고 경고하면서, 소리를 질러 지나던 사람들에게 도움을 청했다. 순식간에 사람들이 구름처럼 몰렸다. 가까이 있던 군인들도 합세했다.

이렇게 해서 급작스럽게 많은 사람이 몰려든 가운데 팽팽한 긴장감이 흘렀지만, 영국 군인들은 이성을 잃지 않았다. 무장하지 않은 민간인에게 상관의 명령 없이 총을 쏘게 되면, 양민학살로 군법회의에 넘겨진다는 사실을 잘 알고 있었기 때문이다. 그래서 방아쇠에서 손을 뗀 채 체포한 사람을 앞세우고 군중 사이를 헤쳐나갔다.

현장으로 밀려든 삼사백 명의 군중들은 "어디 한 번 총을 쏴보시지!"라고 비아냥거리며, 군인들에게 시비를 걸었다. 그러다가 몇 안 되는 영국 군인들을 향해 물건들을 집어 던지기 시작했다. 황망히 현

보스턴 학살을 묘사한 당시의 선전물.

장을 빠져나가던 한 영국 해군 병사의 머리로 무엇인가가 날아왔다. 고개를 돌려 간신히 피한 그 군인은 끝내 이성을 잃고 방아쇠를 당겼다. 그리고 옆에서 함께 걷던 동료도 발포했다.

결국 영국 군인들이 총을 쏜 것은 동네 불량배와 건달들에게 포위되어 신변의 위협을 느낀 가운데 우발적으로 발생한 것이다. 당시 현장에서 다친 사람들도 많았지만, 소문과 달리 영국 군인들에게 얻어맞은 것이 아니라 달아나다가 뒤에서 날아오는 물건에 얻어맞고 다쳤을 뿐이었다.

이런 사실이 밝혀지면서 조준사격이 인정된 두 명만 살인 혐의로 유죄가 선고되었고 나머지 여섯 명의 군인들은 무죄로 석방되었다. 그나마 두 명의 살인범도 정상 참작되어 사형 대신 대중 앞에서 무덤을 파는 노역형으로 감형되었다. 이에 화가 난 피해자들은 즉각 항소했다. 하지만 원고 측 증인의 진술이 거짓으로 드러나는 바람에 오히려 증인이 위증 혐의로 구속되었다. 그 바람에 항소심에서도 원고 측이 패소했다. 영국 군대와 식민지 주민들 사이에서 벌어진 첫 번째 물리적 충돌로서 훗날 미국혁명으로 이어진 보스턴 학살 사건은 그 이름과 달리 이렇게 허무하게 마무리되었다.

젊은 케인스와 화폐개혁론

매사추세츠주의 보스턴은 하버드와 MIT 대학교 등 미국의 유수 대학이 자리 잡고 있다. 또한 이 지역을 케임브리지라고 부른다. 잘 알려져 있다시피 영국의 케임브리지도 소문난 대학 도시다. 그곳에 있는 케임브리지대학교는 옥스퍼드대학교와 함께 영국을 대표하는 명문 대학이다. 특히 경제학에서 케임브리지대학교는 아주 특별한 곳이다. 역사상 '경제학 교수'라는 직함을 처음 가졌던 토머스 맬서스Thomas Malthus를 비롯해서 앨프레드 마셜Alfred Marshall, 아서 피구Arthur Pigou와 같은 쟁쟁한 고전학파 경제학자들이 이 학교 교수였다. 고전

그랜트와 케인스.
어쩐지 분위기가 묘하다고 할까.

학파 세계관에 도전하여 경제학의 물줄기를 뒤바꾼 존 메이너드 케인스John Maynard Keynes와 주류 경제학에 이의를 제기한 조앤 로빈슨Joan Robinson도 이 대학에서 가르쳤다.

귀족 집안 출신이었던 케인스는 대학 시절 학생회장으로 뽑힐 정도로 인기가 많았다. 그러나 마셜에게 경제학을 배울 때는 그다지 탁출한 학생은 아니었다. 졸업 후 공무원이 되었다가 적성에 맞지 않아 대학교수가 되고자 했을 때도 박사학위 논문이 한 번에 통과된 것은 아니었다. 결국 공무원 생활을 그만두고 본격적으로 논문을 준비한 지 일 년이 지나서야 논문이 통과되었고 모교의 경제학과에서 강사 자리를 얻을 수 있었다. 그 자리마저도 은사였던 피구 교수와 아버지의 기부금으로 만든 자리였다.

학자의 길로 들어선 뒤에도 자유분방하고 사교성이 뛰어났던 케인스는 경제학 연구보다 주변 사람들과 어울리는 것을 더 좋아했다. 그는 대학생 시절부터 블룸스버리 그룹Bloomsbury Group이라는 모임에 참석하여 버지니아 울프와 같은 당대의 쟁쟁한 문인들과 교류했는데, 그들 간의 교류가 지적인 것만은 아니었다. 오늘날에는 널리 알려진 사실이지만, 블룸스버리 그룹 남성 회원들과 동성애 사이였고, 그

관계는 대학 강사가 된 이후에도 계속되었다. 비슷한 또래인 화가 던컨 그랜트Duncan Grant와의 만남은 주변 사람들에게 공공연하게 자랑할 정도였다.*

케인스 부부의 외출.

그렇다고 그 무렵 케인스의 평판이 나빴던 것은 아니었다. 명석한 논리와 알아듣기 쉬운 사례를 통해 가르치는 학생들에게 아주 인기 있는 강사로 이름이 높았다. 덕분에 상도 많이 타고, 스물여덟 살의 나이에 프랜시스 에지워스Francis Edgeworth 교수의 후임으로 《경제학회지Economic Journal》의 편집장을 맡기도 했다. 얼마 후에는 정부 기관인 인도청 통화재정위원회 위원으로 위촉되기도 했다.

그러던 중 제1차 세계대전이 터지자 재무부의 위촉을 받아 장관고문실에서 일하게 되었다. 그러면서 수상, 장관 또는 영란은행 총재를 수행하고 영국을 대표하는 국제회의에 참석했다. 그 공로로 전쟁이 끝난 1917년에는 민간인에게 수여하는 최고 훈장인 바스 훈장(Order of the Bath)을 받았고, 그것이 인연이 되어 1919년부터는 독일에 대

* 세기말적인 분위기가 지배했던 당시 유럽에서는 상류층 사이에서 이런 일이 공공연했다. 히틀러가 전쟁을 시작했을 때에도 가장 먼저 단속한 사람은 유대인이 아니라 성 정체성이 의심되는 동성애자들이었다.

한 배상 문제를 협의하는 베르사유 평화회담에 재무부 대표가 되었다. 재무부에서 일하면서 건강을 해칠 정도로 바쁘기도 했지만, 케임브리지를 떠나서 런던과 국제사회에서 새로운 인맥을 만들던 중요한 시기였다.

이때 만난 사람이 패전국 대표로 참석했던 오스트리아-헝가리 제국의 조지프 슘페터Joseph Schumpeter 재무장관이었다. 슘페터는 패전국인 독일과 오스트리아에 대한 승전국들의 적개심이 지나쳐서 감당할 수도 없는 징벌적 보상만 요구하게 되면, 독일은 결국 국가 파산에 이르러 공산화되거나 빚을 갚지 않기 위해 군국주의로 치달을 수밖에 없을 것이라고 주장했다. 거의 모든 사람이 그런 주장에 콧방귀도 뀌지 않을 때, 케인스는 슘페터의 말에 공감했다.

승전국인 영국 재무부대표단을 이끌던 케인스가 패전국 대표인 슘페터의 생각에 기울어진 것은 역설이었다. 고민하던 케인스는 독일에 대한 배상 요구 수준을 경쟁적으로 높여나가는 영국 정치인들의 생각이 틀렸다고 확신했다. 그는 공직을 사임한 뒤 1919년《평화의 경제적 귀결The Economic Consequences of the Peace》을 출간했다. 전쟁의 승리에 도취한 승전국 국민에게 보낸 슘페터의 경고를 알린 이 책은 여섯 달 만에 십만 부가 팔리는 베스트셀러가 되었고, 십여 개국 언어로 번역되어 소개되었다. 이로 인해 국제사회에서 그의 명성은 스승인 앨프레드 마셜만큼이나 널리 퍼졌다.

이후 케인스는 케임브리지대학교로 돌아와 왕성한 연구 활동에 돌입했다. 그 무렵《확률론A Treatise on Probability》(1921년),《화폐 개혁론A Tract on Monetary Reform》(1923년) 등이 발표되었다.*

다른 한편으로 그는 열심히 재산을 불렸다. 공직에서 물러난 직후 우연히 친구인 오즈월드 포크Oswald 'Foxy' Falk의 소개로 보험회사 사외이사로 활동하면서 대학교수로는 생각할 수 없었던 고액 연봉을 받았다. 그리고 금본위제도가 붕괴하여 각국의 화폐가치가 춤추는 것을 보고 외환 투기에 뛰어들어 짭짤한 시세차익을 맛보았다. 그 돈으로 피카소, 마티스, 르누아르, 세잔 등 유명화가들의 작품을 사 모으면서 재산을 불려 나갔다.

이때까지만 해도 결혼할 생각이 없었던 케인스는 런던에서 개최되는 각종 사교 행사에 빠지지 않고 참석하는 돈 많은 귀족이었다. 그러다가 긴 전쟁이 끝나고 세상이 평온해진 1918년 가을, 런던에 방문한 러시아 디아길레프 발레단의 신예 발레리나를 만나고서 마음이 바뀌었다. 케인스는 자기보다 아홉 살이나 어린 리디아 로포코바Lydia Lopokova에 빠져들었다. 하지만 당시 스물여섯 살이었던 리디아는 이미 3년 전 결혼한 몸이었다. 부유한 남편과의 결혼생활이 순탄치 않아 이혼을 준비 중이었지만, 무명이었던 그녀를 주연으로 발탁해 주겠다고 약속하며 이미 데뷔 무대인 〈미녀와 야수〉 공연에 쓸 곡까지 만들어 준 작곡가 스트라빈스키와 오랜 내연 관계에 있었다.

당시 상황을 고려하면 사회적 지위와 재력을 겸비한 케인스와 러시아 출신 무명 유부녀의 만남에는 장애물이 너무 많았다. 케인스가

* 《화폐 개혁론》에서 케인스는 금본위제도 폐지를 주장했다. 당시 모든 전문가가 국제 금융 질서 회복을 위해 필수 불가결하다고 믿었던 금본위제도에 대해 케인스는 '야만의 유산'이라고 조롱했다.

블룸스버리 클럽에 그녀를 소개하자 친구들은 클럽 수준에 맞지 않는 그녀가 케인스와 전혀 어울리지 않는다고 수군거렸다. 두 사람의 만남은 주변의 예상을 깨고 계속되었다. 케인스의 계속된 설득 끝에 리디아는 마침내 법적 이혼 절차를 마치고 1925년에 그와 재혼했다.* 이로써 케인스의 허랑방탕했던 총각 시절과 리디아의 복잡한 사생활은 막을 내리고 두 사람은 각각 기혼자 대열에 합류했다.

케인스의 일반이론 그리고 대공황

결혼과 더불어 케인스의 인생이 더 즐거워질 때 영국 경제는 그 반대의 길을 가고 있었다. 윈스턴 처칠 재무장관의 결단에 따라 취해진 1925년 4월의 금본위제도 복귀 결정은 파운드화의 가치를 상당히 높였다. 그 바람에 중추 산업의 하나인 석탄산업의 국제경쟁력은 악화되었다. 석탄업계가 광부들의 임금을 삭감하려고 하자, 노동계에서는 총파업으로 맞서고 정부는 보조금 지급이라는 임시방편으로 사태를 해결하려 했다. 이러한 집안싸움 속에서 전반적인 산업경쟁력은 조금씩 무너져 가고 있었다.

* 리디아는 결혼 후 친구에게 보낸 편지에서 "역시 생각을 바꾸길 잘했어(Second thoughts are best.)"라면서 케인스와 재혼에 상당히 만족했다. 그런데 양가 친척을 포함한 극소수만 참석했던 결혼식에는 기묘하게도 케인스의 오랜 동성 애인이었던 던컨 그랜트가 신랑 측 증인으로 참석했다.

1929년 여름에 이르러 케인스는 영광스러운 학술원 회원(Fellow of the British Academy)으로 추대되었지만, 그해 10월 미국에서 벌어진 주식시장 붕괴로 세계는 대공황의 길로 들어섰다. 기존의 이론체계로는 예측할 수도, 설명할 수도 없는 시스템의 붕괴를 맞이한 것이다.

학술원 회원이 된 것을 계기로 케인스는 다시 국가에 봉사하는 일을 맡기로 했다. 그중 하나가 영국에 불어 닥친 경제공황을 타개하기 위해 구성된 맥밀런 위원회에 참가하는 것이었다. 이 위원회에서 케인스는 확장적 재정정책을 권고하는 보고서를 작성했다. 당시로서는 매우 진보적인 내용이었지만, 그 무렵 그는 훨씬 더 진보적인 주장들을 가다듬고 있었다. 위원회에서 나온 뒤 그는《화폐론A Treatise on Money》(1930년)을 발표했다.*

당시 학계와 정부에서는 '영국 경제 전체의 저축 총량은 정해져 있으며 국내저축이 줄면 해외저축이 늘 뿐이다'라는 견해가 지배적이었다. 그래서 국내금리 조절은 국내투자와 해외투자의 비율만 변화시킬 뿐이며 경기회복에는 별로 도움이 되지 못한다고 믿고 있었다. 이에 대해 케인스는《화폐론》을 통해 저축과 투자는 항상 일치하는 것은 아니라고 주장했다. 불경기에는 과감한 재정지출과 중앙은행의 저금리 정책을 통해 소득 수준을 높여야 투자가 늘어나면서 원래대로 저축과 균형을 이룬다는 것이었다. 아울러 국가 경제에 영향력이 큰 영란은행

* 《일반이론》의 전주곡에 해당하지만, 너무 어렵고 파격적이라서 독자가 적었던 책이다. 특히 런던 정경대학교의 프리드리히 하이에크는 자유방임주의자였기 때문에 화폐제도에서 정부의 역할을 강조한 이 책을 극렬하게 비판했다.

CH. I THE CLASSIFICATION OF MONEY 9

The scheme of conceptions and forms, set forth above, and their inter relations, can be displayed in a diagram thus:

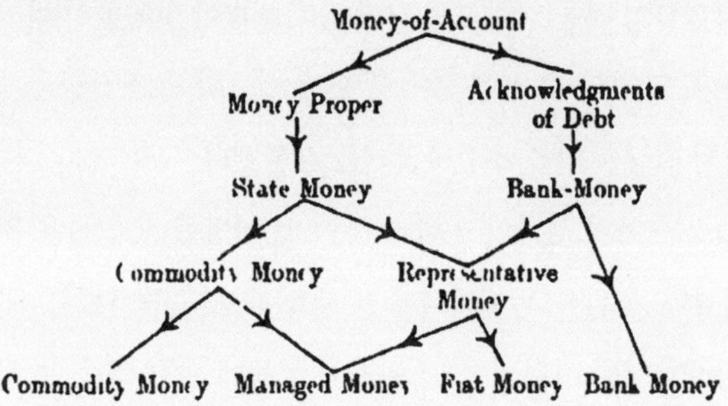

Thus we are left with four kinds of instruments of exchange, of which three are Money-Proper and the fourth is not Money-Proper but an acknowledgment of debt.

1930년 발표된 케인스의 《화폐론》의 일부분. 화폐의 가장 중요한 기능은 지급 수단이 아니라 계산 단위임을 주장했는데, 이에 따르면 오늘날의 비트코인은 화폐가 될 수 없다(2장 참조).

을 국유화해야 한다고 주장했다.*

1931년 9월 영국은 금태환을 중단하면서 파운드화를 20퍼센트 평가 절하한다고 발표했다. 시간이 흐를수록 악화하는 불경기 때문에 케인스가 그토록 주장해 오던 일이 뒤늦게 받아들여진 것이다. 하지

* 케인스는 결혼 직후 리디아의 고향인 러시아를 방문하고 그곳에서 소비에트 중앙은행의 모습을 보았다. 당시까지 중앙은행이 국유화된 나라는 공산혁명이 일어난 소비에트밖에 없었다. 영란은행 국유화 주장은 케인스가 이 여행에서 착상한 것으로 보이는데, 1946년 노동당 정부 집권 후 현실이 되었다.

만 학계에서는 케인스의 나머지 주장을 뚱딴지같은 소리로 취급하고, 정부도 그의 주장을 무시했다. 일시적인 불황 타개를 위해서 경쟁력이 떨어진 산업에 정부가 돈을 쓰면, 가뜩이나 쇠락하고 있는 영국 경제의 경쟁력이 더욱 악화하여 진짜 장기불황이 찾아올까 봐 걱정했기 때문이다. 그래서 수요 부진에 맞추어 철도와 주택건설을 축소하고 교사들의 월급을 깎는 초긴축정책을 강행했다.

케인스는 자기 생각이 통하지 않는 데 실망했다. 설득은 원래 그의 주특기였다. 수많은 국제회의에 영국을 대표해 참석했고, 대학 시절에는 학생회장이 아니었던가! 심지어 설득에 관한 책을 쓴 적도 있었다. 그런데도 정부 관료와 동료학자들이 긴축만 고집하는 것은 옛날 사고에 젖어 자기 말을 들으려 하지 않기 때문이라고 생각했다. 그래서 대중을 직접 설득하기로 했다.

당시 미국도 영국 이상으로 심각한 경제난을 겪고 있었기 때문에 케인스의 생각에 영국보다 관심이 많았다. 케인스는 대서양을 사이에 두고 생방송으로 진행되는 대담 프로그램에 출연해 미국 시청자들이 쉽게 이해할 수 있도록 확장적 경제정책의 필요성을 주장했다.

그 방송을 흥미 있게 시청하던 프랭클린 루스벨트는 대통령에 취임하자마자 케인스를 백악관으로 불러들였고, 외국 저명학자가 자기의 뉴딜정책을 지지하는 장면을 미국 시민들에게 공개했다. 그러자 당시 보수적인 미국의 경제학자들은 경제정책이 외국학자의 농간에 놀아난다고 우려했다.

미국에서 돌아온 케인스는《뉴욕타임스》에 루스벨트 대통령에게 보내는 공개서한을 게재하면서 금본위제도 중단 결정을 열렬히 옹호했다. 케인스와 루스벨트가 서로 상대의 유명세를 이용하는 모습이었다.

이제 케인스는 여기저기서 밝힌 자기의 생각을 모아 한 권의 책에 담기로 했다. 준비하는 데만 이 년 가까이 걸렸다. 하지만 그가 집필 중일 때 초고를 읽어본 사람 중에는 그 내용에 반대하는 사람들이 더 많았다. 오스트리아에서 초빙되어 온 같은 대학의 하이에크 교수와는 서로 감정적으로 공격하는 사이가 되어버렸다. 한때 가장 절친했던 친구이자 《화폐론》을 집필할 때 기본 아이디어를 얻기도 했던 데니스 로버트슨Dennis Robertson과는 수십 번에 걸친 토론 끝에 의절하는 지경에 이르렀다.

이런 우여곡절 끝에 1936년 2월, 오늘날의 거시경제학을 탄생시킨 기념비적인 책인 《일반이론The General Theory of Employment, Interest, and Money》이 발표되었다. 이 책에서 케인스는 화폐와 실물경제를 아우르는 이론을 정연하게 소개하는 것뿐만 아니라 옛 이론에 사로잡혀 있는 이들에게 시퍼렇게 날을 세워 맹렬하게 비판하는 것도 잊지 않았다.

그는 이전에 나온 이론들을 '구닥다리 이론(classical theory)'이라고 부르고, 자기의 이론은 시간을 뛰어넘는 '일반이론(general theory)'이라고 불렀다. 나아가 "자기 자신은 남에게 지배받지 않고 독립적이라고 믿는 사람들도 사실은 이미 죽은 어떤 경제학자의 노예이기 십상이다"라는 말로 하이에크 같은 사람들을 조롱했다.* 옛 이론의 낡은

* 《일반이론》을 읽은 하이에크는 그 책 전반에 걸쳐 드러나는 케인스의 자신만만한 태도야말로 문제라고 생각했다. 그래서 "자기가 설계할 수 있다고 믿는 일에 대해 얼마나 무지한지 입증하는 것이야말로 경제학자들의 임무"라는 쓴소리를 남겼다.

경제학자 데니스 로버트슨(왼쪽)과 프리드리히 하이에크(오른쪽). 시장과 정부의 역할을 두고 두 사람은 케인스와 대척점에 섰다.

옷을 벗고 새로운 이론으로 옷을 갈아입는 데 주저하지 말아야 한다는 것이 그의 주장이었다.

그러나 그의 책이 영국 경제가 살아나는 데 영향을 준 것은 아니었다. 아주 느리지만 영국 경제는 그 책이 나올 무렵 이미 공황의 긴 터널을 조금씩 빠져나오고 있었다.

1930년 긴축정책을 폈다가 경기가 급전직하로 악화하는 것을 경험한 영국 정부는 1931년 금본위제도를 폐지했다. 1932년에는 국내 산업 보호를 위해 관세를 10퍼센트나 부과하면서 근린궁핍화 정책* 을 펴기도 했고, 이후 실업보험과 의료보험 제도를 대폭 확대하여 저

* 케인스는《일반이론》에서 근린궁핍화 정책을 비난했지만, 대공황 직후 맥밀런 위원회에서 활동할 때는 케인스가 근린궁핍화 정책을 지지했었다. 나중에 설명하겠지만, 케인스는 자기 생각을 아주 빠르게 바꾸는 사람이었다.

소득층을 구제하는 데도 적극성을 보였다. 영란은행도 대출금리를 6퍼센트에서 1퍼센트까지 빠르게 인하했다.*

케인스의《일반이론》은 이런 조치들이 서서히 효과를 보기 시작했을 때 뒷북을 치며 발표된 것이다. 결국 독일 철학자 헤겔의 지적, 즉 "미네르바의 부엉이는 어둠이 찾아와야 날기 시작한다"는 격언 그대로였다.**

그러나《일반이론》이 현실에서 전혀 의미가 없던 것은 아니었다. 제2차 세계대전이 끝날 무렵 상당수의 국가는 유효수요 감소를 미리 대비하면서 적극적인 경기부양정책과 실업 대책을 서둘렀고, 그 바람에 인플레이션이라는 새로운 골칫거리와 마주하게 되었다.

애덤스와 케인스 생각의 차이

미국 보스턴 케임브리지의 존과 영국 케임브리지의 존은 오늘날 미국과 영국에서 각기 추앙받는 인물들이다. 하지만 그들의 공통점은 이름만이 아니다. 그들은 남들이 뭐라 하건 신경 쓰지 않고 사실을 제대로 이해하려고 노력했다.

* 그러나 당시 경제정책들은 일관성이 없었다. 284쪽에 설명된 것처럼 다른 한쪽에서는 철도와 주택건설을 축소하고 교사들의 급여를 깎았다. 고전적 경제이론이 통하지 않아서 좌충우돌했다.

** 모든 이성적 성찰은 현실을 좇아가지 못하고 굼뜨다는 것을 지적하는 말이다.

존 애덤스는 보스턴 학살 사건에서 총체적 진실을 밝히며 전혀 다른 결론에 이르렀던 일을 회고하면서 "사실이라는 것은 완고한 것이다. 우리의 꿈, 기대, 열정이 어떻든지 간에 그것들이 사실과 증거를 바꿀 수는 없다."고 말했다. 존 메이너드 케인스도 대공황 이전에 가르쳤던 것과는 반대되는 주장을 하는 것에 대해 사람들이 비판하자 "저는 사실이 달라지면 생각을 바꿉니다. 선생님은 어떠십니까?"라고 응수했다. 존 애덤스와 존 메이너드 케인스는 동시대 사람들의 입소문이나 풍문, 기존 이론보다는 사실에 대한 올바른 이해를 중시했다.

미국 제2대 대통령 존 애덤스(1735~1826)

그러나 두 사람은 상반된 면도 갖고 있었다. 애덤스는 누구보다 원칙에 충실한 변호사였고, 케인스는 누구보다 원칙을 빨리 깨는 경제학자였다. 그런 직업과 성격의 차이 때문에 그들은 자신이 중시하는 '사실'에 대해 전혀 다른 의미를 부여하게 되었다.

훗날 미국의 제2대 대통령이 된 애덤스에게 사실과 증거는 '인권과 진실의 수호'라는 궁극적 목표를 향해 나아가는 과정이었다. 그는 "보스턴 학살은 내 생애에 가장 힘들고 맡기 싫은 사건이었지만, 영국 젊은이들에게 사형을 선고하는 것은 우리 조상들이 뛰쳐나온 영국에서 퀘이커 교도나 마녀들을 죽음으로 사냥하던 것과 다를 것이 없다"고 회고했다. 그래서 자기의 감정을 희생한 것이다. 이런 철학은 프랑스의 철학자 볼테르의 정신과 다르지 않았다. 일찍이 볼테르는 "나는 당신 주장을 받아들일 수 없다. 그러나 당신이 그 말을 할 수 있는 권리를 지키기 위해서 내 목숨을 바칠 수는 있다"고 말했다. 법률가 애덤스나 철학자 볼테르의 사고 체계에서는 인권과 같은 형이상학적 가치 또는 규범이 우선한다.

케인스의 생각은 조금 달랐다. "저는 사실이 달라지면 생각을 바꿉니다"라는 말에서 드러나듯이 그는 철저한 실용주의자였다. 경제학에서 무엇과도 바꿀 수 없는 선험적인 가치나 규범이 있다는 것을 인정하지 않았다. 그에게는 사실 그 자체가 분석의 대상이고, 경제학은 현실을 잘 설명하기 위한 실증학문이었다. 그래서 시간이 흐르면서 자기 생각을 자주 바꿨다. 실제로 자기가 집필한 《화폐론》이 나온 지 얼마 되지도 않아 하이에크에게 "저는 그 책 이후로 생각을 다시 바꿨습니다"라고 말해서 하이에크를 놀라게 했다. 한때 동성애 경험이 있었으며 외환 투기에도 가담했던 사람이 가질 수 있는 자유분방함이다.

그렇다고 해서 케인스가 엉터리 철학을 가진 사람은 아니었다. 그가 모교에서 처음 가르친 과목이 통계학이었고, 나중에 《확률론》을 집필할 정도로 통계이론에 해박했다.* 그러면서도 계량경제학에 대

* 그런데 케인스의 확률론에는 약간의 오류가 있었다. 그것을 17세 대학 신입생 램지(Frank Ramsey)가 발견하여 바로잡아 주었다. 램지는 26세로 요절할 때까지 철학, 수학, 논리학, 경제학 등 손을 뻗치지 않는 분야가 없을 정도로 다방면에 걸친 천재였다. 경제학에도 성장이론을 통해 이름을 남겼다.
케인스는 평범한 공립대학교 학생이던 램지의 잠재력을 발견하고 그를 케임브리지대학교로 불러 제자로 삼았다. 서민 가정 출신인 그가 케임브리지대학교를 졸업하고 거기서 교수까지 된 데는 케인스의 영향이 컸다.

해서는 상당히 회의적이었다. 철학적 성찰 없이 통계정보만 만지작거리는 것은 위험천만이라고 믿었기 때문이다. 문사철文史哲 같은 인문학적 소양을 닦지 않은 젊은 경제학자들을 무식하다고 불평하기도 했다. 경제학 연구에서는 수리분석 이상으로 인문학적 소양이 필요하다는 것이 케인스의 철학이었다. 그는 또한 지나치게 엄밀한 분석보다는 증명할 수 없는 직관도 중요하다는 것을 강조했다.

경제학을 넘어 다른 분야에 대해서도 끊임없는 호기심과 직관을 중시하는 케인스의 태도는 다른 경제학자들의 눈으로 보기에는 외도이자 초超과학으로 보였다. 실제로 고전학파 교수였던 라이어넬 로빈스Lionel Robbins는 "객관성을 지향하는 경제학과 주관성을 버릴 수 없는 윤리학은 양립할 수 없다"면서 케인스의 비과학적 태도를 비판했다. 이에 대해 케인스는 "경제학은 내적 성찰과 가치 판단을 따를 수밖에 없는 윤리과학"이라고 잘라 말했다.

개념의 엄격성과 안정성을 중시하는 법률가들은 경제학을 연구할 때 실증과학과 윤리과학을 오락가락하는 케인스의 태도를 이해할 수 없었다. 결국 이런 생각 때문에 케인스의 인생은 그 마지막이 유쾌하게 끝나지 않았다.

케인스의 마지막 공직은 전후 국제금융 질서를 다듬는 브레튼우즈 회의에 영국 대표로 참석하는 것과 영국이 미국에서 받게 될 차관의 조건을 협상하는 일이었다. 초기에는 미국 측 대표인 해리 화이트Harry Dexter White 재무부차관보와 비교적 말이 잘 통했다. 그가 하버드 대학교에서 경제학을 전공한 경제학자 출신이었기 때문이었다. 하지만 1945년 그가 미국의 초대 국제통화기금(IMF) 이사를 맡기 위해

1944년 브레튼우즈 회의 때 미국 대표단. 뒷줄 왼쪽부터 화이트 재무부차관보, 빈슨 경제안정청장, 애치슨 국무부 대표, 한 사람 건너 에클스 연준 의장 등이 보인다. 이때까지 거의 말석에 있던 빈슨은 이듬해 모겐소(앞줄 오른쪽에서 두 번째)의 후임 재무부 장관이 되었다가 대법원장에 올랐다.

자리를 떠나고 재무장관에 변호사 출신인 프레드 빈슨Fred Vinson이 임명되면서 케인스가 제안하는 모든 일에 제동을 걸기 시작했다.

실무적인 문제를 매듭짓기 위해 1946년 2월 미국 조지아주 사바나에서 개최된 IMF와 IBRD 출범식에 참석한 케인스는 미국 측에서 어떤 양보도 받아내지 못했다. 세계금융의 중심이 런던을 떠나 뉴욕으로 이동했음을 감안해 IMF 본부를 뉴욕에 두자는 제안*도, 전후 복

* IMF 협정문 제13조 제1항에는 지분율이 가장 높은 회원국에 본부를 두게 되어 있다. 미국 대표단은 이에 근거하여 IMF 본부 위치에 대해 영국이 간섭하지 말라고 면박을 주었다.

구를 위해 미국이 영국에 무이자로 자금을 지원해 달라는 요구도 모두 거절당했다(케인스의 제안은 결국 1년 뒤 마셜 플랜으로 실현되었다).

심신이 피곤해진 케인스는 회의가 끝나기도 전에 워싱턴으로 돌아오다가 기차 안에서 잠시 정신을 잃고 쓰러졌다. 귀국 후에도 몸이 좋아지지 않았다. 그 후 두 달 뒤인 1946년 4월 21일 심장마비로 세상을 떠났다. 한편, 케인스를 말할 수 없이 비참하게 만들었던 빈슨 재무장관은 케인스가 사망한 지 정확히 두 달 뒤인 6월 21일 제13대 대법원장으로 취임하면서 경제계를 떠났다(빈슨은 지금까지 민주당 행정부가 임명한 마지막 대법원장이다).

법조계 출신의 빈슨이 별로 어울리지도 않는 재무장관직을 잠깐 맡고 있을 때 케인스가 하필 그를 상대해야 했던 것은 불운이었다. 나중에 알려진 일이지만 빈슨이 케인스에게 반감을 품었던 것은 케인스의 태도 때문이다. 브레튼우즈 회의에서 미국 대표단으로 참가했던 빈슨은 당시 의장을 맡았던 케인스의 자유분방한 사고방식과 태도에 무시당하는 기분을 느꼈다고 한다. 엄격하고 보수적인 법률가가 바라본 케인스의 인상이었다.*

케인스와 법조계의 악연은 빈슨 말고 또 있었다. 오스트리아학파의 태두 멩거와 미제스는 원래 법학도였다. 케인스에 극렬히 반대했던 하이에크의 시장중심주의는 그들의 사상에서 비롯된 것이다. 흥미

* 모든 일에 비타협적으로 나오는 빈슨에게 케인스는 "IMF 출범을 앞두고 '심술쟁이 요정'이 일을 망치지 않았으면 좋겠다"고 돌려 말했다. 그랬더니 빈슨은 "내가 심술쟁이라는 소리를 듣는 것은 상관없는데, 영국한테 (인심 좋은) 요정 소리를 듣기는 싫군요"라고 퉁명스럽게 대꾸했다.

로운 사실은 법률을 공부한 사람들이 법보다 시장의 힘을 믿었으며, 경제학을 전공한 케인스는 시장의 자율 조절 기능보다 정부의 개입을 지지했다는 것이다. 케인스는 화폐의 존립 기반도 국가의 명령과 법률에 있다고 믿었다. 지독한 아이러니가 아닐 수 없다.

경제학이 세속 철학인 이유

이렇게 케인스는 떠났지만, 케인스가 흔들어 놓은 경제학의 정체성 문제는 글로벌 금융위기를 계기로 다시 수면 위로 올라왔다. 경제학은 규범과학인가, 실증과학인가? 경제학은 법학, 수학, 철학과 같은 선험적·연역적 학문인가, 의학, 생물학과 같은 경험적·귀납적 학문인가? 경제 제도와 원칙을 정해두고 그에 따라 정책을 운용해야 하는가, 달라진 현실에 맞추어 제도와 규범을 그때그때 바꿔야 하는가? 경제학은 객관적 실체를 다루는 학문인가, 주관적 가치를 다루는 학문인가? 경제 체제의 위기 관리는 수리모형이 동반되는 과학인가, 직관이 동원되는 예술인가?

문제는 거기서 그치지 않는다. 학문의 정체성을 넘어 경제학을 연구하는 학자들의 정체성 문제로 이어진다. 다른 학자들에 비해서 경제학자들은 도대체 심지가 없다. 브레튼우즈 체제가 출범할 때 환율 안정의 중요성을 입 모아 칭송하던 경제학자들은 1971년 닉슨 미국 대통령이 금태환 중단을 선언하자 "그것도 옳다"면서 일제히 변동환율제도의 장점과 가능성을 찬양하기 시작했다. 이후 수십 년 동안 온갖 계량 분석을 통해 환율의 안정성은 포기하더라도 자유로운 자본 이동은 보장해야 한다는 결론을 수없이 내놓았다. 그러다가 최근에는 브라질식의 자본 통제나 토빈세Tobin's tax도 나쁘지 않다는 의견도 속출하고 있다.

글로벌 금융위기 이후의 모습은 더욱 황당하다. 후진국들이 경제위기를 맞았을 때는 절약과 긴축을 강조하던 IMF는 미국에서 글로벌 금융위기가 시작되자 선진국들의 재정 확대와 금리 인하를 바람직하다고 두둔했다.

IMF의 수석이코노미스트로서 후진국들이 경제위기를 맞았을 때 절약과 긴축을 강조하던 학자(올리비에 블랑샤르)는 요즈음 재정 건전성을 걱정하는 것은 바보짓이라고 충고한다. 얼마 전까지 세계 경제가 구조적 장기침체를 맞았다고 비관론을 설파하던 학자(로렌스 서머스)는 코로나19 위기 이후 돌변하여 인플레이션 가능성을 경고하기 바쁘다. 이것이 미국식 주류 경제학을 전공한 학자들의 현주소다. 케인스의 말대로 "사실이 바뀌면 생각이 바뀐다"는 말로 변명할 수도 있겠지만, 한편으로는 안쓰러울 정도로 경박해 보인다.

이렇게 엉성하고 천박한 모습을 보이고 있는 경제학과 경제학자들을 향해 더 가혹한 질문들이 쏟아진다. 경제학은 도대체 원칙과 영혼이 존재하는 학문인가, 시류에 따라 지배자의 논리만 대변하는 내시들의 궤변인가? 엄격한 법률가 존 애덤스가 살아 있다면, 오늘날의 경제학자들을 변호하기 위해 학문의 법정에 설 것인가, 거부할 것인가? "저는 사실이 달라지면, 생각을 바꿉니다. 선생님은 어떠십니까?"

라는 케인스의 발 빠른 사상 전향은 학문의 법정에서 통할 수 있을까? 젊었을 때는 자유무역과 자유방임을 주장하다가 늙어서는 관세청장에 올라 세금을 걷었던 '도덕철학 교수' 애덤 스미스의 이율배반성(경제학에서는 이럴 때 '동태적 비일관성'이라는 듣기 좋은 말로 에둘러 말한다)은 진리의 법정에서 어떤 판결을 받을 것인가?

글로벌 금융위기를 계기로 세계는 정부의 개입이 강조되는 케인스 시대로 다시 접어들었다. 하지만 2010년 유럽의 재정 위기와 2011년 미국의 신용등급 강등 같은 일을 고려하면, 정통 케인스주의가 통하기도 어려워 보인다. 한마디로 케인스가 한바탕 체질을 바꿔놓은 경제학은 지금 좌표를 잃고 방황하고 있다.* 오죽하면 정치인들이 현대화폐이론(MMT)을, 컴퓨터 엔지니어들이 탈중앙화 금융(DeFi)을 시끄럽게 떠드는데, 경제학자들은 이렇다 할 설명과 반론을 내놓지 못하겠는가!

이렇게 혼란스러운 상황에서는 결국 절충으로 해답을 찾아야 한다. 눈앞에 닥친 새로운 현실 앞에서 옛 이론만 고집하지 않고 새로운 눈으로 사태를 해결하려는 케인스의 순발력과 함께 그가 미처 갖추지 못했던 점, 즉 정책의 효과에 대한 겸손함을 동시에 추구하는 것이다. 문사철에 대한 이해 없이 수리모형을 과신하지 말아야 하고, 동시에 위기감지 능력과 정책의 효과에 대한 지나친 자신감을 내려놓아야 한

* 1972년 영국 케임브리지대학교의 조앤 로빈슨(Joan Robinson) 교수는 당시 세계 경제를 평가하면서 '제2차 경제학 위기'라고 했다. 즉 대공황을 맞아 제1차 위기를 맞이한 경제학이 케인스주의를 통해 위기를 탈출했으나 40년 뒤인 1972년에 이르러 스태그플레이션 조짐이 나타나면서 제2차 위기를 맞았다고 분석했다. 그로부터 다시 40년이 지난 지금, 제3차 경제학의 위기를 맞이하고 있는 것은 대부분이 동의하는 사실이라고 생각된다.

다. 경제학자와 정책당국자들은 정책의 불확실성과 부작용에 대해서도 고민하는 애고니스트가 되어야 할 것이다.

그런 중용이 지켜질 때 경제학자들이 태생적으로 가진 단점들, 즉 변덕스러운 사상 전환이나 강자를 향한 아첨이 줄어들 것이다. 엄격한 학문의 전당에서 경제학이 천박하다고 추방당할 가능성도 줄어들 것이다. 경제학이 세속 철학인 이유는 그 학문의 내용이 결국 자신의 세속적 운명과 위상을 결정하기 때문이리라.

14장

그린스펀 교향곡

-

잘못된 신념이
가져온 엄청난 비극

제1악장 기쁨

미국에서 가장 권위 있는 훈장은 의회가 수여하는 황금 메달(Congressional Gold Medal)과 대통령이 수여하는 자유 메달(Presidential Medal of Freedom)이다.

자유 메달은 콜린 파월 합참의장이나 도널드 럼즈펠드 국방장관과 같은 공직자뿐만 아니라 존 스타인벡, 월트 디즈니와 같은 예술인에게도 수여되며, 테레사 수녀, 마거릿 대처 영국 총리와 같은 외국인에게도 수여된다. 심지어 존 F. 케네디와 같이 이미 사망한 사람에게 추서되는 예도 있다. 그러니 살았을 때 웬만한 공을 세우지 않고는 받기 어려운, 대단히 영예로운 상이다.

2005년 조지 W. 부시 대통령은 이 상을 세 사람에게 동시에 수여했다. 영국의 역사학자 로버트 콘퀘스트Robert Conquest, 50년 관록의 흑인 여가수 어리사 프랭클린Aretha Franklin, 그리고 연준 의장 앨런 그린스펀Alan Greenspan이었다. 학자, 연예인, 공직자인 세 사람의 수상자 사이에 전혀 공통점이 없는 것은 아니다. 그린스펀 연준 의장은 젊은 시절 줄리아드 음대에 다니면서 색소폰 연주자로 활동한 경력이 있기 때문에 여가수 어리사 프랭클린과는 음악이라는 공통점이 있었다. 또한 역사학자 콘퀘스트와는 '자유'라는 공통점이 있었다.

자유 메달을 수상하는 앨런 그린스펀 의장.

잘 알려진 대로 앨런 그린스펀 의장은 규제철폐와 작은 정부를 지향하는 신자유주의, 즉 경제적 자유의 선봉에 서 있다. 콘퀘스트는 1930년대 스탈린이 자행한 숙청의 잔인함을 고발하면서 정치적 자유의 소중함을 일깨웠다. 1968년 발표된 콘퀘스트의 저서《거대한 공포The Great Terror》는 당시 소련의 인권에 관한 세계인의 관심을 촉발했고, 이는 다시 2년 뒤인 1970년 소련 사회를 고발한 솔제니친의 노벨문학상 수상으로 이어졌다.

앨런 그린스펀이 백악관 이스트 룸에서 카메라 플래시 세례를 받으며 자유 메달을 받은 것은 2005년 11월 9일이었다. 그날은 전 세계 모든 유대인에게 특별히 기억되는 날이기도 했다. 아주 오래전 독일에서 있었던 비극적 사건 때문이었다.

제2악장 노여움

제1주제 고난

1932년 7월 치러진 총선을 통해 나치당이 제1당으로 부상하고 히틀러는 수상이 되었다. 그가 취임 후 행한 첫 번째 조치는 나치 친위대가 연방의회 건물을 에워싸고 야당 의원의 진입을 원천봉쇄한 뒤 소위 '전권위임법(Ermächtigungsgesetz)'을 통과시킨 것이다.

단 5개 조로 구성된 이 법은 실로 놀랍다. 즉 제1조 "헌법상 입법부가 가지는 입법 권한과 예산 편성 권한을 행정부도 동등하게 갖는다"와 제2조 "행정부가 만든 법률이 헌법과 상충할 때는 법률이 우선한다"를 통해 의회를 무력화시키고 히틀러를 헌법 위에 군림하도록 만들었다.

물론 반발이 심했다. 이 법이 통과된 직후인 1933년 2월 27일 방화로 추정되는 화재로 인해 연방의회 건물이 홀랑 타버렸다. 그러자 히틀러는 화재 사고의 배후에 공산주의자와 사회주의자들이 있다고 선언하고 이들에 대한 대대적인 검거 작업에 돌입했다.

이어서 인종차별까지 동원했다. 당시 독일에서는 대공황의 여파로 경제가 극도로 피폐해져 있었다. 그런 상황에서 인구의 1퍼센트도 되지 않는 유대인들이 독일의 상권과 국부의 상당 부분을 보유하고 있었고, 독일 국민 대부분은 이런 현실에 불만이 많았다. 히틀러는 이 점을 이용해서 반유대인 정책을 본격화한 것이다.

나치 정부는 전국적인 유대인 상점 배척 운동을 벌이는 한편, '위대한 아리안족만의 순수 혈통 사회 건설'을 내세우며 1933년 4월 공무

1933년 발생한 독일 연방의사당 화재사건

담임법(Berufsbeamtengesetz)을 제정했다. 유대인들의 고위직 공무원 임용 및 대학 입학을 제한하는 내용이었다.

독일 사회가 이렇게 거칠게 흘러가자 마침내 워버그 가문도 두 손을 들었다. 유대계 워버그 가문은 제1차 세계대전 때 독일의 승리를 위해 아낌없이 전비를 지원했던 국가유공자 집안이었다. 그러나 재산이 징발당할 처지가 되자 막스 워버그Max Warburg는 당시 중앙은행인 라이히스방크Reichsbank 이사직과 은행연합회장직을 버리고 미국 망명길에 올랐다.*

1935년 9월에는 이른바 '뉘른베르크 법(Nürnberger Gesetze)'이라는 일련의 법으로 유대인을 더욱 옥죄었다. '독일인 혈통 보존법'을 통해 아리안족과 여타 민족 간의 결혼을 금지하고, '제국시민법'으로 유대인들의 시민권을 더욱 강하게 제한했다. 이로써 독일 국민은 일등 시민과 이등 시민으로 구분되었다. 추한 일들이 국내에서 진행될 때 대외적으로 이를 감추려고 벌인 일이 1936년 베를린 올림픽이었다.

이 무렵 유대계 10대 소년 헤르만Hermann은 말할 수 없이 어려운 처지에 놓여있었다. 그는 뉘른베르크 법이 발효되던 때 초등학교를 막 졸업한 열네 살의 소년이었다. 폴란드에서 양복점을 경영하던 그의 부모는 자녀를 위해 독일로 이주해 왔지만, 뉘른베르크 법 때문에 독일에서는 미래가 없었다. 그래서 가족들이 프랑스로 다시 거처를 옮겼지만, 독일이 유대인의 재산을 동결하는 바람에 무일푼이 되었

* 막스 워버그의 동생 폴은 형보다 먼저 미국으로 이주했다. 폴 워버그는 중앙은행이 없었던 미국에서 중앙은행 설립 운동을 주도하고 최초의 연준 위원이 되었으며 나중에 부의장까지 역임했다. 미국과 독일에서 형제가 나란히 중앙은행 간부로 활약한 것이 특이하다.

다. 직업을 가질 수도 없어 난민으로 전락한 헤르만의 가족들은 결국 프랑스에서도 추방 명령을 받았다.

고민 끝에 헤르만의 부모는 아들만이라도 영국 정부가 통치하는 팔레스타인으로 보내려고 했지만, 이마저 실패했다. 독일과 전쟁 가능성이 고조되는 상황에서 유대인 미성년자를 굳이 영국 정부가 나서서 팔레스타인으로 보내면서 독일을 자극할 필요가 없었다. 그렇다고 부모의 고향인 폴란드로 갈 수도 없었다. 폴란드에서는 오 년 이상 외국에 머무른 유대인의 시민권과 재산권이 인정되지 않았다. 남은 선택은 독일로 되돌아가는 것이었다. 하지만 그렇게 되면 게슈타포의 사냥감이 되어 집단수용소로 끌려갈 것이 뻔했다.

모든 상황이 꿈 많은 십 대 소년에게 절망 그 자체였다. 자신의 미래를 놓고 한창 감수성이 예민한 시기를 겪고 있었던 헤르만은 나치당의 처사에 분노했다. 추방 명령을 받고 프랑스 파리를 떠나야 하는 날이 가까워져 오자, 세계만방에 독일 정부의 부당함을 알리기로 결심했다. 허름한 총기류 가게를 들러 권총 한 자루와 총알 몇 개를 샀다. 그리고 부모님에게 용서와 이해를 구하는 짧은 편지를 썼다. 자기가 앞으로 행할 일은 신의 섭리를 따르는 일이요, 1만 2천 명에 달하는 똑같은 처지의 유대인들을 대변하는 의로운 행동이라는 신념을 밝혔다.

제2주제 맥주홀 폭동

헤르만이 권총을 들고 달려간 곳은 파리 주재 독일대사관이었으며, 시간은 1939년 11월 8일 아침이었다. 이 날은 히틀러에게 아주 특별한 날이었다.

히틀러는 바이마르 공화국의 장교로 근무하던 시절, 쿠데타를 시도했다. 당시 경제난을 해결하지 못해 인기가 바닥으로 떨어져 있었고, 국제적으로도 제1차 세계대전 유발의 책임 때문에 발언권을 잃은 채 빈사 상태에 있었던 공화국을 뒤집으려 한 것이다. 승전국들의 이해타산으로 세워져 태생적인 한계가 있었던 바이마르 공화국을 전복시키고 독일인의 힘으로 새로운 정부를 세우는 것이야말로 독일 국민의 자부심을 회복하고 부국강병의 길로 복귀할 수 있는 유일한 방법이라고 믿었기 때문이다. 그가 거사를 벌이기로 한 날이 1923년 11월 8일이었다.

하지만 어설픈 계획과 모래알 같은 결속력으로 히틀러의 계획은 하룻밤을 넘기지 못하고 이튿날 새벽 실패로 끝났다. 뮌헨의 작은 맥줏집에서 시작해 '맥주홀 폭동(Hitler Putsch, Beer Hall Putsch)'이라 부르는 이 사건으로 히틀러를 포함한 가담자들이 체포되었다.

그러나 재판이 진행되는 동안 반전이 일어났다. 해프닝 같았던 그 쿠데타의 목표가 아리안족의 위대함을 일깨우고 부국강병을 이루려는 것이었음이 보도되면서 나치당의 인기가 치솟은 것이다.* 시민들은 원내에 진출하지도 못한 신생 꼬마 정당에서 신선함을 느꼈다.

히틀러는 재판을 받는 동안《나의 투쟁Mein Kampf》을 저술하고 그의 동료들은 그것을 바탕으로 국민에게 나치당의 극우 사상을 선전했

* 오늘날에도 실정법 위반 혐의로 감옥에 들어 간 사람들이 오히려 의로운 사람으로 취급되면서 대중적 지지를 받는 경우가 종종 있다. 우리나라도 예외가 아니다. 하지만 정권을 잡을 때까지 포퓰리스트였던 히틀러가 그런 사람의 하나였다는 점을 새겨 둘 필요가 있다.

다. 그 바람에 1924년 5월에 치러진 총선에서 나치당은 6.5퍼센트의 득표율로 처음으로 의회에 진출하게 되었다. 옥중에서 정당 대표가 된 히틀러는 얼마 후 감형을 받아 출옥했다. 그리고 나치당은 선거를 치를 때마다 제2 야당, 제1 야당 그리고 집권당으로 도약했다.

맥주홀 폭동은 히틀러와 나치당이 도약하는 발판이 된 동시에 뼈아픈 실패의 순간이었다. 십 대 소년 헤르만은 바로 그날인 11월 8일, 파리의 독일대사관에 발을 들여놓았다. 그리고 비자 문제를 담당하는 3등 서기관 라트Rath의 방에 들어서자마자 "이 더러운 독일 놈, 집단수용소에 수용된 유대인의 이름으로 너를 응징하노라"하고 소리를 지르고는 그를 향해 다섯 발을 발사했다. 라트는 복부에 총알 세례를 받고 혼수상태로 병원으로 급송되었으나 이튿날 밤 숨을 거두었다.

제3주제 수정의 밤

헤르만의 테러는 유대인 사회에 엄청난 후폭풍을 몰고 왔다. 그렇지 않아도 유대인을 탄압할 명분을 찾고 있었던 히틀러는 사건 직후 선전부장 괴벨스에게 열일곱 살에 불과한 유대인 꼬마 놈이 저지른 '만행'을 국민에게 똑똑히 알리라고 명령했다. 괴벨스는 다시 비밀경찰과 군 장성들을 불러 유대인 반동분자들이 독일 사회를 향해 저지른 테러에 대해 정부가 할 일을 지시했다.

이튿날인 11월 9일 어둠이 깔리자 독일의 '일등 시민'들은 유대인 상점으로 몰려가서 닥치는 대로 약탈하고 상점을 파괴했다. 이때 나치 정부는 전국 경찰들에게 '가급적 폭도들을 진압하지 말 것', '유대

수정의 밤 이튿날 아침의 모습. 당시 독일인들은 유대인 테러를 별로 대수롭지 않은 일로 생각했다.

인 교회의 화재는 가급적 진화하지 말 것', '체포할 때는 가급적 돈 많고 나이 많은 사람을 고를 것'을 지령했다. 비밀경찰(SA) 대원에게는 사복을 입고 시내로 나가 폭동을 주도하라고 지시했다. 러시아에서 종종 일어나던 일이 독일에서 시작된 것이다.*

그날 밤 유대인들의 상점들이 밀집한 대도시에서는 파괴된 유리창이 길바닥을 가득 메웠다. 아이러니하게도 길바닥의 유리 조각들

* 러시아에서는 유대인들에 대한 집단 괴롭힘이 아주 오랫동안 성행했다. 이를 포그롬(pogrom)이라고 한다. 일본에도 집단 따돌림에 해당하는 '이지메'라는 단어가 있듯이, 러시아와 독일에서는 유독 유대인들을 향한 집단 괴롭힘이 하나의 문화 현상으로 자리 잡았다. 서로 상극관계에 있었던 러시아와 독일이 유대인들에 대해서는 똑같은 행동을 보인 것이 특이하다.

은 달빛을 받아 수정처럼 아름답게 반짝였다. 그래서 독일 사람들은 그날 밤을 '수정의 밤(Kristallnacht)'이라고 불렀다. 깨진 유리창 값은 4백만 라이히스마르크에 달했다. 유대인 상점의 유리창들은 상당수가 독일에서는 생산되지 않는 벨기에산 고급 제품이었기 때문에 피해액은 더 컸다.

한바탕 광기가 휩쓸고 지나간 폐허 속에서 유대인 상인들은 보험사에 보험금을 청구하려고 했다. 하지만 나치 정부는 그마저 용납하지 않았다. 수정의 밤이 지나간 이틀 뒤인 11월 12일, 나치 정부는 유대인 상인들에게 적반하장으로 벌금을 부과했다. 십 대 소년의 테러로 인한 라트의 죽음과 독일 사회의 패닉 사태에 대해 유대인들이 연대책임져야 한다고 선언하면서 거액의 벌금을 부과한 것이다. 경제부장관 헤르만 괴링이 내린 벌금액은 무려 1조 라이히스마르크였다. 그렇게 해서 유대인들은 자신들의 피해액보다 더 많은 돈을 정부에게 바쳐야만 했다.

돌이켜 볼 때 현대 독일 정치사의 한 획을 그은 수정의 밤 사건은 전날 파리에서 벌어진 10대 소년 헤르만의 저격에서 시작되었다.* 혼자 힘으로 나치 정권을 심판하겠다고 덤빈 그 소년의 이름은 헤르만 그린츠판Hermann Grynszpan이다. 영어로는 허셸 그린스펀Herschel Greenspan이라 부른다.

* 노벨문학상 수상자 귄터 그라스(Günter Grass)는 독일 지식인들이 수정의 밤에 대해 침묵한 것을 대단히 부끄럽게 생각하고 있다. 그래서 그의 대표작인《양철북》에서도 수정의 밤이 대단히 의미 있는 사건으로 다뤄진다. 주인공 오스카의 긴 아동기(제1부)가 수정의 밤을 계기로 끝난다.

제3악장 즐거움

제1주제 맨해튼 소년

수정의 밤에서 67년이 흐른 2005년 11월 9일은 유대인들에게 경사스러운 날이었다. 미국 정부가 수여하는 최고의 훈장인 자유 메달을 앨런 그린스펀이 받음으로써 이미 미국 사회에 깊이 뿌리 내린 유대계 미국인이 더한층 자긍심을 느꼈기 때문이다. 그는 90년의 연준 역사에서 사실상 첫 유대인 의장이자 대통령으로부터 자유 메달을 수상한 최초의 의장이다(닉슨 대통령 시절 아서 번스 의장도 유대계였지만, 그는 죽기 직전까지 자신의 정체를 밝히지 않았다).

앨런 그린스펀은 명예와 부를 함께 누린 아주 운 좋은 사람이다. 네 명의 대통령 아래서 세계 경제를 좌지우지하는 연준 의장직을 무려 18년이나 맡았을 뿐만 아니라 개인 재산도 상당하다(2000년에 언론에 알려진 재산 규모는 1,000만 달러 정도다). 역대 연준 의장 중에서 마리너 에클스Marriner Eccles는 은행지주회사를 소유했고,* 유진 마이어Eugine Meyer는 《워싱턴포스트》 지를 소유했다. 이들의 재력에 비추어 보면 앨런 그린스펀의 재산이 별것 아니지만, 그 또한 부자라는 사실에 이의를 제기할 사람은 없다. 그의 재산은 부모에게 물려받은 것

* 에클스는 은행, 보험사, 증권회사, 호텔, 광산업체 등 엄청나게 많은 재산을 가진 유타주 최고의 부자였다. 은행지주회사는 오직 은행만을 소유할 수 있도록 한 은행지주회사법(Bank Holding Company Act of 1956)은 에클스의 은행들과 경쟁하던 뱅크오브아메리카 측이 에클스의 재산 내역에 이의를 제기하면서 만들어진 법이다. 이 법을 통해 에클스는 자기 재산 중 은행 부분은 지주회사로 정리하고 동생에게 맡겨야 했다. 이 은행지주회사는 나중에 웰스파고 은행(Wells Fargo Bank)과 합병되었다.

이 아니다.

헤르만 그린츠판이 폴란드계 유대인이었다면, 앨런 그린스펀은 루마니아계 유대인이다. 헤르만이 부모를 따라 유럽을 전전할 때 그보다 다섯 살 어린 그린스펀은 맨해튼 북쪽 놀이터에서 자랐다. 태어나자마자 부모가 이혼하는 바람에 앨런은 싱글 맘 밑에서 외동아들로 자랐다. 그런 성장환경은 모르는 사람들과 좀처럼 말을 섞지 않는 수줍은 성격을 만들었다.*

앨런은 어렸을 때부터 숫자에 밝아 어른들의 귀여움을 독차지했지만, 고등학교를 졸업할 때까지도 대학에 갈 생각은 없었다. 동네에서 함께 자라고 훗날 백악관에서도 함께 근무하게 될 고등학교 선배 헨리 키신저가 뉴욕시립대학에 진학하면서 대학에서 공부를 더 해보라고 충고해도 앨런은 듣지 않았다. 어릴 때 집안을 들락거린 외삼촌들한테서 어깨너머로 배운 연주 실력만 믿고 고등학교 졸업과 동시에 세상에 뛰어들기로 했다.

그러나 열일곱의 나이(헤르만이 테러를 감행했던 나이와 같다)로 전국을 누비며 밴드 활동을 하는 것은 쉽지 않았다. 냉정한 프로의 세계에 발을 들여놓자마자 실력의 한계를 느낀 앨런은 기술을 더 다듬어야겠다고 마음먹었다. 그래서 줄리아드 음대에 등록해, 낮에는 공부하고 밤에는 연주 활동으로 돈을 버는 주독야경書讀夜耕의 생활을 이어갔다.

* 앨런 그린스펀은 18년 연준 의장 생활 동안 단 한 번도 직원식당에서 직원들과 어울려 식사하지 않았다. 약속이 없을 때는 식당 옆의 작은 방에서 혼자서 식사했다. 후임 버냉키 의장은 약속이 없을 때 모르는 직원들과 농담하며 식사했던 것과 크게 대비된다.

그 무렵 일본의 진주만 공습이 있었다. 중대국면을 맞이한 미국은 젊은이들을 징병해서 최전선으로 보내기 시작했다. 제2차 세계대전이 한창 고비에 이른 1944년 앨런도 징집통지서를 받았다. 당시 열여덟 살이었던 그는 장차 군악대에서 복무하게 될 것으로 믿었다. 그러나 신체검사에서 느닷없이 활동성 폐결핵 진단을 받았다. 청천벽력이었다. 많은 친구가 군대에 간 동안 그는 밴드 일로 돈을 벌면서 정기적으로 병원에 들러 치료를 받았다.

병이 낫기만을 바라며 불안한 세월을 보내던 앨런은 다행히도 일 년 뒤 폐결핵이 나았다는 판정을 받았다. 그는 그 길로 뉴욕대학 상학부로 진로를 바꾸었다. 경제학에 크게 취미가 있었던 것은 아니었다. 다만 이 대학 회계학과가 취직에 도움이 된다는 말을 듣고 학교를 옮긴 것이다. 뉴욕대학 시절 앨런은 경제학자로서의 꿈을 키우기보다는 여전히 심리학에 관심이 많은 아마추어 음악가였다.

그러던 중 대학 3학년 때 교수의 추천으로 맨해튼에서 가장 크고 오래된 투자은행 중 하나인 브라운 브라더스 해리먼Brown Brothers Harriman의 인턴사원이 되면서 그의 인생은 전환점을 맞았다.

오늘날 뉴욕 연방준비은행 맞은편에 있는 이 은행은 아주 특별했다. '상위 1퍼센트에 의한, 1퍼센트를 위한, 1퍼센트의 은행'이라고 할 수 있는 당시 이 은행의 임원들은 대부분 예일대학을 나온 알짜 부자였다. 설립자 애버렐 해리먼Averell Harriman은 프랭클린 루스벨트 대통령 시절 소련 대사로 일했으며 트루먼 대통령 시절에는 상무장관을 지냈다. 이후 케네디와 존슨 대통령 시절에도 백악관을 제집처럼 드나들었다. 공화당에 연이 닿아 있는 임원들도 많았다. 한마디로 말해

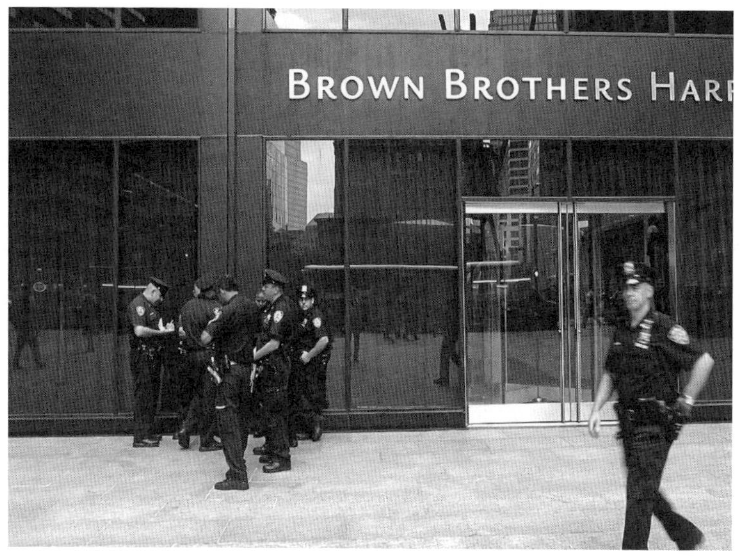

경찰들이 삼엄하게 경비를 펴고 있는 브라운 브라더스 해리먼 본사 앞.
월가 시위는 이 건물 바로 앞의 주코티 공원에서 시작되었으며 뉴욕 연준은 이 건물의 뒤에 있다.

서 이 회사는 정경유착의 화신이었다.

어린 앨런은 이 은행의 인턴사원으로 근무하면서 난생처음 음악 이외의 활동으로 돈을 벌었다. 또한 경제학에 흥미를 느끼기 시작했다. 무엇보다도 그의 인생관을 결정적으로 바꾸는 계기가 된 사람을 만났다. 프레스콧 부시Prescott Bush라는 임원이었다. 그는 나중에 코네티컷주에서 공화당 상원의원으로 당선되어 십 년간 정치인으로 활동하기도 하였는데, 미국에서는 조지 H. 부시의 아버지이자 조지 W. 부시의 할아버지로 유명하다.

프레스콧 부시를 만난 뒤 앨런은 뚜렷한 목표의식이 생겼다. 그때까지만 해도 미국 사회 변방의 서민층에서 자란 탓에 윤택하게 살 수 있는 돈을 버는 것이 앨런의 유일한 꿈이었다. 하지만 뉴욕과 워싱턴 사이에 놓인 주류 사회의 은밀한 끈을 목격한 다음에는 워싱턴을 향한 야망이 자라나기 시작했다.

제2주제 출세가도

대학을 졸업한 앨런은 같은 대학원에 등록하고 낮에는 경제통계를 작성하는 민간기관 콘퍼런스 보드Conference Board에서 일했다.* 이 기관은 미국의 산업활동지수를 작성하는 비영리 기업으로, 그는 이곳에서 주급 45달러를 받고 일하면서 경제통계에 대한 감을 익혔다.

출세의 꿈을 갖게 된 앨런은 컬럼비아대학교 박사과정에 등록했다. 여기서 만난 지도 교수 아서 번스(훗날 연준 의장이 되었다)는 경기변동을 평가하는 전미경제연구소(NBER)의 위원이었다. 그의 수업을 들으면서 특정 산업에 국한되었던 앨런 그린스펀의 눈이 거시경제로 넓어졌다.

경제 분석에 대한 탁월한 재능이 드러나면서 앨런의 연봉은 최고 전문가 수준인 6,000달러로 올랐다. 같은 나이 또래 중에서 그보다 연봉이 높은 사람이 없었다. 홀어머니와 함께 살고 있던 앨런은 자기가 번 돈으로 맨해튼의 좁은 아파트를 벗어나 근교 단독주택을 구입했다. 사랑하는 여자와 결혼하기 위해서였다. 그 무렵, 돈 버는 맛에 빠

* 콘퍼런스 보드는(Conference Board)는 미국의 산업 생산활동을 정확히 파악하고자 1916년 창설된 National Industrial Conference Board의 후신이다(1970년 개명). 이 기구 창립자인 프랭크 밴더립(Frank Vanderlip)은 재무부 차관과 씨티은행장을 역임한 사람으로서 오늘날 미국 연준 설립에도 깊이 간여했다. 그런 점에서 앨런 그린스펀이 이 기관에서 사회생활을 시작한 것은 묘한 우연이다.

진 앨런은 번스 교수의 꾸지람에도 불구하고 박사과정을 포기하고 돈벌이에 매진했다.

신혼 초 앨런은 아내 조안 미첼의 친구들과 어울렸다. 그들은 막 유명해지기 시작한 소설가 에인 랜드Ayn Rand의 집에 모여서 토론하는 모임의 회원들이었다. 이들은 미국 사회의 기둥을 이루고 있는 개인주의와 자본주의의 철학적 배경을 주제로 토론했다. 그들은 자신들의 철학을 '객관주의'라고 했는데, 이는 이념의 홍수 속에서 오직 객관적인 것만을 추구한다는 뜻에서 붙인 이름이다.

그들은 인간의 이기심이야말로 가장 객관적이며 자연스러운 것으로 보았다. 반면 이타심, 동정심, 평등 따위는 부질없는 말장난이라고 간주했다. 따라서 이들의 주장은 작은 정부, 규제철폐, 자유무역 등과 맥을 같이 했다. 조안 미첼과의 결혼생활은 그리 오래가지 않았지만, 앨런은 객관주의 신봉자들이었던 그들과 함께 어울리면서 규제철폐에 관한 신념을 키웠다.

1960년대에는 모든 분야에서 정부의 개입을 지지하는 케인스주의가 절정에 이르렀다. 심지어 1965년에는《타임》지가 "우리 모두는 이제 케인스주의자(We are all Keynesians now)"라는 제목으로 연말 특집호를 발행할 정도였다.*

이런 환경 속에서는 자유주의자인 앨런이 공직에 발을 붙이기 힘

* 이 말은 케인스와 사상적으로 대척점에서 있으면서 작은 정부를 옹호하는 밀턴 프리드먼이 푸념하듯 내뱉은 말이다. 이 냉소적인 한마디를 공화당 대통령 후보인 닉슨이 연방정부 확장을 주장하는 자기의 선거 구호로 사용하면서 널리 퍼졌다. 정치는 상대방의 말을 역으로 이용하는 묘한 특성이 있다.

1974년 8월 9일 대통령 전용기로 백악관을 떠나는 닉슨 대통령.
이 순간 미국 국민은 1962년 언론의 편파 보도를 원망하며 정계 은퇴를 확언했던 닉슨의 옛 모습을 상기했다. "그는 또 돌아올 수도 있어!"

들었다. 앨런은 개별 산업 경기전망을 전문으로 하는 컨설팅 회사의 대표로서 착실하게 개인 재산을 늘려나갔다.

1960년 대통령 선거에서 케네디 후보에게 패배한 닉슨은 고향 캘리포니아로 돌아가서 한동안 은인자중하다가 1967년 정계 복귀를 선언했다. '말 없는 다수'가 자신을 필요로 한다면서 대선에 뛰어든 것이다.

정계복귀를 선언하고 참모들을 모으기 시작한 닉슨은 앨런을 불렀다. 민주당 정부의 도시개발정책을 비판하는 내용을 담은 앨런의 책이 닉슨의 눈에 들어온 것이다. 경제전문가 앨런은 닉슨 후보 정책자

문단에 참가하면서 마침내 정치에 발을 담그게 되었다.*

하지만 닉슨은 대통령이 된 뒤 앨런을 찾지 않았다. 그가 앨런을 다시 찾은 것은 경제적으로는 오일쇼크 여파로 미국 경제가 심한 내상을 입고 있을 때였다. 정치적으로는 세상 모든 사람을 의심하면서 고압적인 태도로 국정을 운영하던 닉슨의 주변에서 사람들이 하나씩 떨어져 나간 뒤였다.

워터게이트 사건의 전모가 밝혀진 1974년 여름에 이르자 대통령 경제자문단(Council of Economic Advisers)의 의장을 맡을 사람이 없었다. 이때 오래 전 닉슨 대통령 후보 캠프의 자원봉사자였던 앨런에게 제안이 들어왔다.** 그는 그 제안을 얼른 수락했다. 하지만 출근도 하기 전에 닉슨이 먼저 사임하고 말았다.

결국 앨런 그린스펀이 오래 꿈꾸었던 공직생활은 닉슨이 아닌 포드 대통령에게 선서하는 것으로 시작했다. 그것은 작은 정부와 규제 철폐를 주장하는 객관주의자들의 세상이 열린 것을 의미했다. 앨런 그린스펀은 여러 방면에서 규제 완화를 시도했다.***

*　앨런 그린스펀은 30대 후반 객관주의에 한참 심취해 있을 때 극단적인 자유방임주의를 지지하는 글을 발표했다('Assault on Integrity', 1963년 8월). 그랬던 그가 권위적인 닉슨 행정부에 협력한다는 것이 알려진 뒤 앨런의 친구들이 그를 '배신자'라고 생각했다.

**　닉슨이 왜 뒤늦게 앨런에 관심을 두게 되었는지 확실치 않지만, 자신이 유대인을 싫어한다는 세간의 비난 여론을 의식했던 것으로 보인다. 인종차별주의자라는 비판을 받아왔던 닉슨은 대통령이 된 뒤 키신저를 포함한 많은 유대인을 요직에 기용했다. 앨런 그린스펀의 전임자였던 허버트 스타인(Herbert Stein)도 전형적인 유대인이었다.

***　포드 대통령 때 고개를 든 규제 완화는 레이건 행정부에서 본격화되었다. 그때부터 시작된 '신자유주의'는 40년간 지속하다가 2021년 바이든 대통령의 취임과 함께 끝을 맺었다. 바이든은 부자 감세에 의한 낙수 효과를 부정하고, 정부의 직접 개입을 통한 소득재분배를 강조한다.

당시 백악관의 최대 관심사는 규제 완화보다도 경기 위축이었다. 실업률이 대공황 이후 처음으로 9퍼센트를 바라보고 수요가 위축된 상황에서 민주당 정부가 제안하는 조세 환급 프로그램을 시행할 것인지가 관건이었는데, 이런 중요한 결정을 내리는 데 믿을 만한 경제통계가 없었다.

앨런 그린스펀은 자기가 개발한 간이 GDP 통계를 이용해 경제가 이미 회복국면에 들었으므로 조세환급은 필요 없다는 보고서를 대통령에게 제출했다. 그때 대통령의 핵심 참모들은 하루에 열두 시간씩 일하는 일벌레 그린스펀에게 깊은 인상을 받았다.

하지만 유권자들은 포드 행정부가 모든 면에서 '너무 늦게, 너무 조금(baby step)' 행동하는 무능한 존재로 여겼다. 결국 1976년 치러진 대선에서 카터 후보가 당선되면서 앨런은 민간인으로 돌아갔다. 짧은 백악관 생활 동안 그가 얻은 것은 뉴욕대학교 경제학 박사 학위였다.*

카터 대통령 아래에서는 앨런이 할 일이 별로 없었다. 자기 사업을 계속하는 가운데 대기업 사외이사나 민간 싱크탱크의 자문위원 등으로 활동하는 것이 전부였다. 그러다가 1980년 대통령 선거 때가 되자 공화당 레이건 후보의 캠프에서 연락이 왔다. 1967년 대선 때 닉슨을 도왔던 것처럼 앨런은 레이건 후보의 선거공약을 다듬는 일에 참여키

* 백악관에서 근무하는 동안 뉴욕대학교 박사과정을 이수하는 것은 불가능하다. 앨런 그린스펀 자신은 과거에 틈틈이 연구하던 것을 모아서 학위논문을 제출했다고 주장하지만, 오늘날 뉴욕대학교를 포함한 어디에도 그의 학위논문(《Papers on Economic Theory and Policy》)은 발견되지 않는다. 한마디로 앨런 그린스펀은 학위를 사칭했다.

로 했다. 하지만 레이건도 닉슨처럼 대통령이 된 뒤 앨런을 찾지 않았다. 1983년 카터가 임명했던 폴 볼커Paul A. Volcker의 임기가 만료되자 레이건은 그를 재신임했다. 그럴 수밖에 없었던 것은 당시 볼커에 대한 국민적 신망이 아주 두터웠기 때문이다.

카터 행정부 시절 미국 경제는 심각한 스태그플레이션을 겪고 있었다. 볼커가 취임한 지 두 달이 지난 1979년 10월, 10년물 국채금리는 그동안 누적된 물가상승 압력과 이로 인한 미 달러화 약세 우려로 갑자기 연 11퍼센트를 향해 급등하기 시작했다. 당시 볼커는 세르비아 벨그라드에서 개최된 IMF 연차총회에서 기조연설을 할 예정이었다. 신임 연준 의장으로서 국제무대에 데뷔하는 자리였다. 그러나 금융시장 움직임이 심상치 않자 그는 모든 일정을 취소하고 워싱턴으로 급거 귀국했다.

그날은 토요일이었다. 공항에서 사무실로 직행한 볼커는 일정에도 없었던 회의를 긴급히 소집했다. 그리고 페더럴펀드 금리를 연 11퍼센트에서 12퍼센트로 무려 1퍼센트포인트나 올릴 것을 의결했다. 거기서 그치지 않고 앞으로는 통화량을 목표로 삼음으로써 금리를 얼마든지 더 올릴 의사가 있다는 것도 함께 결정했다.

그날 저녁 방송에서는 그 소식을 전하면서 '새터데이 나이트 스페셜Saturday Night Special'이라고 했다. 이 말은 갱들이 사람을 죽일 때 쓰는 '불법 권총'을 뜻하는 은어였다. 얼마 후 페더럴펀드 금리는 13퍼센트를 돌파했고, 이듬해에는 18퍼센트를 넘어섰다. 말 그대로 연준의 금리 정책이 사람 잡는 흉기가 된 것이다.

고금리 때문에 기업은 죽겠다고 아우성을 치고 경기는 곤두박질쳤

1987년 레이건 대통령이 신임 연준 의장을 발표할 때 나란히 배석한 앨런 그린스펀(왼쪽 첫 번째)과 폴 볼커(왼쪽 두 번째).

다. 하지만 레이건을 탓하는 사람은 없었다. 모든 비난은 연준으로 쏠렸다. 결국 카터가 임명한 볼커는 레이건의 훌륭한 방패막이가 되었고, 이런 상황을 간파한 레이건은 볼커를 재임명했다.

결과적으로 레이건은 물가 관리에 성공함으로써 제2차 세계대전 이후 9퍼센트가 넘는 실업률 속에서도 연임에 성공한 유일한 대통령이 되었다. 이런 일이 있은 후인 1987년 여름, 볼커의 두 번째 임기가 다가왔다. 이번에도 백악관은 일차적으로 볼커의 연임을 생각했다.

하지만 경기불황의 주범이라는 의회와 언론의 공격에 지친 볼커가 이를 사양했다. 게다가 1985년 플라자 합의를 통해 G7 재무장관들이 엔화 강세와 달러화 약세를 약속함으로써 그동안 달러화 가치 수호를 위해 싸운 자신의 역사적 사명도 완수되었다고 판단했다.*

볼커가 세 번째 임기를 시작할 뜻이 없음을 통보받은 베이커 재무장관과 리건 대통령비서실장은 앨런에게 전화를 걸었다. 그때 앨런 그린스펀은 연준 의장직에 관심이 있다는 뜻을 밝혔지만 두 달을 더 기다려야 했다. 레이건은 앨런을 불러 이것저것을 물어본 뒤 자리를 약속했다. 이렇게 해서 앨런 그린스펀의 두 번째 공직생활이 시작되었다. 십 년 만에 워싱턴으로 컴백한 것이다.

제3주제 영웅 등극

대중에게 별로 알려지지 않았던 앨런 그린스펀이 전임자 폴 볼커를 능가하는 세계적 뉴스메이커로 부상하는 시기는 의외로 빨리 찾아왔다. 취임한 지 딱 두 달 만에 주식시장이 붕괴하면서 금융위기가 찾아온 것이다.

흔히 '블랙 먼데이(Black Monday)'라고 불리는 1987년 10월 19일 다우존스 지수는 하루 동안 22.6퍼센트나 빠졌다. 대공황의 시작이라고 하는 1929년 10월 24일의 11퍼센트 하락보다도 컸다. 이날의 충격은 다른 나라에까지 번져서 이튿날 홍콩 41.8퍼센트, 스페인 31퍼센

* 볼커는 기자들에게 농담 반 진담 반으로 연준 의장직을 떠나는 이유를 "연준 의장 월급으로는 아이비리그에 다니는 대학생 딸들의 등록금 대기가 어렵기 때문"이라고 말했다. 하지만 공화당 정부의 정책에 다소 불만이 있었던 것이 이유라고 보인다. 지금도 마찬가지만, 미국 경제의 고질적 문제는 쌍둥이 적자이고 그 원인은 본질적으로 하나다(하버드 대학 마틴 펠스스타인 교수). 그런데 공화당 정부는 플라자 합의를 통한 환율 조정으로 무역적자만 개선하려고 하고 재정적자에는 무관심했다. 예를 들어 당시 부통령이었던 조지 부시는 1988년 대선에서 '증세 불가(Read My Lips)'를 공약으로 내세웠다. 스스로 고통을 감수할 생각 없이 다른 나라에만 고통만 강요하는 공화당 정부에서 볼커의 역할은 제한될 수밖에 없었다.

트, 영국 26.5퍼센트 등 전 세계적인 주가 폭락 사태로 이어졌다.

모든 상황이 볼커 때와 비슷했다. 취임 두 달 만에 금융위기가 찾아왔을 때 텍사스주에서 강연할 계획이었던 앨런 그린스펀은 주식시장 동향이 심상치 않자 일정을 취소하고 워싱턴으로 돌아왔다. 주가 폭락의 원인이 프로그램 트레이딩program trading, 즉 주가 하락이 일정 수준을 넘어서면 컴퓨터가 자동으로 매도주문을 넣는 프로그램에 있었다는 것이 확인되면서 하루만 더 기다려 보자는 의견이 우세했지만, 앨런 그린스펀은 볼커처럼 과감하게 대처하기로 했다.

일단 닥치는 대로 국채를 사들이기로 했다. 그는 '규모는 무제한! 시기는 필요할 때까지!'라는 원칙을 밝히면서 사람들의 예상을 뒤엎었다. 장차 글로벌 금융위기와 코로나19 위기 때 연준이 하게 될 역할의 시작이었다. 앨런 그린스펀의 파격적인 결정으로 전 세계적 증시 폭락 사태는 의외로 쉽게 해결되었다. 몇 달 뒤 주가가 예전 수준으로 돌아오는 한편, 이듬해 1사분기 경제성장률은 연 2퍼센트 수준을 회복했다. 2사분기에는 오히려 연 5퍼센트로 상승했다.

그때까지 앨런 그린스펀은 국내외적으로 별로 알려진 인물이 아니었다. 통화정책의 경험도 많지 않았다. 워싱턴의 재무부와 연준에서 평생을 보낸 거구의 폴 볼커에 비하자면 여러 면에서 존재감이 없었다. 앨런 그린스펀은 목소리도 작았다. 하지만 블랙 먼데이를 계기로 앨런 그린스펀의 명성은 전임자와 같은 반열에 올랐다.

이어 앨런은 조직 장악력도 넓혀갔다. 통화정책국을 신설하고 도널드 콘Donald Kohn을 국장으로 임명했다. 정통 경제학이 아닌 금융공학을 전공한 콘은 그때까지 연준 조사국에서는 비주류였지만, 앨런

"All the News That's Fit to Print"

The New York Times

Late Edition

VOL. CXXXVII... No. 47,299 NEW YORK, TUESDAY, OCTOBER 20, 1987 30 CENTS

STOCKS PLUNGE 508 POINTS, A DROP OF 22.6%; 604 MILLION VOLUME NEARLY DOUBLES RECORD

U.S. Ships Shell Iran Installation In Gulf Reprisal

Offshore Target Termed a Base for Gunboats

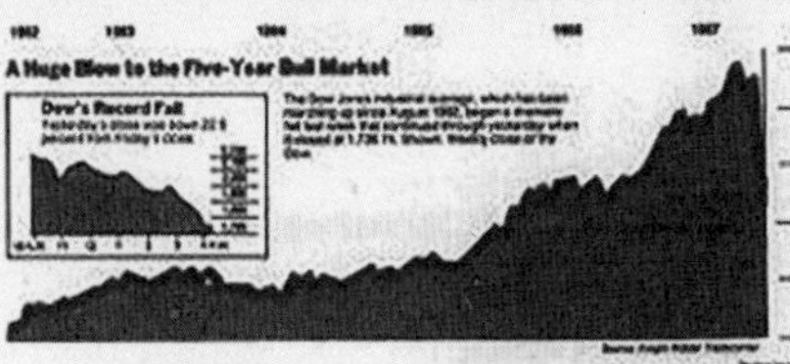

WORLDWIDE IMPACT

Frenzied Trading Raises Fears of Recession — Tape 2 Hours Late

Does 1987 Equal 1929?

Who Gets Hurt?

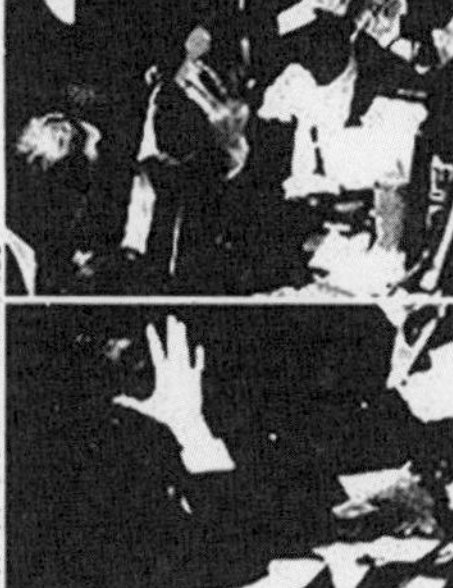

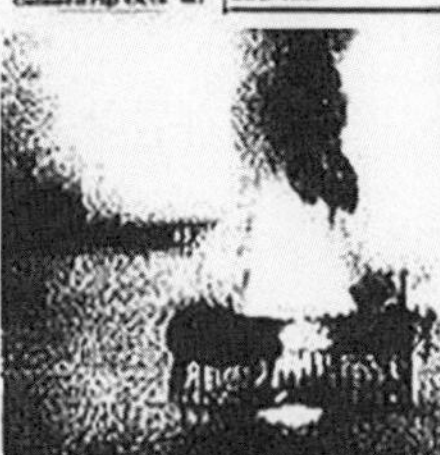

More About the Markets

Goetz Given 6-Month Term on Gun Charge

INSIDE

블랙 먼데이를 전하는 1987년 10월 19일자 《뉴욕타임스》 기사.

의 신임을 받자 그의 오른팔이 되어 새로운 아이디어를 쏟아냈다. 그리고 앨런이 내심 바라는 것, 즉 전임자인 볼커의 흔적을 하나씩 지워갔다.* 통화주의를 포기하고 금리의 목표 수준을 명확히 밝히는 방식을 채택했다. 그러고는 한 번에 0.25퍼센트 포인트만 조절하는 특유의 아기 걸음(baby step)을 연준의 새로운 스타일로 도입했다.

이런 새로운 시도를 할 때 직원들은 머쓱했다. 과거 통화주의가 절정을 이루었을 때 연준 직원들은 "금리를 운영목표로 하면 통화 공급에 내생성이 생겨 통화정책의 효율성이 떨어진다"** 고 주장했다. 특히 금리의 목표 수준을 밝히는 것은 쏠림현상을 유발하여 바람직하지 않다(앨런 그린스펀의 스승이었던 아서 번스 의장의 주장이다)던 주장도 갑자기 잦아들었다.

학계에서는 그린스펀식의 투명하고 정교한 금리 조절이야말로 모든 중앙은행이 본받아야 하는 당연한 법칙이라고 칭송하기 시작했다. 그리고 나중에 그 이름을 '테일러 룰(Taylor's rule)'이라고 붙였다. 사람들은 통화정책을 예술이 아닌 과학이라고 확신하기 시작했다. 사소한 통계수치 하나하나에 주의를 기울이며 조금씩 자주 바꾸는 금리정책에서 고전물리학적 인과율을 느꼈다.

* 앨런 그린스펀 아래서 도널드 콘은 승승장구했다. 통화정책국장에 이어 FOMC 비서실장, 연준이사회 자문관, 연준 위원(2002~2006년), 부의장(2006~2010년)으로 승진을 거듭했다. 외부기관 경험이 전혀 없는 내부 직원이 연준 위원과 부의장까지 오른 것은 처음이다. 그런 경력을 바탕으로 나중에는 영란은행 금융정책위원회 위원으로 활동하기도 했다.

** 중앙은행이 특정 금리 수준을 목표로 삼으면, 그 금리 수준에서 통화공급 곡선이 수평선이 된다. 통화량은 그 수평선과 통화수요 곡선이 만나는 점에서 결정된다. 한편 통화량이 전적으로 민간의 수요에 의해 결정되는 것을 내생성(endogeneity)을 갖는다고 말한다. 그와 반대로 정책당국이 통화량을 결정하면 외생성(exogeneity)을 갖는다고 한다.

이렇게 금리정책을 통해 입지를 확실히 굳힌 앨런 그린스펀은 자기의 소신, 즉 객관주의 철학을 다른 분야에까지 확대해 나가기 시작했다. 은행들의 수신금리 규제(금리상한선, Regulation Q)를 사실상 폐지하다시피 할 정도로 점진적으로 약화시켰다. 그리고 은행 채권이나 정기예금에 대한 지급준비율도 0퍼센트로 낮춤으로써 지급준비의무를 유명무실하게 만들었다. 그가 보기에 모든 규제와 정부개입은 나쁜 것이며 중앙은행은 금리조절과 공개시장조작만으로도 얼마든지 경제를 조절할 수 있기 때문이었다.*

1990년대에 이르러 미국 경제는 인플레이션 없이 경제 호황을 맞았다. 냉전 종식에 따른 군사비 지출 축소와 동유럽의 저임금 노동 영향이 컸지만, 사람들은 그것을 앨런 그린스펀의 공로라고 치하했다. 태평성대니, 골디락스 경제니 하는 미사여구가 탄생했고, 알 듯 모를 듯한 현학적 표현을 내뱉는 그는 어느새 살아 있는 현자가 되어 있었다.

블랙 먼데이가 발생한 지 10년이 흐른 1996년, 주식시장이 과열 기미를 보이자 이번에는 '비이성적 과열'이라고 투자자들을 꾸짖었다. 설립된 지 2년도 되지 않은 IT 기업 넷스케이프의 주가가 상장한 지 며칠 만에 세 배씩 뛰는 현상에 대한 경고였다. 그 바람에 주식시장은 급속히 냉각했지만, 그에게 감히 불평하는 투자자는 없었다.

* 앨런 그린스펀의 극단적인 규제 혐오증과 금리정책 만능주의는 1997년 말 개정된 한국은행법과 그것을 해석하는 한국은행 직원들에게도 깊숙이 '주입'되었다. 2008년 글로벌 금융위기 이전 한국은행은 LTV, DTI 규제에서 외환은행 증자 참여(2003년 론스타 앞 매각 당시)에 이르기까지 금리정책이 아닌 것에는 일절 관심이 없었다. 그렇게 현실 도피적 태도를 보이자 언론은 한국은행을 '절간'이라고 부르기 시작했다.

그 무렵 그린스펀 자신에게도 비이성적 과열이 찾아왔다. 아주 오랫동안 교제해 오던 스무 살 연하의 여자와 1997년 초, 그의 나이 일흔 하나에 마침내 재혼을 결심한 것이다.

이러한 비이성적 과열의 후유증은 다른 데서 터졌다. 한때 높은 성장률을 구가하던 아시아의 용들은 1997년 말 외환위기라는 격랑을 만났고, 1998년에는 러시아가 모라토리엄을 선언했다. 2000년에는 미국마저도 닷컴 버블 혹은 IT 버블이 꺼지면서 경기가 급속히 나빠졌다. 그때마다 앨런 그린스펀이 재빠르게 나서서 금리를 조절하거나 공개시장조작을 시행함으로써 위기를 넘겼다. 이런 일을 겪으면서 사람들은 그를 마치 세상의 구원자인 것처럼 여겼다.

제4악장 슬픔

제1주제 죽음

외교관 라트에게 총을 겨누었던 17세 소년 헤르만 그린츠판의 범행은 불우한 개인 사정에 의한 자포자기의 성격이 강했다. 그는 범행 직후 프랑스 경찰에 끌려가면서 "유대인으로 태어난 것이 죄가 아니요, 나는 개가 아니다. 그런데 나는 어디를 가더라도 동물처럼 쫓겨 다녔다"고 외쳤다. 이 말이 세상에 알려지자 국제사회는 '어린 소년의 살의를 키운 것은 바로 나치'라고 히틀러 정권을 힐난했다.

동물 취급을 받아왔다는 열일곱 살 소년 헤르만의 처벌을 두고 프랑스 정부는 고민에 빠졌다. 재판은 아주 무성의하고 천천히 진행되

수정의 밤을 몰고 온 헤르만 그린츠판

었다. 그리고 사건이 터진 뒤 일년 반이 지나도록 재판은 전혀 진척이 없었다. 라트의 장례식을 국장으로 성대하게 치를 때까지만 해도 '유대인 청소'에 문제가 없으리라 생각했던 나치 정부는 이후 수세에 몰리게 되었다.

재판이 진행될수록 불리한 사실들만 공개되자 나치 정부는 마침내 프랑스 정부에 헤르만의 신병을 넘기라고 압박했다. 나치의 앞잡이였던 비시Vichy 괴뢰정부는 나치의 거센 요구에 저항하지 못하고 헤르만을 독일에 넘겼다.

아무리 잔인무도한 나치 정권과 게슈타포라고 하더라도 미성년자를 그냥 처형할 수는 없었다. 그래서 나치 정권은 헤르만을 이곳저곳으로 옮기면서 국제사회의 감시와 관심이 끊어지기만을 기다렸다. 독일로 이송된 지 얼마 후 헤르만의 소재와 안부는 사람들의 관심에서 멀어졌다. 이후 그의 행방에 관한 기록들이 사라졌다.

일설에 따르면 헤르만은 나치가 패망하기 직전인 1945년 5월 8일 집단수용소에서 원인 불명의 이유로 사망했다고 한다. 이미 히틀러가 자살(4월 30일)하고 베를린이 연합군에 함락(5월 2일)당한 후였다. 조금만 더 버티면 햇빛을 볼 수 있었지만, 열악한 환경 속에서 크게 악화된 건강 때문에 그는 끝내 광명을 찾지 못했다.

제2주제 수치

2001년 9·11 테러 사건이 터졌을 때 앨런 그린스펀은 국제결제은행(BIS) 총회 참석차 유럽에 있었다. 사건이 터진 직후 조지 W. 부시 대통령은 그를 전용 비행기로 모셔왔다. 그럴 정도로 앨런 그린스펀은 미국 경제의 아이콘이었다. 18년에 걸친 그의 임기가 끝나갈 때가 되자 조지 W. 부시 대통령은 3대에 걸쳐 자기 집안과 인연을 맺어 온 그에게 자유 메달을 수여했다.

그린스펀 의장에게 메달을 수상하기 전 부시 대통령이 밝힌 그의 업적은 그린스펀 자신이 들어도 낯이 뜨거울 정도였다. 조지 W. 부시 대통령의 경의는 거기서 그치지 않았다. 앨런 그린스펀이 연준을 떠나던 날 연준 본부까지 찾아가 이임식에 참석하고 그의 고별사를 경청할 정도였다.

말할 필요도 없이 앨런 그린스펀의 명성은 숱한 금융위기 돌파에서 나온 것이었다. 그래서 그는 자기 회고록의 제목을《격동의 시대 Age of Turbulence》라고 붙였다. 세계 각국의 경제전문가와 정책 입안자들은 그의 지혜를 배우겠다며 앞다투어 책을 샀다.

그러나 2008년 9월 리먼 사태가 터지면서 그린스펀에 대한 세상의 평가는 완전히 달라졌다. 그린스펀은 잘못된 통화정책을 통해 세계 경제를 위험에 빠뜨린 주범이라는 비판이 이어졌다. 퇴임 후에도 왕성한 활동을 보이던 그는 리먼 사태 직후 돌연 사람들의 눈총을 피해 칩거에 들어갔다. 하지만 2008년 10월 23일 하원청문회마저 불참

우리나라에서도 베스트셀러가 되었던 그린스펀의 회고록. 이 책을 읽었는지가 경제전문가의 판별 기준이 될 정도였다.

할 수는 없었다.

청문회에서 주택담보대출 시장의 잠재 위험에 대한 그의 인식과 대응이 부족했다는 질책이 이어지자, 그는 그램리치Gramlich 연준 위원과 둘이서 나름으로 열심히 대책을 논의했다고 변명했다. 몇 년 전에 죽은 그램리치를 방패로 삼은 그의 모습에 하원의원들은 실망했고,《워싱턴포스트》지는 이를 아주 싸늘하게 보도했다('Who found the flaw?', 2008년 10월 24일 자). 그 청문회에서 그린스펀은 지루한 변명을 늘어놓다가 결국 자신의 과오를 인정했다.

그는 "은행과 같은 민간기업의 이기적 동기가 자신을 보호할 수 있다는 저의 믿음이 크게 잘못된 것이었음을 인정합니다."라고 말하며 어깨를 움츠렸다. 자신이 평생 간직해 왔던 경제철학, 즉 에인 랜드에게서 배운 객관주의 또는 극단적 자유주의에 중대한 오류가 있음을 고백한 것이다. 누구보다도 영예로운 삶을 살아왔던 그로서는 지울 수 없는 엄청난 수치였다.

이후 사람들은 그의 회고록을 재평가하기 시작했다. 한참 잘 나갈 때 발표한 그 책에서 그린스펀은 "닉슨은 유대인만 싫어한 것이 아니라 이탈리아인도, 그리스인도, 동유럽 사람도 전부 싫어했다. 도대체 그가 좋아하는 사람이 있기나 했는지 모르겠다. 죄다 미워했으니까"라고 술회했다. 그리고 "닉슨이 사임할 때 홀가분해졌다"며 자신이 마치 닉슨 때문에 억지로 백악관에 붙들려 있던 것처럼 말했다.

세상을 떠난 대통령까지 파는 그의 초라한 인성에 대해 사람들은 적잖이 실망했다. 유대인들도 그를 더 이상 자랑거리로 생각하지 않았다.

제3 주제 대단원

어린 소년 헤르만 그린츠판의 범행이 알려진 직후 유대인 원로들은 깊은 한숨을 내쉬었다. 그들은 독일 정부가 취한 정치 선동과 폭력성을 규탄했지만, 장차 몰아닥칠 후폭풍이 걱정되었기 때문이다. 실제로 '수정의 밤'에 당한 것은 시작에 불과했다. 기회만 보고 있었던 나치 일당에게 헤르만의 테러는 아주 좋은 공격의 빌미를 제공하여 홀로코스트의 출발점이 되었다.*

헤르만의 테러는 자살골에 가까웠다. 훗날 밝혀진 일이지만, 헤르만이 살해한 라트야말로 진짜 유대인을 동정하는 사람이었다. 그동안 라트는 반나치주의자로 의심받고 비밀경찰로부터 은밀히 내사를 받아왔다. 그런 점에서 헤르만은 같은 편을 살해하고 적군이 동족을 핍박받도록 만든, 진짜 어리석은 인간이 아닐 수 없다.

* 나치 독일의 눈으로 보자면 헤르만의 행적에 의심할 부분이 많다. 변변한 수입원과 재산이 없었던 헤르만이 사건 전날까지 상당히 고급 호텔에 머물렀다는 점, 그리고 체포 직후 당대의 최고급 변호사를 선임했다는 점 등은 헤르만이 단독 범행을 한 것이 아니라 유대인 비밀결사단체의 사주를 받고 정치적 테러를 저질렀다고 의심할 만하다. 그래서 헤르만의 배후는 오늘날까지도 논란이 되고 있다.

그래서인지 오늘날에도 유대 사회에서 헤르만 그린츠판을 기억하지만, 특별히 추앙하는 움직임은 눈에 띄지 않는다. 워싱턴D.C. 홀로코스트 박물관에 걸려 있는 특징 없는 사진이 그에 관한 기록 전부다. 헤르만은 어머니에게 보낸 편지에서 자기의 결심과 행동이 신의 섭리라고 믿었다. 하지만 그는 신중함을 몰랐다. 한마디로 말해서 어린 헤르만은 열정과 맹신의 덫에 걸린 것이다.

이러한 덫에 걸린 것은 앨런 그린스펀도 마찬가지였다. 2008년 10월 청문회장에서 축 처진 모습으로 나타난 그를 보고 미국인들은 '어깨를 움츠린 앨런'이라고 했다. 그가 사상적 우상이라고 믿었던 에인 랜드의 대표작《어깨를 움츠린 아틀라스Atlas Shrugged》를 패러디한 것이다.

이후 앨런 그린스펀은 다른 사람들 앞에 나서는 것을 꺼리고 있다. 개인의 이기심에서 출발하는 자유경쟁시장이 모든 경제 문제의 해결책이라고 믿었던 객관주의자 또는 신자유주의자의 현주소다. 평범한 진리지만, 얕은 지식에서 출발하는 잘못된 신념은 불행한 결과를 낳는다. 앨런 그린스펀은 어떻게 해서 맹신의 덫에 걸렸을까? 그는 젊은 시절 누구보다도 열심히 에인 랜드가 주관하는 토론에 참여하고,《어깨를 움츠린 아틀라스》를 옹호했다.* 그런 끈끈한 관계 때문에 앨런

* 에인 랜드의 신간《어깨를 움츠린 아틀라스》에 대해《뉴욕타임스》가 시큰둥하게 서평을 내자, 앨런이 항의 편지를 썼다(1957년 11월 3일 자《뉴욕타임스》지 독자투고란). 그의 돌출적 행동에 흥미를 느낀《뉴욕타임스》 기자는 얼마 후 에인 랜드를 따르는 열두 명의 토론 모임을 특집기사로 소개했다. 기자는 이 모임의 앳된 회원들을 '43학번(Class of 43)'이라고 불렀다(In and Out of Books, 1957년 12월 22일 자《뉴욕타임스》 지 문화면 칼럼). 그린스펀의 이름이 언론에 오르내린 것은 그때가 처음이었다.

그린스펀이 포드 대통령 앞에서 임명장을 받고 선서할 때는 그의 사상적 스승인 에인 랜드 부부가 그린스펀의 가족으로 참석했다.

1974년 8월 앨런 그린스펀이 대통령 경제자문위원회 의장(CEA) 임명장을 받은 뒤 대통령 집무실에서 찍은 사진. 친어머니(맨 왼쪽)와 에인 랜드 부부가 보인다.

에인 랜드의 생각이 아주 독창적인 것은 아니다. 그녀가 젊었을 때 풍미했던 비트겐슈타인의 논리실증주의를 적당히 가공한 것이다. 논리실증주의는 검증할 수 없는 것은 존재하지 않기 때문에 관심을 가질 필요가 없다고 보는 견해다.

에인 랜드는 이타심, 동정심, 평등, 공익 따위의 개념도 검증할 수 없는 허구라고 보았다. 그에 비하면, 눈으로 확인되는 물질적 풍요와 그것을 가능케 하는 인간의 이기심과 경쟁 같은 것은 실체가 있다고 생각했다. 에인 랜드의 추종자들은 그런 생각을 '객관주의(objectivism)'라고 불렀지만, 보통은 '자유주의(libertarianism)'라고 부른다. 시장경제를 지향하는 한편, 정부의 개입을 배격하는 정치 철학이다. 에인 랜드의 객관주의에 뿌리를 둔 앨런 그린스펀의 규제 완화 정책은 정치적으로 신자유주의에 해당한다.

하지만 객관주의의 뿌리인 논리실증주의는 이를 이끌었던 비트겐슈타인 자신에 의해 파기되었다. 비트겐슈타인이 자기 논리를 뒤집은 것은, 논리의 가장 밑바탕에는 도저히 검증할 수 없는 형이상학적 가치나 개념들이 자리 잡고 있어서 그것까지 부정하기 시작하면 모든 논의가 허무해지기 때문이다(지나친 검증을 요구하면 형이상학과 자연과학의 차이가 없어진다). 그래서 비트겐슈타인은 논리실증주의를 포기한 뒤 오히려 인간 의식의 모호함을 연구하는 쪽으로 방향을 틀었다.*

결국 에인 랜드와 앨런 그린스펀은 비트겐슈타인의 생각을 수박 겉핥기식으로 잘못 이해했다. 불행하게도 그 잘못된 이해가 지금도 계속되고 있다. 무정부주의에 가까운 자유주의와 기술만능주의가 그것이다.

2012년 미국 대선에서 공화당의 예비후보로 나선 론 폴Ron Paul 하원의원은 연준 폐쇄(End the Fed)를 자신의 공약으로 삼았다. 연준의 음모를 타파하고 금본위제도로 복귀하자는 것이 그의 주장이었다. 폴 의원은 앨런 그린스펀처럼 에인 랜드의《어깨를 움츠린 아틀라스》를 감명 깊게 읽었다고 밝혔다. 대공황이 끝나던 무렵 가난한 독일계 이민의 아들로 태어나 독학으로 의사 면허증을 따고 자수성가했다는 점도 앨런 그린스펀과 똑같았다.

한편 2021년 현재 전 세계는 비트코인 류의 가상화폐에 관한 관심이 뜨겁다. 블록체인 기술의 매력에 끌려 그 기술이 법정화폐를 대체하고 금융 시스템을 뒤집을 것이라는 상상을 펼친다. 영락없는 에인

* 얼마 전 전 세계적으로 관심을 모았던 영화 〈인셉션Inception〉은 비트겐슈타인의 사후 에세이 집인《확실성에 관하여On Certainty》(1969년)에서 모티프를 얻은 것이다. 이 책은 "밖에 비가 올 때 방에서 비가 오는 꿈을 꾸면, 그 꿈은 착각인가 아닌가"라는 우화적 질문으로 시작한다. 장자의 호접몽(胡蝶夢)과 같다.

랜드식 무정부주의다. 하지만 철학이 빠진 상상과 맹신은 불행한 결과를 낳는다. 헤르만 그린츠펀과 앨런 그린스펀의 경우처럼.*

* 이 글은《뉴욕타임스》에 실린 애덤 커시(Adam Kirsch)의 글에서 영감을 얻었다('Ayn Rand's Revenge', 2009년 10월 29일 문화면 칼럼). 커시는 미국에서 유명한 기독교 신학자의 아들로서 시인이자 비평가이다. 이 칼럼에서 소개된 에인 랜드와 앨런 그린스펀에 대한 평가가 필자의 평소 생각과 너무나 똑같아서 놀랐다.

15장

사고 친 자와 수습한 자

-

중앙은행을 거듭나게 한
1825년 금융공황

에레혼 이야기

힉스Higgs는 자기 동네를 한 번도 벗어나 본 적이 없는 양치기 청년이다. 틀에 박힌 일을 매일 반복하는 것에 진력난 힉스는 자기 마을을 떠나 먼 곳으로 가고 싶어 한다.

어느 날 같은 동네의 할아버지가 솔깃한 이야기를 들려준다. 마을의 끝이라고 생각되는 높은 산을 넘어가면 '에레혼Erewhon'이라고 하는 신기한 나라가 나온다는 것이다. 거기에는 금이나 다이아몬드와 같은 귀금속이 지천으로 널려 있고 상상할 수도 없는 진기한 일들이 무궁무진하다고 한다.

한마디로 말해서 에레혼은 지상낙원이다. 하지만 거기까지 가기가 너무 험난해서 지금까지 아무도 그 산을 넘어갈 엄두를 내지 않았다고 한다.

힉스는 호기심이 발동한다. 할아버지와 함께 말을 타고 그 땅에 발을 들여놓기로 한다. 하지만 그 지역의 경계에 이르러 거대한 빙하를 보자 할아버지는 겁에 질려 달아나고, 남은 힉스는 혼자서 모험을 계속한다.

산을 넘어 도달한 곳은 힉스가 사는 동네와 아무것도 다를 것이 없다. 모든 것이 평온하고 아름다웠다. 다만 기계라고는 하나도 보이지 않는 풍경이 조금 의아스러울 뿐이었다. 그런데 곧 이상한 일들이 일어나기 시작한다. 순박하고 친절하게만 보이던 사람들이 힉스의 시계를 보더니 갑자기 달려들어 시계를 빼앗고 그를 감옥에 가두는 것이다.

영문도 모른 채 감옥에 들어온 그에게 간수의 딸 이램Yram이 관심을 갖고 접근한다. 이램은 힉스에게 에레혼의 비밀을 하나씩 알려준다. 그가 감옥에 갇힌 첫 번째 이유는 병약해 보이기 때문이란다. 에레혼에서는 병약한 것이 '누구에게도 책임을 돌릴 수 없는 중죄 중의 중죄'다. 이 마을에서 아프다는 것은 불행한 것이요, 누군가를 불행하게 만드는 사람은 자기 자신을 포함해서 형벌을 받아야 한다.

같은 이유에서 슬픈 사람도 감옥에 간다고 한다. 반면 도둑질이나 살인은 오히려 동정의 대상이다. 훔치거나 살인을 하는 것은 어딘가가 잘못된 것이므로 정상으로 돌아올 때까지 조용히 치료를 받고 휴식을 취해야 한다는 것이 에레혼 사람들의 생각이다.

그렇다고 에레혼 사람들이 야만적인 것은 아니었다. 그들은 대단히 발달한 기계문명을 갖고 있다. 다만, 기계들을 사용하지 않을 뿐이다. 기계가 고도로 발달하게 되면 일자리가 줄어드는 것은 물론이고 기계가 인간을 흉내 내어 마침내 인간의 지위를 넘볼 위험이 있기 때문이다. 그래서 에레혼 사람들은 언젠가부터 모든 기계를 박물관에 처박아 두고 일상생활에서는 일절 쓰지 않는다. 힉스가 시계를 빼앗긴 이유도 그 때문이다.

감옥에서 풀려나온 힉스는 에레혼의 주민인 세노 노스니보르Senoj Nosnibor의 집에 초대를 받는다. 그는 그 동네의 관습에 따라 '거짓말 증후군'이라는 병을 치료받고 있는 사기꾼이다. 그 집에는 딸이 두 명 있었는데 힉스는 첫눈에 둘째 딸과 사랑에 빠진다. 하지만 세노는 둘의 사랑을 허락하지 않고 큰딸과의 결혼을 고집한다. 큰딸이 마음에 들지 않았던 힉스는 그곳에 있는 대학을 다니면서 시간을 번다.

이 동네에서는 아무 쓸모 없는 것이라도 무엇이든 배우겠다고 하면 기회를 주는 것이 관례다. 그래서인지 그 이름이 '무작정 대학(University of Unreason)'이다. 대학에 다니면서 힉스는 둘째 딸과 몰래 사랑을 하지만, 끝내 세노에게 발각된다. 몹시 분노한 아버지를 피해 두 사람은 애드벌룬을 타고 그 동네를 탈출한다.

그 후로 상당한 세월이 흘렀다. 에레혼이 궁금해진 힉스는 다시 그곳을 찾는다. 그가 전에 만난 적이 있던 이램을 다시 만난다. 이제 그녀는 결혼해서 아들을 두고 있다. 이램은 힉스에게 또 다른 놀라운 소식을 알려준다.

힉스가 그곳을 떠난 뒤 에레혼에서는 그를 신으로 모시는 신흥종교가 생겼다고 한다. 힉스가 과학의 힘을 빌려 애드벌룬을 타고 그곳을 탈출하자 홀연히 하늘로 사라진 '태양의 아들'이라 여기고, 그를 섬기는 교회가 만들어져 번창한다는 것이다.

에레혼에는 은행이 많다. 이들 은행은 제각기 동전을 발행하는데, 사기꾼들 때문에 함량이 미달하거나 위조된 주화가 많다. 태양의 아들을 섬기는 교회에서 그런 돈으로 헌금하는 것은 매우 불경스러운 일이다. 그래서 각 교회에서는 헌금시간 전에 환전소를 운영하면서 시중에서 유통되는 '부정직한' 동전을 '정직한' 주화로 교환해 준다. 교회는 신도들에게 헐값으로 산 동전들을 주변의 은행들에 맡기고 돈놀이를 한다. 가장 신성한 곳인 교회가 가장 세속적인 금융업자들과 한통속이 되어 움직이는 것이다.

이런 시스템 속에서 태양의 아들로 신격화된 힉스가 갑자기 나타나면 큰 문제가 생긴다. 그의 정체가 산 너머 마을의 양치기라는 것이 탄로 나면, 교회를 운영하던 사람들, 그들과 결탁했던 신학자들, 그리고 교회 환전소와 연계된 은행가들이 큰 타격을 입는 것이다. 그래서 에레혼의 신학자 행키와 팽키는 힉스가 돌아온 것을 알고 그를 없애기로 한다. 이들을 피해 도망다니던 힉스는 우여곡절 끝에 다시 에레혼을 탈출한다. 힉스는 고향으로 돌아와서 자기가 겪었던 일을 회고한다.

지금까지 소개한 기이한 이야기는 1872년 새뮤얼 버틀러Samuel Buttler가 발표한《에레혼Erewhon》이라는 소설의 줄거리다.

이 소설은 여러모로《걸리버 여행기》를 패러디했다. 우선 영국 소설 특유의 애너그램anagram(철자 순서를 바꾼 말)이 넘쳐난다. 일종의 말장난이다. 제목 에레혼Erewhon은 Nowhere를 거꾸로 읽은 것이다. 등장인물 이램Yram은 Mary를 뒤집은 말이고, 세노 노스니보르Senoj Nosnibor는 Robinson Jones을 뒤집은 말이다. 여기에는 세상을 뒤집어 거꾸로 보겠다는 작가의 의도가 담겨 있다.*

이 작품은 낙관적 세계관이 팽배했던 빅토리아 시대에 영국 사회를 그린 풍자소설이다.** 예를 들어 교회와 은행 간의 관계는 은행들과 복잡한 금전거래를 맺는 영국 성공회의 세속적 행태를 비판한 것이다.

기계가 진화하여 인간을 지배할 수 있다는 에레혼 사람들의 상상도 마찬가지다. 공상과학영화 〈터미네이터〉나 〈트랜스포머〉에서 보이는 것과 같이 기계가 인간에 도전하는 이야기는 오늘날 식상할 정도로 흔하다. 그러나 찰스 다윈이 진화론을 발표한 뒤 한동안은 기계가 진화하여 인간사회를 해치지 않을까 하는 걱정이 팽배했다. 에레혼 사람들이 기계를 무서워하는 모습은 진화론 때문에 정신적 공황 상태에 빠진 당시 영국 사회의 정서를 반영한다.

힉스가 처음에 꿈꾸었던 에레혼은 유토피아였다. 하지만 그 실상을 알고 보니 영국식 통념과는 전혀 다른 엉뚱한 논리가 지배하는 괴상한 세계다. 그래서 영어권에서는 '에레혼'이라는 말이 유토피아나 무릉도원과는 반대의 뜻을 지닌, '디스토피아'라는 뜻으로 쓰인다.***

* 힉스의 눈에는 에레혼이 비정상적인 세계다. 하지만, 에레혼 사람들의 눈에는 힉스가 비정상이다. 결국 정상과 비정상은 관점의 차이일 뿐인데, 자기의 잣대로 세상을 평가하려는 영국식 고정관념과 자기중심적 사고방식이 잘못되었다는 것이 새뮤얼 버틀러가 전하려는 메시지다.

** 《걸리버 여행기》도 굉장히 날카로운 사회풍자소설이다. 예를 들어 '트리브니아' 왕국의 '랑덴'에 사는 사람들이 이웃동네 '린달린' 주민들을 터무니없는 이유로 끊임없이 괴롭히는 장면이 나온다. 트리브니아(Tribnia)는 영국(Britain)을, 랑덴(Landen)은 잉글랜드(England)를, 린달린(Lindalin)은 아일랜드의 수도 더블린(Dublin)을 뜻한다. 철자를 교묘하게 흩뜨렸다(린달린에는 '린'이 두 개 들어 있으므로 double Lin이며, 이는 Dublin을 말한다!).

*** 예를 들어 유명배우 존 트라볼타와 니컬러스 케이지가 출연한 영화 〈페이스오프〉에서 최악의 흉악범들만 수감한 특수 감옥의 이름이 '에레혼'이다.

상상의 제국 포야이스와 디스토피아

어쩌면 소설《에레혼》은《걸리버여행기》가 아니라 현실에서 영감을 얻은 것인지도 모른다. 한때 유토피아로 여겨졌으나 알고 보니 디스토피아로 밝혀지는 일이 새뮤얼 버틀러의 고향 영국에서 실제로 일어났다. 소설이 발표되기 50년 전의 일이었다.

사건은 스코틀랜드 출신의 맥그리거Gregor MacGregor라는 군인이 고향으로 돌아오면서 시작된다. 그는 아메리카 식민지 지역에서 활동하던 해군 장교였다. 미국이 영국으로부터 독립한 이후 중남미에서도 스페인이나 영국을 향한 독립의 목소리가 커졌는데, 영국으로부터 독립을 요구하는 원주민들을 진압하는 것이 그의 임무였다.

20대 초반을 아메리카 대륙에서 맥그리거는 1820년 고향으로 돌아왔다. 그러고는 자기가 카리브해의 어떤 지역에 '포야이스Poyais'라는 자치국을 세우고 총독 노릇을 했었다고 자랑했다. 또한 자기가 영국으로 돌아올 때 그곳 원주민들과 그들의 왕은 감사의 뜻으로 넓은 영토와 거기에 묻힌 엄청난 천연자원의 채굴권, 그리고 영국 주민들의 이주권을 주었다고 주장했다. 그가 말한 포야이스는 오늘날 중미 지역의 온두라스 부근이었다.

그의 말을 확인할 방법은 없었다. 하지만 거짓말이라고 의심하는 사람은 없었다. 그가 오늘날 미국 땅인 플로리다 근처에서 스페인 군대를 몰아내고 영국 영토를 지켰던 전력이 있었기 때문이다. 당시 카리브 해안 지역은 스페인이 연고권을 주장하면서 영국의 접근을 허락하지 않았다. 그래서 영국은 카리브해 지역에 군침만 삼킬 뿐이었다. 그런 상황에서 금과 은 등 각종 천연자원이 넘쳐나는 지역을 맥그리거가 합법적으로 확보하고 있다니 영국 사람들은 귀가 솔깃했다.

자신을 포야이스 왕국의 총독이라고 주장했던 맥그리거

그렇게 해서 맥그리거가 주도하는 포야이스 왕국 투자유치사업이 1821년에 시작되었다. 맥그리거는 자신이 그 지역에 항구나 도로, 건물 등도 이미 잘 닦아 놓았다고 말했다. 기반 시설이 훌륭하고 각종 천연자원도 무궁하다는 말에 투자하려는 사람들이 구름같이 몰려들었다. 맥그리거는 투자증서(오늘날로 보면 수익증권)도 팔았고, 그 가격이 빠르게 상승했다.

어느 정도 선전이 끝나고 자금이 모이자 이번에는 그곳에서 제2의 인생을 시작하겠다는 사람들이 나타나기 시작했다. 포야이스에서 새로운 기회를 찾겠다는 사람들을 태운 배가 1822년 9월 런던항을 출발했다. 거기에는 주머니가 두둑한 변호사, 의사, 은행가 등 버젓한 사람들도 많았다.

하지만 그들이 현지에 도착하여 발견한 것은 잘 갖춰진 시설이나 풍요로운 땅이 아니라, 사람이 도저히 살 수 없는 정글과 적막한 해변, 그리고 이미 수십 년 전부터 내팽개쳐진 난파선 잔해뿐이었다. 더욱 더 실망스러운 사실은 스페인에서 온 다른 사람들이 '포야이스'라는 말에 콧방귀를 뀌면서 생뚱맞다는 반응을 보이는 것이었다. 포야이스는 맥그리거가 지어낸 상상의 제국이었다. 유토피아로 여긴 곳이 디스토피아로 바뀌는 순간이었다.

전 재산을 싣고 런던항을 떠났던 이민 희망자들은 절망감에 자살하거나 뒤에 온 배를 타고 다시 영국으로 발길을 돌렸다. 이듬해인 1823년 영국으로 돌아오는 배 안에서는 많은 사람이 맥그리거를 저주하면서 열대병으로 죽어나갔다.

영국 땅을 떠난 240명 가운데 다시 돌아온 사람은 50명도 채 되지 않았다. 포야이스로 떠났던 사람들이 런던항으로 돌아옴으로써 맥그리거의 정체와 그의 거짓말이 만천하에 폭로되었다. 하지만 그때는 이미 맥그리거가 파리로 도망간 후였다. 그렇게 그가 한바탕 분탕질을 치고 떠나간 영국에는 금융공황이 뒤를 이어 찾아왔다.

영국 경제와 남미 버블

한 나라에 혁명이 터지면 주변국들도 긴장한다. 체제 전복의 파도가 자국으로 밀려올까 봐 신경 쓰이기 때문이다. 2010년 재스민 혁명 때도 그랬고, 1789년 프랑스대혁명 때도 그랬다. 1793년 1월 루이 16세가 반역죄로 백성들 손에 처형되는 것을 목격하자 주변국들은 왕정체제를 부정하는 프랑스를 향해 반프랑스 동맹을 결성했다. 영국이 그

중심이었다. 그런데 프랑스와 전쟁이 임박했다는 소문이 퍼지자 시중에서는 갑자기 금태환(지폐를 금으로 교환) 요구가 급증하여 영란은행이 파산할 지경에 이르렀다. 그래서 영국 정부는 1797년 은행제한법(Bank Restriction Act)을 통해 금태환을 중단시켰다.

데이비드 리카도(David Ricardo)는 경제학자이기 이전에 부유한 유대인 상인 집안 출신으로, 자신이 직접 사업을 해서 큰돈을 번 사람이었다. 그러니 부자들의 자산 가치가 줄어들지 않도록 금본위제도 복귀를 주장하는 것은 당연했다.

한마디로 영란은행이 금과 상관없이 제멋대로 돈을 찍어도 된다는 말이었다. 하지만 이것은 1696년 화폐개혁을 할 때 정부가 국민과 맺은 중대한 약속을 위반하는 것이며, 국민이 힘들게 모은 재산을 도둑질하는 것과 같았다.

당연히 대중의 분노가 들끓었다. 하지만 영국 정부는 전쟁이 끝났는데도 경제난을 핑계로 금본위제도로 돌아가기를 차일피일 미뤘다. 나폴레옹 전쟁은 1815년 끝났지만, 금본위제도는 1821년이 되어서야 복원되었다.

금본위제도가 중단되었다가 복원되는 20년 동안 영국 사회에서는 학계, 금융계, 정치권에서 금본위제도 복귀 여부를 두고 엄청난 논란이 계속되었다. '지금地金 논쟁'이라고 불리는 이 논란은 경제학자 출신의 초선 의원 데이비드 리카도David Ricardo가 화려한 언변으로 반대파들을 제압하여 정부를 압박하는 법률을 통과시킴으로써 막을 내렸다. 1823년을 목표로 금본위제도를 복원한다는 내용이었다.

반대파들은 금본위제도로 복귀할 경우 통화량이 급격히 감소하여 경제가 위축될 것이라고 경고했다. 하지만 현실은 그 반대였다. 영국과 스페인을 상대로 독립을 선언했던 중남미의 신생국들이 영국의 공산품을 마구 수입하는 바람에 무역수지가 흑자로 돌아서고 금이 꾸준히 유입(통화량 증가)되었다.* 또한 철도, 운하 가스등과 같이 이제 막 등장하기 시작한 새로운 사회간접자본을 깔기 위한 투자로 인해 일자리도 늘고 주식 가격도 줄기차게 상승했다.

결국 당초 계획을 앞당겨 나폴레옹이 사망한 해인 1821년에 금본위제도로 복귀했다. 20년 이상 유럽을 전쟁으로 내몰았던 나폴레옹이 사망한 해였다.

영국의 막대한 무역수지 흑자는 자본의 자발적 유출, 즉 해외투자로 이어졌다(오늘날 중국에서 일어나고 있는 현상과 똑같다). 영국은 이제 막 개발이 시작된 남미대륙에 적극적으로 투자했다. 맥그리거가 벌인 포야이스 사기극이 쉽게 먹혀들어 갈 수 있었던 것도 바로 그런 분위기 때문이었다. 그러나 1824년 초 맥그리거가 저지른 사기극의 전모가 알려지자 영국 경제는 큰 홍역을 앓았고, 이러한 불안 심리는 1825년 금융공황을 불러왔다.

* 그러므로 디즈레일리 영국 총리는 금본위제도는 영국 경제가 누리는 풍요의 결과이지, 원인은 아니라고 했다. 이에 비해 밀턴 프리드먼은 화폐는 실물경제를 움직이는 원동력이라고 보았다. 화폐와 실물경제 간의 인과관계를 어떻게 보는가는 오늘날까지도 경제학의 대단히 중요한 논쟁거리의 하나다.

애송이 은행가를 살린 영란은행

1825년 금융위기는 남미대륙에 대한 투기 광풍으로 시작되었기 때문에 역사에서는 최초의 글로벌 금융위기라고 기록된다. 당시 금융위기의 영향은 대단히 심각했다. 200개가 넘는 은행들이 파산했으며 그 가운데 런던에서 내로라하는 대형 은행 6개도 포함되어 있었다. 이 와중에 살아남는 은행은 재무건전성이 좋다기보다는 운이 좋았다고 하는 편이 나았다. 헨리 손튼Henry Thornton*의 은행도 그 가운데 하나였다.

1825년 금융위기가 닥쳤을 때 헨리 손튼은 은행업에 발을 들여놓은 지 넉 달밖에 되지 않은 새파란 청년이었다. 손튼 집안은 은행을 소유하고 있었지만, 헨리의 아버지가 은행장에서 물러난 뒤 한동안은 은행경영에서 손을 떼고 있었다. 그러다가 손튼이 스물다섯 살이 되자 주변 사람들이 그에게 은행의 파트너 자리를 주고 사회생활을 하도록 했다. 당시 법률로는 은행에 출자하는 파트너는 총 여섯 명으로 제한되고 임원은 반드시 출자한 사람이 맡게 되어 있었다. 소유와 경영을 결합해야만 은행 경영에 책임성이 높아지고 그만큼 파산의 위험이 줄어든다고 생각했기 때문이다.

헨리 손튼이 경영에 관여하면서 이 은행은 간판을 '폴 앤드 손튼

* 화폐 금융 이론가로도 알려진 은행가 헨리 손튼(Henry Thornton)과는 동명이인이다. 지금논쟁 당시 리카도와 함께 금본위제도 복귀를 촉구했던 은행가 헨리 손튼은 1815년 사망했으며, 이 글에서 소개하는 헨리 손튼은 1800년에 출생했다.

Paul & Thornton'으로 바꿨다. 간판을 바꿔 단 지 얼마 되지 않아 몰아닥친 금융위기로 인해 이 은행의 예금액이 썰물처럼 빠져나가기 시작했다. 토요일이었던 그날, 은행장은 마침 휴가 중이었고 또 다른 임원은 출장 중이었다. 사무실에 남아있던 임원 중 최고선임 임원은 썰물처럼 빠져나가는 예금을 보면서 아이처럼 울음을 터뜨렸다. 다른 임원은 심리적 공황 상태에 빠져 "차라리 파산을 선언하고, 은행 현관을 빨리 잠그자"고 소리쳤다.

어린 손튼은 평소 자기를 조카처럼 대해주는 대선배 존 스미스 행장에게 달려갔다. 그리고 체면과 염치를 모두 잊은 채 돈을 달라고 애원했다. 은행업을 하면서 산전수전을 다 겪었고 경험이 풍부한 스미스 행장은 손튼에게 "자네 은행이 건실한가?" 하고 묻더니 "그럼, 일단 다섯 시까지만 버텨보게"라고 말하며 손튼을 돌려보냈다.

사무실로 돌아온 손튼은 이 말만 믿고 다섯 시가 되기만을 기다렸다. 시간이 정지한 듯 시곗바늘이 느리게 움직이다가 마침내 다섯 시가 되었다. 헨리는 안도의 한숨을 쉬고 은행문을 잠갔다. 그러나 안심할 수 있는 것은 월요일 아침까지였다. 다시 은행문이 열리면 돈이 빠져나가고 은행은 하루도 버티지 못할 것이 분명했다. 그런 걱정 때문에 손튼은 영업이 끝난 뒤 스미스 행장을 다시 찾아갔다. 그는 사색이 된 손튼에게 웃음을 지으며 귀띔을 해주었다.

"자네 은행이 진짜 건실하다는 것에 자신 있다면 내일 아침 나와 함께 영란은행 총재에게 찾아가서 매달려 보세."

어린 손튼은 그의 말에 희망을 품지 않았다. 자기를 조카처럼 대해주는 존 스미스 행장도 돈을 빌려주지 않는데, 아무 거래도 없던 영란은행이 담보도 없이 거액을 선뜻 빌려줄 리가 없지 않은가!

두 사람이 대화를 나누고 있는 것과 거의 같은 시각, 로버트 젠킨슨Robert Jenkinson 수상은 영란은행 총재와 부총재를 만나고 있었다. 금융시장이 요동칠 때는 정부가 재정자금을 풀어 은행들을 살릴 수도 있지만, 그러려면 의회의 동의가 있어야 한다. 따라서 뱅크런과 동시에 재정자금을 신속히 투입하는 것은 사실상 불가능했다. 젠킨슨 수상도 이 점을 잘 알고 있었다. 또한 그는 남미 투기로 인해 금융시장이 과열되었을 때 만일 버블이 붕괴되면 정부는 절대 나서지 않겠다고 단언했었다. 그렇기에 사태 해결에 영국 정부가 나설 수는 없었다.*

그럴 때 정부를 대신해서 금융 시스템을 살릴 수 있는 것은 영란은행밖에 없었다. 영란은행은 고도의 자율성을 가진 민간기업이면서 정부와 특별한 관계를 맺은, 도저히 파산할 수 없는 조직이다. 그래서 젠킨슨 수상이 영란은행의 불러Buller 총재를 불러들인 것이다. 수상은 그 자리에서 "영란은행 금고에 있는 금이나 법정발행한도 따위는 다 잊어버리고 일단 돈을 찍어 은행들을 살리시오"라며 엄숙하게 지시했다. 주식시장 버블 붕괴와 뱅크런 속에서 런던 금융시장을 살리는 일이 영란은행이 할 일이라고 주의를 준 것이다.

존 스미스 행장은 여러 소식통을 통해서 수상과 영란은행 총재 일행의 면담 사실을 알고 있었다. 그래서 손튼에게 영란은행에 매달려

* 정책당국자가 시간에 따라 이전 결정을 뒤집어야 하는 상황을 경제학에서는 동태적 비일관성(dynamic inconsistency)이라고 한다. 물가안정의 책임을 지고 있는 중앙은행들이 금융위기가 닥치면 경기 부양에 관심을 갖게 되는 것이 전형적인 예이다. 동태적 비일관성은 특정 순간에 가장 합리적인 결정이지만 장기적 관점에서 보면 신뢰성과 충돌하게 된다. 이에 관해서는 아직 알려진 해답이 없다.

영란은행에 최종대부자 기능을 명령한 젠킨슨 수상. 42세의 나이로 수상이 되어 15년간 자리를 지키다가 심장마비로 은퇴하고 58세로 사망했다.

보라고 힌트를 준 것이다. 아니나 다를까, 수상의 지침을 받은 영란은행 총재는 부총재와 나머지 임원들을 전부 대동하고 일요일 아침 8시에 곤란을 겪고 있는 자잘한 은행 대표들을 불렀다. 그 가운데에는 폴 앤드 손튼 은행도 있었다. 존 스미스 행장과 함께 영란은행을 찾아간 헨리 손튼을 향해 영란은행 총재는 위로의 말부터 건넸다. "자네 은행이 파산하는 것은 국가적 재앙이라고 생각하네. 자네 동료들이 하는 일을 유심히 살펴 왔는데, 무척 신임이 가더군. 그래서 이번에 어려움을 겪고 있을 때 우리가 도와주기로 했다네."

손튼 옆에 있던 존 스미스 행장은 이때를 놓치지 않았다. 그리고 손튼을 돌아보며 물었다. "자네 은행이 건실하다고 했지? 이분 앞에서 확실히 그렇다고 말씀드리게."

손튼은 시키는 대로 자기 은행이 얼마나 건실한지 설명했다. 이를 듣고 있던 영란은행 총재와 부총재는 수표책을 꺼냈다. 이들은 "이거 보고 놀라지 말게, 젊은이." 하며 수표용지 위에 40만 파운드를 적었다. 속으로는 엄청 놀라우면서도 기뻤지만 그 표정을 감춘 채 손튼은 냉큼 영란은행 수표를 집어 들었다. 그리고 월요일을 기다렸다.

월요일 아침 8시, 손튼은 자신 있게 은행문을 열었다. 그러자 기적이 일어났다. 손튼의 은행이 영란은행에서 자금을 지원받았다는 소식이 알려지자, 돈을 찾으러 오는 사람들의 발길이 갑자기 뚝 끊어졌다. 그리고 은행의 예금 수신이 오히려 늘어나기 시작했다. 결국 영란은행 총재에게 받은 수표를 들고 영란은행 창구를 찾아가 현금을 찾을 일도 없었다. 다른 은행들도 사정은 비슷했다. 그러면서 영국은 금융위기에서 서서히 벗어날 수 있었다.*

영란은행의 탄생 비화

돌이켜보건대 헨리 손튼의 은행을 살린 것은 영란은행 금고 속에 있는 금화가 아니었다. 영란은행의 수표, 즉 영란은행의 약속이었다. 영란은행의 이름이 들어간 종이 한 장이 런던 금융시장과 영국 경제를

* 이 글에서 소개된 일화는 헨리 손튼의 아홉 남매 중 첫째인 마리안(Marianne)의 회고를 기초로 한다. 유복한 집안에서 태어난 그녀는 재산 많은 귀족과 결혼하여 행복하게 살다가 90세에 사망했다. 자식이 없었던 그녀는 조카 에드워드 포스터(Edward Forster)에게 8천 파운드의 재산을 물려주었다(오늘날의 가치로 환산하면 45억 달러 정도 된다). 여덟 살에 불과한 나이에 고모한테 8천 파운드나 되는 재산을 받은 포스터는 평생 그 고마움을 잊을 수 없었다. 그래서 마리안이 세상을 떠난 지 70년이 지난 뒤 고모의 삶을 그리는 평전을 폈다(《Marianne Thornton: A Domestic Biography 1797~1887》(1956년 발간). 이 글에서 소개된 1825년 금융공황의 에피소드는 마리안이 어렸을 때 아버지에게 들은 이야기다.
한편, 고모의 유산 덕분에 어려움을 모르고 자란 포스터는 나중에 소설가가 되었다. 그의 대표작은 1909년 발간된《기계, 멈추다The Machine Stops》라는 공상과학소설이다. 90년 뒤 그 소설을 바탕으로 영화화된 것이 키에누 리브스 주연의 〈매트릭스Matrix〉다. 기계에 대한 공포와 경계심을 소재로 했다는 점에서《에레혼》과 비슷하다.

살릴 수 있다는 것은 그 수표를 발행한 불러 총재도 생각지 못한 것이다. 영란은행은 그때까지만 해도 일개 민간은행이었기 때문에 다른 동업자의 파산에 나설 이유가 없었다. 그래서 자신의 힘이 얼마나 막강한지 알지 못했다.

1688년 명예혁명을 통해 인류 최초의 민주 정부를 구성한 영국은 프랑스와의 군사적 충돌을 각오해야 했다. 혁명의 물결이 프랑스까지 넘어오는 것을 염려한 루이 14세가 영국을 혼내주겠다고 공언했기 때문이다(프랑스대혁명 상황과 정반대다). 성공회 출범 이후 영국은 로마 교황청의 지배에서 벗어나 있었으므로 기독교 세계를 수호한다는 것이 전쟁의 이유였다.

그런데 당시 영국의 재정 상황은 별로 좋지 않았다. 재무장관인 몬태규Montagu 경은 스코틀랜드 출신 은행가 패터슨William Paterson을 만나 해결책을 논의했다. 그 자리에서 나온 결론은 상인들이 돈을 모아 은행을 세우도록 하고 그 은행의 돈을 전쟁 비용으로 쓴다는 것이다. 한마디로 말해 정부 전용 은행을 만든다는 것이었다.*

그러나 정부가 상인들의 돈으로 전쟁을 치르더라도 군수품을 어떻게 구매하느냐의 문제가 남는다. 일일이 금화를 들고 다니면서 군수품을 조달하는 것은 굉장히 번거로웠다. 그래서 상인들이 세운 은행이 정부에 대출할 때는 금화로 지급하지 않고 어음을 발행하도록 했

* 당시 영국의 생각은 중국 주나라 시대의 강태공과 대비된다. 잘 알려진 바와 같이 강태공은 낚시하면서 때를 기다리다가 자기의 사위인 무왕과 함께 은나라를 멸망시키고 천하를 평정했다. 그리고 주나라를 세우면서 9개의 부처를 만들었다. 각 부처는 각기 화폐를 발행하여 지출을 감당했다(강태공의 구부환법). 반면 영국은 돈을 은행이 발행토록 하고 정부가 그 은행에서 차입하는 방법을 택했다.

다. 그 어음은 100퍼센트 금화를 담보로 한 것이기 때문에 군납업체들이 안심하고 받을 수 있었다. 다만 어음의 액면가는 일상생활에서 통용될 수 없는 어마어마한 거액이었다.*

문제는 이자였다. 인류 최초의 민주 정부가 성공할지 여부도 불확실한데, 막강한 루이 14세와의 전쟁까지 앞두고 있으니 상인들은 연 8퍼센트의 높은 금리를 요구했다. 산업혁명 전, 인류의 생산성 향상이 매우 낮았던 시절에 이 금리는 엄청난 특혜였다.

야당인 휘그파가 보기에 이 점이 문제였다. 정부가 유일하게 거래하며 정부를 유일한 고객으로 하는 은행은 오늘날의 관점에서 보자면 쌍방독점에 해당한다. 이론적으로 볼 때 쌍방독점 상태에서는 적정가격이 있을 수 없다. 목소리가 큰 사람이 이기는 것이다. 전쟁을 앞둔 시점에서는 정부보다 돈을 가진 상인들의 목소리가 더 컸다. 그래서 정부 대출금리가 연 8퍼센트까지 높게 책정된 것이다.

휘그파는 부자 상인들에게만 은행을 세울 기회를 주지 말고, 가난한 상인들에게도 기회를 주자고 했다. 하지만 가난한 사람들은 은행 설립에 참여할 기회가 주어지더라도 금화로 자본금을 낼 능력이 없었다. 그래서 생각해낸 것이 금화 대신 토지로 자본금을 모으고, 그 토지를 담보로 정부에 대출해 주는 토지은행(Land Bank)이었다.

* 영란은행은 원칙적으로 정부 대출을 위해 설립되었으므로 직원이 필요 없었다. 총재, 임원, 사원, 마부 등 6인이 전부였다. 영란은행의 업무는 거액의 어음(대정부 대출금)을 한 차례 발행하는 것이 전부였다. 그런데 정부가 수시로 대출 이자를 갚으면, 그 금액만큼은 일반인을 상대로 2차 대출이 가능했다. 시간이 흐르면서 일반 대출을 취급하기 위해서 직원들이 늘어났고, 영란은행의 어음도 점차 일반인들 사이에 퍼졌다. 그러면서 어음(영란은행권)을 화폐처럼 사용했다.

하지만 휘그파의 토지은행 설립안은 공연한 트집 잡기로 비쳤다. 토지를 담보로 은행을 만든다는 것은 그 누구도 생각지 못했던, 천진난만하고 기상천외한 상상에 불과했기 때문이다.*

결국 토지은행 설립안은 폐기되었다. 그 대신 여당인 토리파 재무장관 몬태규 경의 설득에 따라 1694년 7월 27일 영란은행만 설립이 허가되었다. 런던 시내에서 반경 55마일 이내만 어음 발행의 독점권을 갖는 은행이었다.**

오늘날의 은행권에 해당하는 영란은행의 지점 설치를 금지하고 영업지역을 제한한 것은 휘그파와 타협하려는 조치였다. 그때 휘그파는 정부의 은행이 파산하여 온 국민이 피해를 본 스웨덴의 사례를 보더라도 영란은행을 하나만 만들어서는 안 된다고 반대했다. 그런 반대론에 맞서서 토리파는 유사시 영란은행의 총재 개인이 영업에 관한 모든 민·형사상의 책임을 지도록 했다. 법률과 왕의 특허장에는 이 은행의 공식명칭을 '총재와 영란은행(The Governor and Company of Bank of England)'으로 표시했다('총재와'라는 말은 1946년 영란은행이 국유화되면서 삭제되었다). 오늘날 '서태지와 아이들'에서 서태지가 중심인 것처럼 총재가 영란은행의 핵심이라는 것을 이름으로 드러냈다.

* 토지를 담보로 어음(화폐)을 발행하는 은행은 10여 년 뒤 프랑스에서 실현되었다. 스코틀랜드 출신의 금융사기꾼 존 로가 1718년 왕립은행을 세우고 토지를 담보로 화폐를 발행했다(9장 참조).

** 영란은행 설립을 승인한 윌리엄 왕의 특허장 명칭은 '프랑스와 전쟁 수행에 필요한 150만 파운드의 재정수요 충당과 관련하여 선박세, 주세 수입 등을 담보로 자발적으로 정부에 자금을 공여해 줄 애국자를 우대하는 법'이다. 은행업에 관한 당시 입법자들의 무지와 재정난에 쪼들리는 정부의 조바심이 그대로 보이는 제목이다.

이런 의구심과 적대감을 배경으로 탄생한 영란은행은 항상 휘그파와 일반 서민들을 의식했다.* 그래서 반복되는 금융위기 속에서 영란은행은 항상 몸을 낮췄다. 파산하는 다른 은행들을 헐값에 매입한다는 소리를 듣지 않기 위해 금융위기가 닥치면 아주 소극적으로 영업을 하면서 영업 확장의 의지가 없다는 것을 보여주었다.

영란은행이 과감한 행동을 하는 것은 현실적으로도 어려웠다. 금전적 손실이나 파산을 총재 개인이 뒷감당해야 했기 때문에, 위기가 감지되면 어떤 은행보다도 자금을 먼저 회수했다. 당시에는 이런 방식이 정상이었고 책임 있는 은행장이 해야 할 일이었다. 영란은행의 처음 130년은 그렇게 흘러갔다.

그러므로 금융위기가 닥쳤을 때 영란은행 총재에게 '공익을 생각하라'고 말하는 것은 오늘날 경제가 어려울 때 대통령이 재벌을 불러 '당신은 돈이 많으니 사재를 털라'고 압박하는 것과 마찬가지였다. 젠킨슨 수상이 영란은행 총재를 불러 공익을 운운하며 돈을 풀라고 요구한 것도 사실은 상식과 예의에 벗어나는 일이었다.

하지만 1825년 금융위기를 맞아 비로소 작은 변화가 찾아왔다. 영란은행이 젠킨슨 수상의 말을 따름으로써 기적이 나타난 것이다. 그것은 영란은행 직원들도, 정치인들도, 학자들도 생각하지 못했던 것이었다. 어찌 되었든, 이 사건을 계기로 영란은행은 무언가 특별한 게

* 지금도 영국의 노동당은 영란은행에 대해 매우 적대적이다. 제2차 세계대전 직후 노동당 정부가 영란은행을 국유화한 것이나, 1998년 토니 블레어 정부가 영란은행의 금융감독권을 회수한 것이 그 예이다. 반면 토리파의 후예인 보수당은 영란은행을 지지한다. 2010년 집권한 캐머런 정부가 영란은행에 금융감독권을 환원시키고 아울러 거시건전성 정책 기능까지 덤으로 준 것이 좋은 예이다.

있다는 것이 조금씩 인식되기 시작했다. 그것이 영란은행의 거대한 자본금에서 나오는 것인지, 아니면 발권력에서 나오는 것인지는 구분하기 힘들었다. 바람직한지 아닌지도 분명치 않았다. 그것이 자본금이 아닌 발권력에서 비롯되는 것이며, 반드시 바람직하지는 않지만 위기 극복에 대단히 유용하다는 것은 50여 년 뒤에나 알려졌다. '최종대부자'라는 이름과 함께(11장 참조).

중앙은행의
최종대부자 기능

1825년 금융위기를 초래한 맥그리거는 자기가 각본을 쓰고 연출한 포야이스 사기극이 만천하에 들통나자 고향 영국을 떠나 파리로 줄행랑쳤다. 거기서도 똑같은 거짓말로 사람들을 현혹했다. 잠시 런던으로 돌아왔을 때 붙잡혀 잠시 복역했지만, 풀려난 후 다시 여러 곳을 돌아다니며 똑같은 사기행각을 일삼으면서 여생을 보냈다. 그는 59세 생일을 며칠 앞두고 자기가 귀족 행세를 해 오던 베네수엘라의 어느 저택에서 눈을 감았다.

그러나 맥그리거식 사기극이 그때 끝난 것은 아니었다. 비슷한 사기꾼들의 분탕질이 지금도 계속되고 있다. 2004년에 터진 엔론 스캔들의 주범 케네스 레이Kenneth Lay는 있지도 않은 에너지 회사의 자산과 이익을 있는 것처럼 꾸몄다. 모든 것이 발각되어 재판을 받으면서도 태연하게 휴가를 즐기다가 자기 집에서 죽음으로써 교도소에는 발을 들여놓지 않았다. 버나드 메이도프Bernard Madoff는 빈껍데기에 불과한 엉터리 펀드를 폰지 사기(Ponzi scheme)로 팔다가 2008년 10월 쇠고랑을 찼고, 150년 형을 받고 복역하다가 2021년 봄 사망했다.

모든 금융사기에는 공통점이 있다. 에레혼이나 포야이스와 같은 유토피아를 꿈꾸는 로망에서 출발한다는 점이다. 비트코인 같은 가상자산 투자자들은 '탈중앙화 금융(DeFi)', 즉 법정화폐와 금융기관이 사라진 무정부 상태를 미래사회의 바람직한 모습이라고 굳게 믿는다. 그들의 꿈이 워낙 원대하고 황당하다 보니 실체를 깨닫게 하기가 대서양 건너 포야이스를 보여주기보다 훨씬 어렵다. 그 사이에 버블은 계속 커진다.

인간의 탐욕과 상상력이 무한한 이상, 금융위기는 인간사회가 벗어날 수 없는 함정이다. 자본주의 초기에는 그런 함정에 빠졌을 때 금융시장의 작동을 강제로 정지(증권거래소 폐장)시키거나 금융기관들을 강제로 휴업(뱅크 홀리데이)하도록 했다. 정부가 국가 부도를 선언(모라토리엄)하기도 했다. 하지만 무엇인가 중단하거나 정지시키는 이런 방법들은 상당한 불편과 충격을 가져온다.

그래서 영국의 젠킨슨 수상이 생각해 낸 것이 발권력을 가진 중앙은행의 힘을 이용하는 것이다. 그러나 중앙은행이 발권력을 동원하여 위기에 처한 금융기관을 돕더라도 목숨을 연명하는 데는 한계가 있다.

스물다섯 살의 새파란 은행가가 운영했던 폴 앤드 손튼은 영란은행의 도움으로 위기를 벗어났지만, 몇 달 뒤 다시 위기가 찾아오자 결국 파산하고 말았다. 영란은행 불러 총재는 젠킨슨 수상의 요구로 시작된 긴급 자금지원 과정에서 옥석을 구분하지 못하여 결국 영란은행에 상당한 손실을 가져왔다.

만일 최종대부자 기능이 과도하다면 영란은행의 존립은 물론이거니와 영국 금융계 전체가 엄청난 도덕적 해이에 빠질 수 있었다. 중앙은행의 발권력은 약이 아니라 독이 될 수 있는 것이다. 그래서 중앙은행이 돈을 풀더라도 옥석을 구분할 식견과 정보가 있어야 한다.

1825년 금융위기를 계기로 영란은행은 서서히 다른 은행의 영업에 관심을 갖기 시작했다. 폴 앤드 손튼과 같은 자잘한 은행들을 경쟁자로 생각하기보다는 한 수 아래로 여기면서 영업 방향을 훈계했다. 그것이 다른 나라에도 조금씩 알려지면서 중앙은행의 은행 감독 기능이 일반화되었다.

그러나 중앙은행은 형식상 민간기업이므로 감독 업무를 법률에 담을 수는 없었다. 제2차 세계대전이 끝날 때까지 중앙은행의 은행 감독 업무는 관행일 뿐이었다. 중앙은행이 법률을 통해 은행 감독 업무를 수행한 것은 미국 연방준비위원회가 처음이다. 세계 어느 나라보다도 자유를 중시하는 나라에서 연준이 그런 기능을 갖게 된 것은 매우 이례적이다.* 1907년 금융위기를 겪고 보니 최종대부자 기능의 중요성을 절실하게 느꼈기 때문이다(11장 참조). 금융위기 경험이 없었던 우리나라에서는 미 연준법을 토대로 한국은행법을 만들 때 한국

* 오늘날 나라마다 서로 다른 금융감독제도를 유지하고 있지만, 크게 보면 돈을 빌려주는 기관(중앙은행)이 감독 권한을 갖는 경우와 돈과 관계없이 공익성을 가진 기관(정부)이 감독 권한을 갖는 경우로 구분할 수 있다. 어떤 시스템이 민간은행의 건전성을 잘 판단하게 될지는 나라마다 의견이 다르다. 영국의 경우 긴 방황 끝에 양자를 전부 경험하고 현재는 원래의 자리로 돌아왔다.

은행이 감독 업무를 하는 것이 정당한지가 큰 쟁점이 되었다.

중앙은행의 최종대부자 기능은 유토피아인가, 디스토피아인가? 간직해야 하는가, 압살해야 하는가? 최종대부자 기능이 부작용 없이 잘 작동하는 것은 중앙은행 혼자의 노력으로 가능한가? 그런 일을 하는 중앙은행에는 어떤 권한을 주고 책임을 물을 것인가?

글로벌 금융위기 이후 국제사회와 많은 나라가 이런 난해한 질문의 해답을 찾기 위해 부지런히 움직였다. 그렇게 해서 얻은 답이 바로 '거시건전성 정책 체계'라는 개념이다. 당연히 중앙은행과는 떼어 놓을 수 없다.

16장

어떤 겸직 명령

-

미국을 향한 최빈국 대통령의 오기

1945년 해방과
미 군정청의 금융 정책

1945년 8월 15일 일본은 무조건항복을 선언했다. 이광수와 서정주 등 당시 외국의 사정을 누구보다도 잘 알았던 조선의 지식인들이 당대에는 도저히 불가능하다고 여겼던 일본 제국주의의 패망이 하루아침에 이루어진 것이다. 세상은 갑자기 빠르게 돌아가기 시작했다.

이 무렵 소련군은 미군보다 움직임이 빨랐다. 8월 6일 미군이 일본 히로시마에 원자폭탄 리틀보이를 투하한 직후 전쟁이 빨리 끝나리라는 것이 확실해지면서 소련은 뒤늦게 일본에 선전포고를 했다. 장차 동북아 지역에서 미국과 패권 전쟁을 벌이겠다는 의도였다. 소련이 선전포고한 날은 또 다른 원자폭탄 팻맨이 나가사키에 투하되던 8월 9일이었다. 그 후 소련군은 8월 12일 웅기항, 13일 나진항에 상륙했다. 8월 24일에는 평양에 공수부대가 진입했다. 그리고 9월 22일 소

미주리 함에서 진행된 항복문서 조인식. 외무상 시게미쓰 마모루(重光葵)가 서명했다.
그를 수행하여 옆에 서 있는 외부직원 가세 도시카즈(加瀬俊一)는 하버드 대학에서 2년간 유학했다는 이유로 차출되었다가 이후 초대 주미대사를 역임했다.

련의 지원을 받는 김일성이 평양에 입성했다.

소련이 이렇게 빠르게 움직이는 동안 미군은 공식적인 절차에 매달렸다. 우선 일본의 무조건항복 선언 후 무기 반납 조치부터 진행하고 9월 2일에 이르러 도쿄만에 정박 중인 미주리 함에서 항복문서 서명식을 거행했다. 그 자리에서 더글러스 맥아더 육군 대장은 북위 38선을 경계로 남한과 북한을 미군과 소련군이 점령한다고 선언했다. 또한 포고령 제1호를 통해 "모든 남조선 주민은 본관 및 본관의 권한하에 발표한 일체의 명령에 즉각 복종해야 한다. 점령군에 대한 일체의 반항행위 또는 공공의 안녕을 교란하는 행위를 감행하는 자는 가

차 없이 엄벌에 처할 것이다"라고 선언했다. 이미 한반도 북쪽을 지배하고 있던 승전국 소련을 의식한 것이었다.

그러나 여운형 선생이 이끄는 건국준비위원회는 맥아더 포고령에 얽매이지 않았다. 여운형 선생은 9월 6일 전국인민대표자회의를 개최하고 서울에서 독자적으로 '조선인민공화국'을 선포했다. 미군은 이틀 뒤인 9월 8일이 되어서야 인천에 상륙했다.

> UNITED STATES ARMY FORCES IN KOREA
> HEADQUARTERS XXIV CORPS
> OFFICE OF THE COMMANDING GENERAL
> APO 235, c/o POSTMASTER
> SAN FRANCISCO, CALIFORNIA
>
> In particular do I recognize that the Commanding General, UNITED STATES ARMY FORCES IN KOREA is the duly authorized representative of the Commander-in-Chief, UNITED STATES ARMY FORCES, PACIFIC, and that I am completely and immediately to carry out and put into effect his instructions.
>
> Signed at SEOUL, KOREA, at 1630 hours on the 9th day of September 1945.
>
> (Governor General of KOREA)
>
> Accepted at SEOUL, KOREA, at 1630 hours on the 9th day of September 1945 for and in behalf of the Commander-in-Chief of the United States Army Forces, Pacific.
>
> JOHN R. HODGE
> Lieutenant General, U. S. Army
> Commanding General
> United States Army Forces in Korea
>
> T. C. KINKAID
> Admiral, U. S. Navy
> Representative of the United States Navy

1945년 9월 9일 서울 중앙청에서 작성된 일본 조선총독부의 항복문서

이튿날인 9월 9일 서울에 입성한 미군은 맥아더 장군 명의로 포고령 제2호와 제3호를 발표했다. 포고령 제2호는 군정 치하 한국인은 군정청에 소속된 법정에서 재판받는다는 사법 질서를 천명한 것이고, 제3호는 조선은행권과 미군표軍票가 남조선 주둔지의 법화라는 화폐 질서를 밝힌 것이다.*

미군은 9월 11일 조선은행을 접수하고 금고에 보관된 현찰(시재금)

* 이 순서는 눈여겨봐 둘 필요가 있다. 미군은 남조선 사회의 지배를 위해 사법과 금융의 순서로 포고령을 선포했다. 대한민국 정부도 1950년 한국전쟁이 시작되자 이 순서를 따랐다. 즉 6.25 직후 대통령 긴급명령 제1호는 치안 질서 유지를 위해 기본권을 제한한다는 것이고, 제2호는 금융기관 예금인출을 제한한다는 것이었다. 금융과 화폐 문제는 치안 다음으로 중요한 문제다.

을 조사하기 시작했다. 조선은행의 시재금을 조사한 결과 미군이 걱정한 것과는 달리 유통할 만한 은행권이 부족하지는 않았다. 그래서 미군 제7사단장이자 남조선 군정장관인 아치볼드 아놀드Archibald V. Arnold 소장은 앞으로 남조선에서는 당시의 공식 화폐인 조선은행권만 쓰겠다는 성명을 발표했다.

9월 16일 발표된 이 성명은 유럽의 승전국들이 취한 방식과는 크게 달랐다. 당시 유럽 연합군은 독일 점령지에서 히틀러 시대의 화폐를 몰아내고 자체적으로 군표를 발행했다. 북조선을 점령한 소련 적위대도 주둔지에서 필요한 노동력과 물품을 조달하기 위해 군표를 발행했지만, 남조선에 주둔한 미 군정청은 조선은행권을 그대로 사용키로 한 것이다. 이런 결정은 패망 직전 일본이 뿌린 화폐로 인한 물가폭등은 남한 주민들이 감당하라는 뜻이었다.*

9월 19일에는 남조선에 정식으로 미 군정청이 설립되었다. 그리고 9월 30일 해군 소령 롤런드 스미스Roland Smith가 조선은행 총재로 임명되었다. 1945년 여름은 이렇게 숨 가쁘게 돌아갔다.

가을이 되자 다른 문제에도 눈을 돌릴 여유가 생겼다. 10월 1일 군정청은 원화의 공정환율을 1달러당 15원으로 책정했다. 해방 이후 최초의 공식 환율이었다. 이는 한 달 전인 9월 4일 일본에 주둔해 있던 태평양사령부가 1달러당 15엔으로 군용 환율을 결정한 것을 고려한

* 하지만 북한 주민들도 인플레이션의 고통을 겪기는 마찬가지였다. 소련군이 마구 군표를 발행한 탓에 북조선의 인플레이션은 남한보다 훨씬 심했고 북조선의 민생은 도탄으로 빠졌다. 1947년 북조선은 결국 화폐개혁을 통해 소련군 군표를 회수했다. 그때 소련군 군표와 새로운 화폐 간의 교환비율과 개인별 교환 한도는 소련군이 정했고, 김일성 정권은 그 결정에 이의를 제기하지 않았다. 정권 유지를 위해 눈치를 살폈다.

조치였다(미 군정청은 패망 직전 일본이 한반도에서 조선은행권을 무지막지하게 남발한 사실을 모른 채 일본은행권과 조선은행권이 동등하다는 과거 일본 법률만 감안했던 것으로 보인다).

그러나 환율이 어떠했든 별 의미는 없었다. 해방 직후에는 민간무역이라는 것이 전무했고 식료품과 의료품 등 민생에 필수적인 물건들은 미국 정부의 점령지 관리 프로그램(GARIOA 원조, Government and Relief in Occupied Area)을 통해 원조받았기 때문이다. 결국 미 군정청이 고시한 1달러당 15원의 공정환율은 군정청의 민간에 대한 채무 지급 사무에만 적용되는 일종의 회계규칙에 불과했다.

군정청은 10월 5일 군정법령 제9호를 통해 소작료율을 제한(가격통제)하고 임금 수준의 범위도 정했다(지대와 임금 결정). 그리고 11월 2일에는 군정법령 제21호를 통해 기존 법률의 유효존속을 결정했다. 이로써 조선은행을 포함하여 조선식산은행, 조선저축은행, 금융조합, 조선금융조합 등 일제가 세운 금융기관들이 영업을 계속할 수 있는 근거가 마련되었다. 12월 6일에는 조선 내 일본인 재산의 미 군정 귀속(군정법령 제33호)이 결정되어 모든 일본인의 재산과 수입이 미 군정 소유가 되었다. 이에 따라 일본인들이 지배하던 조선은행도 미 군정청의 소유로 바뀌었다.

국내 사정이 이렇게 돌아가는 동안 해외에서도 중요한 일들이 벌어졌다. 그중 하나는 미국, 영국, 소련의 외무장관이 모인 모스크바 3상회의(모스크바 협정)였다. 이 회의는 1945년 12월 16일부터 25일까지 개최되어 27일 결과가 발표되었는데, 그 내용은 주로 전쟁 이후의 주요 문제 처리에 관한 것으로 여기에는 한국을 신탁통치한다는 내용도 포함되어 있었다. 이 사실이 알려지자 한반도에서는 반탁과 찬탁 운동의 불길이 번지는 가운데 1945년이 막을 내렸다.

물물교환제와 대외무역

1946년에는 대외거래에 어느 정도 눈을 돌릴 정도가 되었다. 해가 바뀐 직후인 1월 3일, 군정법령 제39호 대외무역규칙을 통해 무역허가주의가 공포되었다. 항구 및 공항 등 미 군정청의 허가에 의해 정해진 장소에서만 외국과 교역을 허용한다는 원칙이었다.

7월 12일에는 이 원칙에 따라 물물교환제를 내용으로 하는 외국무역규칙 제1호가 발표되었다. 당시 우리 경제는 미 군정청의 물자배급계획에 따라 미 군정청 명의로 식료품을 수입하는 정도가 무역의 전부였고, 민간부문에서는 외화자산이 전혀 없었다. 그러니 외국과 눈곱만큼의 무역을 하려면 물물교환이 유일한 방법이었다. 그것은 중국에 인삼을 팔아 필요한 물건을 가져오던 조선시대 상관商館무역과 다르지 않았다. 홍콩이나 마카오 등지에서 중국 상인들이 오면 그들이 돌아갈 때 가져갈 물건을 소개하는 매판가(오늘날로 치면 무역중개상)들이 우리나라 무역의 중심이었다.

1947년이 되자 물물교환제가 불편하게 될 정도로 무역량이 늘어났다. 그래서 미 군정청은 1947년 6월 16일 법령 제145호를 통해 외환업무를 담당하는 조선환금은행을 설립했다. 수출업자와 수입업자들은 물물교환 대신 이 은행을 통해 외화로 결제할 수 있었다.

그러나 무역이 전면 자유화된 것은 아니었다. 8월 25일 미 군정청 상무부령 제1호로서 공포된 대외무역규칙에 따르면 모든 수출입상은 남조선 과도정부 상무부 무역국의 면허를 받아야 했다. 그리고 모든 수입은 조선환금은행에 신고한 뒤 일정한 날짜 안에 같은 금액을 수출하도록 의무를 부여했다. 대외균형을 추구하면서 수출입 간에 약간의 시차만 허용한 것이다. 그런데도 당시 우리의 현실은 무역균형과 한참 거리가 있었다.

이 은행이 설립된 1947년에는 무역량이 전년보다 스무 배가 늘었다. 물론 수입품의 80퍼센트는 여전히 미국의 잉여물자청산위원회의 차관 2,500만 달러를 통해 수입하는 것이었고, 민간무역은 거의 없다시피 한 수준이었다.

1947년에 이루어진 중요한 조치의 하나는 환율 조정이다. 7월 15일 대미환율이 15대 1에서 50대 1로 조정되었는데, 이는 몇 달 전인 3월 일본의 태평양사령부가 1달러당 50엔으로 환율을 조정한 것과 보조를 맞춘 것이었다(이 환율은 1년 뒤 더욱 엄청나게 폭등했다). 최초의 환율 변경이었다.

미국이 이런 결정을 내린 것은 3월 1일부터 국제통화기금(IMF)이 업무를 개시했기 때문이다. 장차 일본이나 한국이 이 기구에 가입할 것을 고려하면 양국의 환율을 보다 현실화할 필요가 있었다. 그래서 점령국인 일본과 신생국 한국의 화폐가치를 한꺼번에 70퍼센트나 절하하기로 결정했다. 그때 이승만 대통령은 물가가 오르는 것이 걱정스러웠지만, 그렇다고 미국에 항의할 처지도 아니었다.

한미협정 체결과 조선환금은행

해가 또 바뀌어 1948년이 되었다. 이 해의 가장 중요한 사건은 헌법 제정과 대한민국 정부의 출범이었다. 8월 15일 서울 중앙청 광장에서 열린 대한민국 정부 수립기념식은 이승만 대통령의 기념사로 시작되어 맥아더 장군, 하지 중장 등의 축사와 함께 감격스런 '대한민국 만세' 삼창으로 폐막했다.

미 군정청은 그 전부터 정부 이양을 준비하고 있었다. 1947년 5월 17일 군정법령 제141호를 통해 당시 미 군정청 소속의 '재조선 미 군정청 조선인기관'의 지위를 '남조선 과도정부(SKIG)'로 격상시켰다. 1948년 5월 남한에서만 총선을 치러 국회를 개원하고, 거기서 헌법을 통과시키면 그를 토대로 대한민국 정부를 출범시킨 뒤 미 군정청의 역할을 종료한다는 계획에 따른 것이었다.

대한민국 정부가 수립된 직후인 9월 11일 '한미 간 재정 및 재산에 관한 최초협정(Initial Financial and Property Settlement between R.O.K and U.S.A., 일명 한미협정)'이 체결되었다. 미 군정청이 관리하던 자산과 부채 일체를 대한민국 정부로 이관한다는 내용으로, 이것이 우리나라 최초의 국제협정이었다.

이 협정의 제1조는 "미국 정부는 아래 일체의 재산에 대하여 미국이 가졌던 권리와 명의 및 이권을 대한민국 정부에 이양한다"고 선언했다. 여기서 일체 재산이란 동산, 부동산, 군용 재산 및 조선은행과 조선은행으로부터 차입한 유동자산과 부채 등을 포함한다.

1948년 8월 15일 첫 국무회의를 마친 국무위원들의 모습. 앞줄 중앙에 다리를 꼰 이승만 대통령이 보이고, 그 오른쪽으로 두 번째가 김도연 재무장관이다. 김 재무장관은 독립운동가이기도 하다. 도쿄 유학 도중 2.8 독립선언을 도모했으며, 그 사건으로 수배를 받자 미국으로 밀항하여 아메리칸대학교에서 경제학 박사를 취득했다.

그런데 제4조에서 "미국 정부는 제조선 미 군정청이 현재 소유 보관하고 있는 조선환금은행 주식을 동 은행 자산 및 채무와 함께 대한민국에 이전한다"는 사실을 따로 언급하고 있다. 제1조에서 미군정청이 소유 보관하는 일체의 재산을 대한민국 정부에 넘긴다고 이미 선언했는데, 굳이 제4조에서 다시 조선환금은행을 언급한 이유는 무엇일까?

조선환금은행은 형식상 주식회사였다. 그와 동시에 무역허가제도 하에서 미 군정청의 외환 사무를 위임받아 수행하는 행정기관이기도 했다. 따라서 은행법이나 상법의 적용을 받지 않았다. 그러나 18~19세기 독일의 관방주의에 뿌리를 둔 일제강점기의 행정이론에 입각하자면 주식회사는 행정기관이 될 수 없다. 여기서 혼란이 생겼다.*

이런 혼란 때문에 한미협정에서는 조선환금은행을 특별히 취급하지 않을 수 없었다. 즉 이 은행이 미 군정청의 재산이기 때문에 제1조에 해당했지만, 행정조직으로서의 조선환금은행은 제4조에서 따로 언급하지 않을 수 없었다.

대통령의 꾀 조선은행의 독립

1947년 체결된 한미협정은 1948년 8월 15일 대한민국 정부가 출범한 이후에도 영향력을 발휘했다. 이 협정 제4조 2항에는 "조선환금은행의 재산 일체는 대한민국에 이양하되 환은의 외환 계정을 사용 또는 할당할 때는 한국에 주재하는 미국 정부의 최고 대표자와 협의하여 동의를 얻어야 한다"는 조건이 붙어 있었기 때문이다. 그에 따라 정부 수립 직후인 1948년 10월 1일 한미 양국은 '한미 간 환금에 관한 잠정협정'을 맺고 대미환율을 450대 1로 조정했다.

주권을 가진 독립국이 환율 수준을 스스로 결정할 수 없었던 것은 경제적 자립이 불가능했기 때문이다. 당시 우리 경제는 미국에서 받은 달러를 민간에 배분하여 수입품을 조달하고 국내에 배분하는 원조경제였다. 결국 미국 정부는 미 군정청의 재산 일체를 대한민국 정부

* 이런 혼란은 1950년 5월 한국은행법을 제정할 때 다시 불거졌다. 즉 일본의 법률이론에 따르면, 자본금을 가진 민간기관은 행정행위를 할 수 없으므로 한국은행은 위헌조직이라는 주장이 정부 안에서 나온 것이다. 일본에서 법률을 공부한 신태익 법제처장(제2대)이 그런 의견을 제기했다.

1950년 6월 10일 제1차 한국은행 금융통화위원회의 모습. 가운데 서 있는 사람이 최순주 재무부장관(의장)이다. 조선은행 총재와 재무부 장관을 거쳐 국회부의장이 된 뒤 삼선개헌을 통과시킨 그는 뛰어난 경제관료이자 나쁜 정치가였다.

에 넘기면서도 그 재산의 처분과 환율 정책에 간섭할 수 있었다. 당연히 이승만 대통령은 족쇄처럼 보이는 이 조항이 불만스러웠다.

이 대통령은 고심 끝에 한 가지 꾀를 냈다. 이 조항을 잘 읽어보면, 외환처분권에 대한 미국 정부의 간섭은 조선환금은행을 통해 이루어진다. 따라서 미 군정청의 산하단체였던 이 은행을 없애버리면 미국의 귀찮은 간섭이 크게 줄어들게 된다.

이 대통령은 자기의 생각을 일단 조선은행에 은밀히 자문했다. 마침 최순주 조선은행 총재는 이승만 대통령이 금융계에 심어 놓은 심복이었다. 이 대통령이 하와이에서 독립운동을 하던 시절 최순주 총재의 부인이 수양딸 노릇을 했을 정도로 각별한 인연 때문이었다.

한편, 조선은행은 일제강점기부터 상업은행 기능과 발권 기능을 동시에 수행하고 있었지만, 당시 외환 기능은 없었다. 이것이 조선은행에는 커다란 콤플렉스였다. 그래서 이 대통령이 조선환금은행의 처리 문제에 관해 질의서를 보내오자 최순주 총재는 "향후 중앙은행 설립 시 조선은행과 조선환금은행을 통합하는 것이 좋겠다"는 답신서를 보냈다.

원하던 답을 들은 이승만 대통령은 더는 기다리지 않았다. '한미 간 환금에 관한 잠정협정'이 체결된 지 두 달 뒤인 1948년 12월 20일 김도연 재무장관에게 다음과 같은 메모를 전달했다.

1. 국회의 업무 폭주로 인해 중앙은행 설립 법안의 제정 시기를 가늠하기 힘든 반면, 1948년 12월 10일 한미경제원조협정 체결로 미국으로부터 외화 유입은 1949년 1월부터 크게 늘어날 전망이므로 외환과 원화를 함께 취급할 전문기관이 필요
2. 국제통화기구(IMF) 가입은 UN 가입 직후 빠른 속도로 추진되어 성사될 가능성이 있어 외환의 전문적 취급기관 설립이 필요*
3. 한미경제협정 제4호의 유보조항 즉 미화계정 사용 시 미 대표부의 동의를 얻도록 하는 데 대한 자주성 확보 필요
4. 원조물자대금을 과거 미 군정청이 차입한 자금과 연계해서 처리하기로 함에 따라 원조물자 도입에 부수되는 내외환거래의 일원화 처리 필요성 증대

* 실제로 IMF에 가입한 것은 1955년 8월 26일이다.

5. 신화폐제도 도입에 맞추어 외화자산과 부채를 일목요연하게 정리하여 관리할 기구가 필요
6. 미 군정청 외국인의 지시에 따르던 행정조직 조선환금은행을 대한민국 정부 수립에 맞추어 쇄신할 필요

대통령은 이 메모에서 이런저런 필연성을 내세우다가 맨 마지막에 이르러 다음과 같은 강력한 지시를 담았다.

> 한미협정 제4호에 의해 정부가 보유하는 조선환금은행의 전 재산과 미 군정청이 이 은행에 출자하기 위해 조선은행으로부터 차입한 2억 원의 채무를 상계처리하고, 조선은행에 관해 군정법령 제93호(외국과의 교역 통제)에 의해 외환 취급을 허용하는 동시에 조선은행의 외환 취급에 있어 정부의 유일한 정부대행기관으로 지정하는 절차를 밟도록 하라.

이렇게 되면 외환업무 기능이 없었던 조선은행은 당장 유일무이한 외환 취급기관으로 등극하는 반면, 조선환금은행은 서류상으로만 존재하는 페이퍼 컴퍼니로 남는다. 이승만 대통령의 지시를 받은 재무장관은 다음과 같은 공문을 조선은행과 조선환금은행에 보냈다.

이로써 조선환금은행은 사실상 조선은행에 흡수 합병되었다. 법률적으로는 1950년 6월 12일 한국은행이 설립되면서 조선환금은행이 한국은행 외국부에 흡수되었지만, 실제로는 그보다 1년여 앞선 1949년 2월 1일 재무부장관 공문으로 명맥이 끊겼다.

조선환금은행 운영에 관한 건

금번 상부의 命에 의하여, 제목의 은행 운영에 관하여 아래와 같은 조치를 취하기로 결정하였으니 그 실행절차를 취하시어 선처하심을 앙망함

아 래

1. 현재 대한민국 정부 소유의 조선환금은행 주식 액면 이억 원을 조선은행에 양도할 것. 주식매매가격은 액면가격으로 정하되 매도일 현재의 동 은행의 잉여금은 정부 소유로 함
   단 잉여금의 처분에 관하여는 재무부장관이 추후에 지시함

2. 조선은행 역원(임원) 전원이 조선환금은행 역원으로 겸임케 함

3. 조선은행 총재 최순주 씨로 하여금 조선환금은행 총재에 겸임케 함

4. 조선환금은행 부총재 김진형 씨로 하여금 조선은행 이사에 겸임케 함. 단 양 은행 역원의 겸임에 관하여는 보수를 취득하지 않을 것임

단기 4282년(1949년) 2월 1일

재무부장관 김도연

시비와 반발
조선은행 적산론

지극히 당연한 일이겠으나, 조선환금은행을 조선은행과 합병할 때 미 군 재무관계자인 재무부 고문은 당황하며 강력히 반대했다. 국내에서도 반대 의견이 많았다. 주로 조선은행의 경쟁 상대들이었다. 이들의 반대 논리는 다양했다. 그 가운데 가장 대표적인 것은 대통령 명령의 위법성이었다. 즉 대통령의 명령은 조선환금은행을 폐지하라는 것인데, 이런 조치는 국회를 통한 입법으로 처리해야 한다는 것이었다. 하지만 김도연 장관 명의의 공문을 잘 읽어보면 장관은 조선환금은행의 폐쇄를 명령하지 않았다. 양쪽 은행의 임원 간 겸임을 명령한 것에 불과했다.*

그러자 반대파들이 다른 이유를 댔다. 미 군정청은 조선환금은행 설립 후 등기 절차를 밟지 않았는데, 그렇다면 조선환금은행은 출생신고가 안 된 불법 기관이니 대통령이 폐지 명령을 내리는 것도 불법이라는 주장이었다. 조선환금은행이 상법상 등기 절차를 밟지 않은 것은 사실이었다. 하지만 조선환금은행이 불법 기관이라면 조선환금은행을 주고받은 한미 양국 간의 협정도 불법 거래라는 말이 된다. 따라서 등기 절차의 누락은 조선은행을 시샘하는 측의 억지에 가까웠다.

이승만 대통령과 김도연 재무부장관의 조치에 반대하는 사람 중에는 재무부 관리들도 있었다. 그들은 발권 기관인 조선은행이 외환 취

* 조선환금은행은 설립 당시 미 군정청의 스미스 소령(조선은행 총재 겸임)이 총재를 맡고 김진형 조선식산은행 이사가 전무를 맡았다. 직원은 조선은행 파견 5인, 식산은행 파견 5인, 조흥은행 파견 1인, 미 군정청 파견 1인 등 12인에 불과했다.

급과 무역금융을 하게 되면 조선은행의 경영 건전성과 금융 시스템이 위험해진다는 점을 걱정했다. 그러면서 '원화를 취급하는 조선은행이 외환을 취급하는 것은 내무장관이 외무장관을 겸하는 것'이라고 토를 달았다. 국내금융과 국제금융(외환)은 구분하는 것이 바람직하다고 주장한 것이다.

이러한 재무부의 시각도 상업은행과 다르지 않았다. 한마디로 말해 조선은행이 힘이 커지는 게 배 아팠던 것이다. 반대로 조선은행은 한껏 고무되었다. 이승만 대통령의 지시로 조선은행의 권한이 갑자기 커지자 직원들은 기고만장했고, 일간지에 '정부는 행정을, 은행은 금융을'이라는 제목의 기고문까지 발표하면서 재무부의 논리를 반박했다.

한편, 이승만 대통령의 의중을 읽은 조선은행은 긴박하게 움직였다. 대통령이 아직 양쪽 은행의 합병을 지시하기도 전인 1948년 11월 23일 법무부로 '조선환금은행의 권리능력에 관한 건'이라는 질의서를 보냈다. 질의서를 받은 법무부 법무심의관은 이튿날 '양 은행의 임원겸임에 문제없다'라는 답변서를 보냈다. 조선환금은행 설립 시 등기 절차가 누락되었으나 이는 큰 문제가 되지 않는다는 것이었다.*

그것만으로는 충분하지 않았다. 당시 조선은행이 가장 듣기 싫어하는 소리가 '조선은행 적산론敵産論'으로, 조선은행은 일제가 만든 기관이므로 대한민국 정부의 공공기관이 되면 안 되며, 청산되어야 할 조

* 조선환금은행은 자본금 납입이 완료된 후에라야 설립을 인정하는 '확정의 원칙'을 따르지 않고 설립된 특수법인이기 때문에 등기 절차를 갖고 불법을 시비하는 것은 무의미하다는 것이 법무부의 해석이었다. 아마 조선은행 측과 협의한 답변서라고 보이는데, 이런 것으로 볼 때 조선은행은 재무부와 금융계가 어떤 논리로 반대할 것인지 알고 있었음을 알 수 있다.

직이라는 주장이었다. 그런데 조선환금은행의 통합을 두고 또다시 적산론 시비가 일자, 조선은행은 대단히 신경질적인 반응을 보였다. 당시 〈조선은행 조사월보〉를 통해서 다음과 같이 주장했다.

> "그렇다면 중앙청과 서울시청도 적산인가? 조선은행은 한미협정을 통해 이미 정부로 귀속된 기구다. (중략) 1946년 4월 27일 미 군정청 관재관으로부터도 준 국가기관의 재산을 전부 적산으로 볼 수 없다는 의견서를 받았다. (중략) 1943년 2월 15일 미국 귀속법령 제911호로 인하여 조선은행 뉴욕출장소의 재산 47,678.45달러가 동결되었고, 1947년 9월 12일 뉴욕주 고등법원에 의해 미국의 조선은행은 청산이 완료되었다."

필자를 밝히지 않은 이 글을 싣도록 지시한 사람은 장기영 조사부장이었다. 조선은행 청진지점 대리로 근무하다가 해방 후 서울로 부임한 그는 한국은행법 제정을 준비하면서 '조선은행 적산론'에 대해 굉장히 신경질적이고 공격적으로 응수했다.

재무부와 한국은행의 신경전

외환이 절대적으로 부족한 나라에서 외화자산을 갖고 있다는 것은 절대적인 권력이었다. 그래서 재무부와 조선은행은 그 세속적 권력을 두고 한 치도 양보하지 않고 유치할 정도로 신경전을 벌였다.

하지만 조선환금은행 흡수를 주장하는 조선은행의 논리는 아주 빈약했다. 해방 직후 조선은행은 미 군정청과 과도정부에 329억 원을 대출했고, 주한 미군에 직접 대출한 것도 111억 원에 이르렀다. 여기에는 조선환금은행 설립에 필요한 2억 원도 포함되어 있었다. 사정이 그러하니 조선환금은행의 주식과 자산을 조선은행이 갖는 것이 당연하다고 우겼다(〈조선은행 조사월보〉, 1949년 2월호).*

그뿐만이 아니다. 장기영 부장의 지시로 작성된 〈조선은행 조사월보〉에 실린 논문의 결론은 '외환업무는 상업은행 기능에 해당하므로 일반은행이 담당하는 것이 바람직하다'는 것이었다. 그렇다면 한국은행이 출범한 뒤에는 조선은행의 외환업무를 다시 상업은행에 이양하는 것이 정상이다. 그러나 조선은행을 승계한 한국은행은 그렇게 하지 않았다. 1963년 한국은행법이 개정될 때까지 유일한 외화자산 운용기관의 지위를 고집했다.

옹졸하고 유치하기는 재무부도 마찬가지였다. 이승만 대통령의 지시에 따르자면 재무부는 조선은행에 갚아야 하는 차입금과 조선환금은행이 가진 외환보유액을 상계 처리해야 했다. 그러나 조선환금은행에 대한 조선은행의 '대출금'을 남겨둔 채 외환보유액을 조선은행에 '예치'했다. 합병을 통해 조선은행이 갖게 된 외환보유액은 재무부의 소유라는 사실을 지우기 싫었던 것이다.

* 이런 논리라면, 외환위기 때 재정자금으로 금융기관들을 살려놨으니 임원 자리 몇 개는 당연히 기획재정부와 금융위원회 공무원들이 차지하는 것이 당연하다는 말이 된다.

재무부가 대통령의 지시를 따르지 않자 한국은행법에 그 문제를 다시 한 번 못 박았다. 최초의 한국은행법 제104조는 "정부는 한국은행의 정부대상금에서 외환액에 대응하는 금액을 삭감하여 정부 소유의 외환을 한국은행에 매각할 수 있으며 한국은행은 당해 외환을 매입하여야 한다"고 선언했다. 아울러 제109조는 "본 법의 정하는 바에 의하여 한국은행에 부여된 재무부와 그 관하국에 속한 모든 권한, 의무, 기능은 한국은행에 이양된다"고 강조했다.

재무부는 더 이상 외화자산을 쥐고 있기 힘들어졌다. 한국은행 설립과 함께 외화자산을 '빼앗긴' 재무부 직원들은 한국은행에 대한 유감을 키웠다. 반격할 기회를 보던 중 1967년 한국외환은행을 설립할 때 극약처방을 내렸다. 한국은행이 보유하고 있던 외화자산 전액을 한국외환은행에 몽땅 넘기도록 명령한 것이다. 그 근거는 장관 명의의 공문 한 장이었다(1967년 2월 6일).*

장기영이 근무했던 10여 년 전과 달리 당시 한국은행은 재무부를

* 한국외환은행법은 1966년 6월 재무부가 작성하여 7월 공포되었다. 이 법 제정을 지휘한 사람은 김정렴 재무부장관이었다. 그러나 김 장관은 한국외환은행법을 만들 때 한국은행의 외환보유액까지 몽땅 신설 은행에 넘기는 것은 전혀 고려하지 않았었다. 그는 조선환금은행에 파견되었던 조선은행 직원 다섯 명 가운데 한 사람으로서 조선은행, 조선환금은행, 한국은행, 한국외환은행을 관통하는 한국 금융사의 증인이다.
한국은행의 외화자산이 한국외환은행으로 넘어가게 된 것은 김 장관이 뜻하지 않게 해임된 사건의 여진이었다. 한국외환은행법이 제정된 직후인 9월 22일 한국비료공업주식회사의 사카린 원료 밀수사건이 세상에 알려졌다. 민심이 흉흉해진 가운데 김두한 의원이 국회 본회의에서 대정부 질의 중 국무위원석에 오물을 투척했고 오물을 뒤집어쓴 김정렴 재무장관과 민복기 법무부 장관은 사임했다. 그리고 김학렬 경제기획원 차관이 재무장관직을 이어받았다. 이재섭 금융정책과장은 장관이 바뀐 것을 기회로 삼아 한국은행의 외화자산을 몽땅 한국외환은행으로 이관하는 장관 이름의 공문을 보냈다. 법적 근거가 전혀 없는 관치금융이었다(이재섭 과장은 차관보를 끝으로 공직을 떠난 뒤 증권거래소 이사와 증권업협회 상무를 역임했다).

상대로 제 목소리를 내기 어려웠다. 내부 출신의 총재*가 지나치게 정치적이라서 정부와 마찰을 극도로 싫어했기 때문이다. 한국외환은행의 최대주주가 한국은행이었음에도 은행 경영에 대해서는 재무부가 내린 결정을 그대로 따랐다. 한국외환은행의 경영 성과가 나쁘다는 이유로 재무부가 이자 지급을 유예하면 군말 없이 그것을 받아들였다.

역설적으로 그런 굴욕스러운 상태를 깨뜨린 것은 오일쇼크였다. 석유값 폭등으로 외환보유액이 부족해지자 정부는 1975년 IMF에 긴급 구제금융을 요청했다. 그런데 IMF와 맺는 스탠드 바이 협약에서 차입 주체는 중앙은행이다. 그때까지 장관 공문 한 장으로 한국은행의 외화자산 보유를 일절 금지해 왔던 재무부는 하는 수 없이 멍에를 풀어주었다. 그러면서 한국외환은행에 강제로 맡겼던 외화자산이 한국은행으로 돌아왔다.

그렇다고 정부의 생각이 달라진 것은 아니었다. 지금도 기획재정부가 만든 '외국환거래규정'에는 "기획재정부장관은 외환시장 개입, 외화자금의 조달 및 운용에 대하여 필요한 지시를 할 수 있다"는 조항이 있다(제2-27조). 모법母法에 근거 조항을 찾기 어려운 이 문구를 토대로 정부는 호시탐탐 한국은행의 외화자산 운용에 개입하려고 했다.

2008년 10월 글로벌 금융위기 직후 한국과 미국이 통화스와프 계약을 맺어졌을 때도 기획재정부는 "우리가 미국 재무부와 상의한 뒤

* 당시 김세련 총재는 공주 출신으로서 김종필의 중학교 선배였다. 한국은행 대전지점장이었던 그는 5.16 군사정변 직후 일약 한일은행장으로 발탁된 뒤 산업은행 총재와 재무장관을 거쳐 한국은행 총재로 임명되었다. 나중에는 필리핀 대사와 국회 외무위원장까지 역임했다. 김세련의 경우에서 알 수 있듯이 정치권과의 특별한 인맥 때문에 총재가 되는 사람은 제 목소리를 낼 수 없다. 자기가 생각해도 떳떳하지 못하기 때문이다.

한국은행을 통해 성사시킨 것"이라고 주장했다. 외환업무는 무조건, 그리고 전부 다 행정부 소관이라고 믿고 싶었던 데서 나온 자기암시였다. 이런 발언에 재무부의 지시를 받은 것으로 오해받게 된 미국 측이 이를 황당하게 여긴 것은 말할 나위가 없다.

그렇다고 해서 한국은행이 더 옳았던 것도 아니다. 한국은행은 과거 조선은행과 조선식산은행이 절반씩 출자해서 조선환금은행을 설립했다고 기억한다.* 하지만 조선환금은행은 미 군정청이 전액 출자한 은행이었고 조선은행은 이에 필요한 2억 원을 미 군정청에 대출해주었을 뿐이다. 조선환금은행의 합병을 어떻게든 정당화하려는 조선은행의 유치한 생각을 한국은행이 여전히 떨쳐버리지 못하는 것이다. 이처럼 한국은행 내부에는 조선은행의 잔재가 많이 남아있다.

최빈국 대통령의 운명

화폐와 금융에 관한 일이라면 공산주의보다는 자본주의가 앞선다는 것이 일반적인 상식이다. 그러나 한반도에서는 북한이 남한보다 빨랐다. 북한에서는 1946년 2월 15일 소련군의 군표 발행을 대체할 목적으로 북조선중앙은행이 설립되었다. 소비에트 국립은행 블라디보스토크 감사가 총재직을 맡았던 이 은행은 소련군이 시키는 일을 담당

* 한국은행, 《우리나라의 외환 제도와 외환시장》, 2003년, 13쪽.

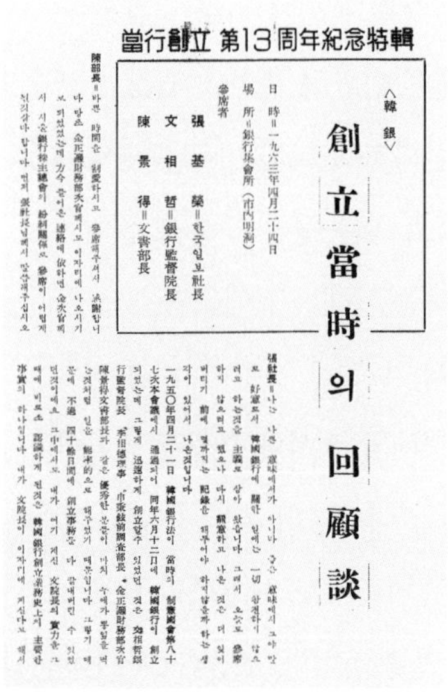
當行創立 第13周年紀念特輯

<韓銀> 創立當時의 回顧談

日時=一九六三年四月二十四日
場所=銀行集會所(市內明洞)
參席者
張基榮=한국일보社長
文相哲=銀行監督院長
陳景得=文書部長

한국은행 설립 당시 재무부와 한은 간의 신경전을 소개한 장기영 조사부장의 회고담(1963년 6월).

하는 소련군의 외곽조직에 불과했지만, 적어도 기록상으로는 한 민족 최초의 중앙은행이었다.

이 무렵 남한에서는 조선은행, 조선식산은행, 조흥은행과 재무부가 서로 으르렁거리는 바람에 중앙은행 설립을 꿈도 꾸지 못하고 있었다. 이런 집안싸움 때문에 일제의 패망에서 5년이 지난 뒤에도 여전히 조선은행권이 통용되어야 했다.* 보다 못한 미국 유학파 이승만 대통령이 미국에서 전문가를 초빙하기로 결심함으로써 1950년이 되어서야 한국은행이 설립될 수 있었다.

한편 해방 직후 우리나라는 외환 사정이 지독히도 나빠서 무역허가제도와 함께 외환집중제도를 채택하고 있었다. 민간이 수출을 통해 얻은 외화를 전부 정부에 팔도록 하는 규제였다. 외화 사정이 빠듯한 상황에서 정부는 외화의 씀씀이를 철저하게 통제했다. 500달러 이상의 지출은 대통령이 직접 재가할 정도였다.

그런데 외환 당국인 한국은행이 정부의 감시와 간섭을 성가시게

* 이 돈은 결국 6.25 전쟁 도중 제1차 화폐개혁을 통해 퇴장되었다. 먼저 화폐개혁을 마친 북조선이 전쟁 도중 남한에서 구화폐를 대량 유통했기 때문이었다.

생각했다. 6.25 전쟁 도중 사무기기가 필요하게 되자 도쿄 지점을 통해 밀수입을 시도할 정도였다. 정부에게 승인받는 절차를 귀찮게 생각한 것이다. 이것이 일본 관세청에 적발되자 도쿄의 미국 태평양사령부가 이를 이승만 대통령에게 항의했고, 대통령은 구용서 총재와 장기영 조사담당 이사에게 사표를 요구하는 사태가 벌어졌다.

그때 이승만 대통령도 엄청난 무력감을 느꼈을 것이다. 외환 정책에 관해서는 고만한 작은 일로도 미국 정부의 훈시와 간섭을 받아야 했기 때문이다. 독자생존권이 없는 최빈국 대통령의 피할 수 없는 운명이었다. 이승만은 500달러짜리 지출결의서에도 서명했던 대통령이다. 그때마다 자괴감에 주먹을 움켜쥐었을 것이다. 조선환금은행의 합병을 일찌감치 결정한 것은 그 은행을 통해 전달되는 미국의 압력을 털어버리고 하루빨리 환율 주권을 가져보고 싶었기 때문이다. 그것은 미국의 남은 농산물을 받아먹고 살면서 시시콜콜 외환 사용에 대해 간섭받는 신생국 대통령의 울분이자 오기였다.

하지만 재무부와 조선은행 직원들은 대통령의 이런 큰 뜻을 알아채지 못했다. 그리고 외환보유액 관리의 주도권을 두고 재무부와 치졸한 다툼을 계속했다. 참 부끄러운 기록이다. 21세기의 기획재정부와 한국은행은 그런 소아병적 사고에서 벗어나 보다 큰 눈으로 협조해야 한다. 외환보유액이 세계 8위 수준에 이른 이즈음에 여전히 양 기관이 사소한 다툼을 계속한다면, 최빈국 대통령 이승만이 지하에서 울지 않을까?

17장

돈의 마술사

-

조국을 위해 독재자와 손잡은 수수께끼 은행가

제국은행과 제1차 세계대전의 서막

아프리카 대륙의 서북단에 위치한 모로코는 지브롤터 해협을 사이에 두고 유럽과 코를 맞대고 있다. 모로코는 군사·외교·경제적인 요충지였기에 제국주의 물결이 넘실대던 19세기 말 유럽 각국은 호시탐탐 모로코를 자국의 지배하에 두려 했지만, 1880년 마드리드 협약을 통해 모로코를 완충지로 남겨두기로 했다.

1911년 모로코에서 술탄의 폭정에 반대하는 폭동이 일어났다. 다급해진 술탄은 프랑스에 도움을 청했고 프랑스는 육군을 파병했다. 그러자 독일도 자국민 보호를 구실로 모로코의 아가디르 항港에 전함을 보냈다. 그때 독일 제국의 빌헬름 2세는 프랑스와 한판 붙을 생각이었지만 그럴 수 없었다. 프랑스와 전쟁한다는 소문이 돌자 주가는 하루에 30퍼센트가 폭락하고, 전국에서 예금인출사태가 벌어진 것이

1911년 아가디르 위기 당시 모로코에 주둔한 프랑스군. 이어서 스페인도 군대를 보내려 하자, 독일도 이에 질세라 군함을 파견했다.

다. 제국은행의 금보유고도 빠르게 줄어들었다. 프랑스의 종용으로 러시아 투자자들이 독일에서 자금을 회수했기 때문이었다.

금보유고가 줄었다고 해서 금본위제도를 포기한다는 것은 국제적으로 큰 망신이었다. 그래서 황제는 제국은행(중앙은행) 총재 루돌프 폰 하펜슈타인Rudolf von Havenstein을 불러들여 전쟁을 치를만한 금을 확보할 수 있느냐고 물었다. 그가 자신 없는 태도로 머뭇거리자 황제는 "다음에 다시 똑같은 질문을 했을 때는 다른 대답이 나오기를 기대하겠소" 하며 실망감을 드러냈다. 그리고 슬그머니 모로코에서 군함을 철수시켰다.

이후 독일 제국은행은 절치부심하면서 3년 동안 금을 모았다. 그리고 마침내 그 금이 필요한 순간이 찾아왔다. 사라예보에서 오스트리아 황태자 부부가 세르비아 독립운동 세력의 저격을 받아 사망한 것이다. 제1차 세계대전의 서곡이었다. 동방 진출의 기회를 노리던 독일은 사건 직후 오스트리아-헝가리 제국에게 세르비아를 압박하라고 부추겼다. 그리고 몇 주 뒤 러시아가 세르비아 편을 들며 오스트리아-헝가리 제국을 향해 국가총동원령을 내리자, 독일은 러시아를 향해 비상사태를 선포하고 본색을 드러냈다.

하지만 전쟁에 대비해서 금보유고를 잔뜩 늘려놓은 제국은행의 노력은 소용없었다. 개전과 함께 프랑스, 러시아, 오스트리아-헝가리 제국이 일제히 은행권을 금으로 교환하는 금태환을 정지했기 때문이다. 이런 상황에서는 독일도 더 이상 금본위제를 유지할 이유가 없었다. 혼자 금본위제도를 유지했다가는 금이 빠져나갈 것이 뻔했다. 이제 세계는 일제히 새로운 세계로 접어들었다.

젊은 야심가의
좌절

전쟁의 시작은 아주 싱거웠다. 1914년 7월 31일 오후 5시, 독일 베를린 시내 한복판에 있는 광장에는 무더운 날씨 탓에 인적이 드물었다. 그때 근위보병대 중위가 홀연히 나타나더니 프리드리히 대왕 동상 위에 올라서서는 황제의 이름으로 '비상사태 선언서'를 낭독하기 시작했다.

우연히 그 옆을 지나던 할마르 샤흐트Hjalmar Schacht는 선언서 낭독에 귀를 기울였다. 당시 독일에서 두 번째로 큰 은행인 드레스드너 은행의 임원 승진을 기다리고 있던 샤흐트는 전쟁이 시작된 지 몇 달이 지나 정부에서 공직을 제의받았다. 독일이 점령한 벨기에에서 금융 문제를 담당하는 금융위원회 참모 자리였다. 그는 군에서 공적을 쌓고 승진하겠다는 생각에 그 제의를 받아들였다.

당시 독일 제국의 최상층은 융커라고 불리는 군사 귀족과 영주들이 독차지하고 있었다. 샤흐트와 같이 국경 근처의 중하층 집안에서 태어나 아무도 도와줄 사람이 없는 평민이 출세하려면 군부와 인연이 있어야 했다. 샤흐트가 황실에 배속된 프로이센 경찰의 딸과 결혼한 이유도 거기 있었다. 그는 지독한 난시 때문에 병역이 면제되었지만, 짧은 콧수염과 앞가르마, 풀을 먹여 뻣뻣한 옷깃, 경직된 걸음걸이로 마치 프로이센 장교처럼 보이려고 애썼다.

어린 시절 샤흐트는 항상 싸구려 옷을 입고 등교해서 부유한 친구들한테 놀림을 받았다(이 점에서 아돌프 히틀러와 똑같다. 두 사람이 만나자마자 친해진 것은 바로 그런 심리적 공통점 때문이다). 하지만 공부만큼은 누구한테도 뒤지지 않았다. 가난한 사람에 적대적인 사회에서 믿을 것이라곤 오로지 자신의 지적 능력밖에 없다는 것을 그는 어려서부터 몸으로 익혀 잘 알고 있었다. 대학 입학 후에는 지역신문 통신원과 연극 대본 작가 등 여러 일을 전전하면서도 우등생 자리를 놓치지 않았다. 그는 영국의 중상주의를 연구하여 경제학 박사 학위를 받은 뒤 은행에 취직했다.

은행원 샤흐트는 어떤 일이라도 야무지게 해냈다. 하지만 어디를 가든 항상 적들로 둘러싸여 있었다. 따르는 후배나 친구도 없었다. 완고함, 냉소, 잘난 척으로 똘똘 뭉친 그를 좋아하는 사람은 없었다. 벨기에 금융위원회에서도 마찬가지였다. 튀기 좋아하는 샤흐트를 독일군이 좋아할 리 없었다. 더구나 그의 직속 상관은 권위의식에 가득 찬 거만한 소령이었다.

소령은 샤흐트가 민간인 출신이라는 이유로 장교만 드나드는 식당의 출입을 허락하지 않았다. 샤흐트는 벨기에 현지의 장성에게 부탁해 출입증을 얻어냈지만, 그것을 하극상이라고 판단한 직속 상관은 샤흐트에게 공금횡령 혐의를 씌웠다. 샤흐트는 완강히 부인했으나 조사가 계속되자 결국 사임하고 독일로 돌아왔다. 이렇게 그의 공직생활은 열 달 만에 끝났다.

그때의 기록은 샤흐트의 적들이 평생 그를 괴롭히는 단골 소재가 되었다. 평판이 나빠진 샤흐트는 드레스드너 은행의 임원이 될 수 없었다. 이사가 되려면 더 작은 은행인 나치오날방크로 이직해야만 했다.

독일 국민을 단결시킨 연합국의 평화 협정

제1차 세계대전은 시작도 허무했지만, 끝도 그러했다. 1918년 6월이 되자 연합군의 총공세로 독일군의 보급망이 무너지면서 병사들의 집단 탈영이 줄을 이었다. 해상에서는 해군들이 폭동을 일으켰다. 이쯤 되자 오스트리아-헝가리 제국 등 동맹국들이 독일에 전쟁을 포기하자고 제안했다. 독일 군부는 권력을 민간정부에 이양하고 퇴각했다.

Guerre de 1870-1871. BATAILLE DE REISCHOFFEN. — 6 août 1870. 142.
Charge des 1er 2e 3e 4e 8e & 9e Cuirassiers.
Honneur donc, mille fois honneur aux Cuirassiers français.

프로이센-프랑스 전쟁(보불전쟁). 이 전쟁에서 승리한 독일은 통일 제국을 이루고, 패한 프랑스에서는 제2 제국이 무너지고 제3 공화국이 세워졌다. 패전국 프랑스는 독일에게 50억 프랑의 전쟁보상금과 함께 알자스-로렌 지방도 양보했다. 알퐁스 도데의 《마지막 수업》은 알자스-로렌을 빼앗기는 프랑스 사람들의 심정을 그리고 있다.

그래야 장차 있을 휴전협상에서 독일 정부의 입지가 넓어진다는 판단에 따른 것이다.

그동안 날조된 승전보를 통해서 독일의 천하통일이 머지않았다고 믿어 왔던 독일 국민들은 망연자실했다. 11월 8일, 현실을 자각한 수천 명의 노동자와 병사들이 황제의 궁전으로 몰려갔다. 성난 군중 사이에서 제국의 종말과 함께 공화국이 선포되었다. 다음 날 황제는 기차를 타고 네덜란드로 망명했다. 마침내 11월 11일, 신생 바이마르 공화국은 연합국들과 휴전 협정을 맺었다.

1919년 1월 개최된 파리강회회의. 연합국 간의 이견이 너무 커서 독일 배상금 수준은 합의되지 않았다. 여기에서 미국의 윌슨 대통령은 민족자결주의를 내세우고 국제연맹 창설을 제의했다.

전쟁의 피해는 상상을 초월했다. 약 1,100만 명의 병사가 전사했고 민간인도 900만 명이 희생되었다. 유럽 정부들은 전후 복구를 위해 4년여 동안 약 2,000억 달러를 쏟아부었다. 민간 경제활동이 위축된 것은 계산조차 할 수 없었다. 바야흐로 패전국 독일에 어마어마한 청구서가 배달될 예정이었다.

프랑스 정부는 전쟁비용으로 300억 달러를 지출했다. 처음 2년 동안은 전쟁이 금방 끝날 것이라 예상하고 세금을 올리지 않았다. 그 뒤 세금을 올리긴 했지만, 전비 중에서 세금으로 충당된 것은 5퍼센트에도 못 미쳤다. 전쟁에서 이긴 뒤 독일의 등골을 빼먹겠다는 생각이었다. 여기에는 40여 년 전 있었던 보불 전쟁(프로이센-프랑스 전쟁)으로 프랑스가 당했던 것의 앙갚음도 있었다.

하지만 현실감각이 있는 클레망소 총리는 배상금 문제에 다소 유연했다. 프랑스가 진짜 경계해야 할 것은 인구가 50퍼센트 더 많은 독일이 재무장하는 것이었다. 그러므로 무장해제와 함께 독일 영토를 도려내는 것이 금전적 배상보다 중요하다고 생각했다. 그는 당시 재무장관 뤼시앵 클로츠가 독일에 징벌적 배상금만 강조하자 '돈에 관해서 아무것도 모르는 유일한 유대인'이라며 핀잔을 주었다.*

더 어이없는 것은 영국의 태도였다. 프랑스에 비하면 피해가 그리 크지 않았는데도 훨씬 더 가혹하게 독일에 징벌적 배상을 요구했다. 1918년 12월 총선에서는 '레몬의 씨가 뽀드득 소리를 낼 때까지 짜는 것처럼 독일도 뽀드득 소리가 날 때까지 쥐어짜자'라는 구호가 등장했다. 로이드 조지Lloyd George 총리는 그런 민심을 외면할 수 없어서 독일에 1,000억 달러의 배상금을 요구했다. 전쟁 전 독일의 GDP가 120억 달러였던 것을 생각하면 비현실적인 금액이었다.

반면 미국은 배상금 수준을 100~120억 달러 정도로 어림잡았다. 이렇게 국가마다 요구하는 금액에 차이가 있다 보니 1919년 1월 파리강화회의에서는 결론이 나지 않았다.** 연합국 사이에 견해차가 크

* 뤼시앵 클로츠는 유대인 출신의 언론인이었다. 그는 재무장관을 세 번이나 역임했지만, 자신의 재산관리에는 무능했다. 씀씀이가 커서 늘 자금난에 허덕이다가 나중에는 위조 수표까지 유통했다. 그로 인해 징역형을 살다가 감옥에서 죽었다.

** 파리강화회의는 1919년 1월부터 1년간 30여 개국 대표들이 모여 전후 세계질서를 논의하는 마라톤 회의였다. 당시 상하이에서 독립운동을 하던 김규식이 그 회의에 참석했고, 이 사실이 국내에 알려지면서 3.1운동의 불씨가 생겼다.

자 각국 정상은 특별위원회에 책임을 떠넘겼다.

그런데 로이드 조지 영국 총리가 특별위원회 위원으로 임명한 베리 컨리프Barry Cunriffe 경이 문제였다. 영란은행 총재를 지낸 그는 불같은 스타일로, 독일의 배상 능력 따위는 아랑곳하지 않은 채 협상 테이블에서 분위기를 주도하며 가혹한 징벌적 배상을 끌어냈다.

이에 따라 1919년 6월 발표된 베르사유 조약의 내용은 독일 국민을 경악하게 만들었다.

조약에 따르면 알자스-로렌 지방은 프랑스로 반환되고, 자르의 광산도 프랑스에 양도해야 했다. 과거 신성로마제국에 속했던 슐레지엔 북부, 서 프로이센, 포젠은 폴란드 영토가 되고, 동북쪽 슐레스비히도 주민투표를 통해 덴마크를 선택할 자유를 주기로 했다. 또한 군 병력은 십만 명 이하로 감축되며, 해군은 해체되고 라인강 양쪽은 영구 비무장지대가 된다는 것이었다. 거기에 더하여 2년 안에 50억 달러를 우선 갚은 다음 나머지 배상금 규모는 다시 정하기로 했다.

평화 조약에 관해 독일에 5일간 숙고할 시간이 주어졌다. 독일 국민들은 "전쟁에서 유일하게 책임을 져야 할 나라는 독일이다"라는 협정문에 울분을 토했다. 항의의 뜻으로 일주일간 음주가무를 중단하고 전국에 조기를 게양했다. 필리프 샤이데만Philipp Scheidemann 총리는 결국 평화 조약에 서명을 거부하고 사임했다.

그때까지 왕당파, 자유주의자, 사회주의자, 가톨릭, 개신교로 사분오열되었던 독일 사회는 그들이 생각하기에 '부당한' 평화 조약 앞에서 하나가 되었다. 그리고 무장 해제, 영토 분할, 점령은 받아들이더라도 마지막 배상금 문제에서는 더 이상 양보할 수 없다는 결의를 다졌다.*

전쟁배상금과 하이퍼인플레이션

독일 국민에게 깊은 상처를 남긴 평화 협정이 끝내 체결되었지만, 후유증은 컸다. 파업이 끊이지 않았고 스파르타쿠스단이라는 혁명 세력들의 폭력 시위가 거리를 덮었다.

그런대로 성공한 은행가였던 샤흐트는 이때 독일 사회의 좌경화를 우려하면서 중도 정당인 독일민주당의 창당 발기인으로 나섰다. 하지만 그의 노력은 성공하지 못했다. 독특한 성격 때문에 동지를 얻지 못했고 공천도 받지 못했다. 당에서는 그를 혼란기를 이용하여 한자리 차지하려는 기회주의자로 취급했다.

이후 그는 정치에서 다시 금융으로 관심을 돌리고 재산을 불리는 데 집중했다. 상당한 재력가 반열에 오른 그는 배상금 문제를 논의하는 국제회의에 경제인 대표로 참가했다. 헤이그에서 열린 그 회의에서 독일대표단은 끔찍한 음식, 누추한 호텔, 이동 제한, 공개 미행 등 온갖 수모를 겪었다. 심지어 회의장에 앉을 의자가 없을 때도 있었다. 샤흐트가 이런 대접에 대해 불만을 표출하자 "선생은 독일이 전쟁에서 졌다는 사실을 잊은 것 같군요"라는 대답을 들었다. 비스마르크의 사자후를 들으며 자란 샤흐트는 그런 수모를 겪으며 '강한 조

* 파리강화회의에 영국 대표단의 일원으로 참석했던 케인스는 당시 영국 사회의 비이성적 배상금 요구에 실망하고 돌아와 1919년 11월《평화의 경제적 귀결》이라는 책을 출간했다. "독일을 우려내려면, 우선 망하게 놔둬서는 안 된다"는 것이 요지였다(15장 참조). 6개월 동안 10만 부가 팔린 이 베스트셀러로 케인스는 36세의 나이에 일약 세계적인 명사가 되었다. 이 책에서 그가 제시했던 합리적 배상금 수준은 60억 달러 정도였다.

국'의 부활을 다짐했다. 그 무렵 아돌프 히틀러가 품었던 생각과 비슷했다.

파리강화회의 이후 4년 동안 유럽에서는 독일의 배상금 문제로 각종 회의가 계속되었다. 프랑스와 독일 정부가 끊임없이 붕괴하는 것도 하나의 원인이었지만, 프랑스는 자국이 도대체 무엇을 바라는지도 명확하지 않았다. 그러는 사이에 사소한 기류 변화가 생겼다. 독일과 싸울 때 묻어두었던 영국과 프랑스 사이의 해묵은 반감과 적개심이 고개를 든 것이다. 승전국들의 결속력이 서서히 약해지자, 독일도 중요한 진리를 깨달았다. 진짜 큰 빚을 지면 빚진 놈이 더 큰소리친다는 사실이다.

시간이 흐를수록 독일에 대한 배상금 수준이 낮아진다는 것을 간파한 영국은 1921년 5월 '독일이 거절하기 어려울 만큼 합리적인' 수준의 배상안을 서둘러 작성했다. 총 배상액은 125억 달러로서, 전쟁 전 독일 GDP의 100퍼센트 수준이었다. 이 계획에 따르면 독일은 매년 6~8억 달러(GDP의 5퍼센트)를 20년간 갚아야 했다. 그러나 독일은 그나마도 갚을 생각이 전혀 없었다. 첫 18개월 동안 계획의 절반인 12억 달러만 갚았을 뿐이었다.

독일이 이렇게 불성실한 태도를 보이는 데는 믿는 구석이 있었다. 파리강화회의 이후 독일의 환율이 비교적 안정을 유지했다. 전쟁 전 달러당 4.2마르크였던 환율은 1920년 초 65마르크까지 뛰었지만, 더 이상 오르지 않을 것이라는 기대가 컸다. 해외 투자자들은 독일의 재건을 예상하고 20억 달러를 투자했다. 독일 정부는 오히려 지나친 외자 유입과 경기 과열을 걱정하고 있었다.

그러나 장밋빛 낙관은 일 년 만에 끝났다. 독일에 너무 관대하다는 평을 들어온 프랑스 정치인이 1921년 여름 우익 암살대에게 살해되었다. 1922년 6월에는 독일에서 비슷한 일이 벌어졌다. 연합국에 대한 배상을 지휘하던 독일의 외무장관이 우파의 총을 맞고 사망한 것이다. 불안한 정치 분위기 속에서 마르크화 가치가 갑자기 100분의 1 수준으로 떨어졌다. 수출과 자본이 통제되어 마르크화로 할 수 있는 일이 없었기 때문이다.

설상가상으로 1923년에 프랑스와 벨기에는 4만 명의 병력을 풀어서 독일의 산업중심지 루르 지방을 점거했다. 산업생산마저 어려워진 독일에서는 물가가 천정부지로 올랐다. 10월에 이르자 물가가 이틀마다 두 배씩 뛰어 3주 사이에 만 배가 올랐다. 커피를 마시는 동안 커피값이 두 배가 되기도 했다. 드디어 액면 금액이 1,000억 마르크인 지폐까지 등장했다.

통화감독관 샤흐트의 등장

독일 경제가 그 지경에 이르자 일 년도 안 된 정부가 또다시 무너졌다. 공화국 출범 이후 벌써 다섯 번째였다. 1923년 8월 출범한 연립정부는 제국은행 총재 루돌프 폰 하펜슈타인Rudolf Von Havenstein에게 책임을 묻기로 했다. 당대 최고의 금융전문가였던 하펜슈타인은 인플레이션이 외국인들의 탐욕스러운 배상금 요구 때문이고, 자기

하이퍼인플레이션 당시 돈으로 공작놀이를 하는 독일의 어린이. 이런 부류의 사진은 당시 독일 정부가 배상금이 지나치다는 점을 강조하기 위해 퍼뜨린 정치 선전물이다.

임무는 오로지 돈을 더 찍는 것으로 생각했다. 그러면서 하루에 통화량을 60퍼센트씩 늘리는 것을 자신의 의무라고 자랑스럽게 떠들었다.

하지만 당시 법률로는 그에게 책임을 물을 수 없었다. 1922년 7월 개정된 제국은행 자치법에 따르면 총재는 종신직이었다. 역설적으로 이러한 개정이 이루어진 것은 영국이 "인플레이션을 억제하려면 중앙은행 총재의 신분을 보장해야 한다"고 주장했기 때문이었다. 연립정부의 구스타프 슈트레제만 총리는 하이퍼인플레이션 수습을 위해 다른 방법을 찾아야 했다.

11월 8일 저녁 10시, 베를린의 한 호텔에서 슈트레제만 총리가 한 사람과 몰래 면담을 했다. 독일 3위 은행인 다나트방크의 이사 할마르 샤흐트였다. 두 사람은 20년 넘게 알고 지내던 사이였다. '베를린 수요회'라는 토론 클럽 회원이었으며, '듣보잡' 출신이라는 성장배경도 비슷했다. 맥주 공장 근로자의 아들로 태어난 슈트레제만 총리는 독일제국 시절 황제가 공개 석상에서 그의 출신 때문에 악수하기를 거부하여 망신을 당한 적도 있었다.

총리는 샤흐트에게 통화감독관이라는 새로운 공직을 제안했다. 조만간 단행될 화폐개혁과 함께 금융에 관한 최종 결정권을 갖는 자리로서, 제국은행 총재는 물론 재무장관보다도 권한이 컸다.

이제 샤흐트에게 절호의 기회가 찾아왔다. 명예욕과 출세의 야망이 컸던 그에게 공직은 평생 꿈꾸던 것이었다. 그는 정부를 위해 무보수로 재무부의 허름한 빈방에서 근무하겠다고 총리에게 아부했다. 다만 자기 비서에게는 50달러의 공무원 월급 이외에 매달 100달러의 수당을 더 줄 것을 요구했다.

두 사람이 재무부로 출근한 지 사흘 뒤 화폐개혁이 발표되었다. 제국은행이 발행하던 라이히스마르크를 폐지하고, 렌텐마르크Rentenmark라는 새로운 명칭의 화폐를 도입하는 것이 골자였다. 기상천외하게도 두 화폐의 교환비율은 화폐개혁을 발표하는 순간까지도 결정되지 않았다. 그것은 총리가 아닌 샤흐트의 몫이었다.

혼돈과 희망 사이에 놓인 징검다리

통화감독관 샤흐트의 등장은 제국은행 총재 하펜슈타인의 퇴장을 의미했다. 하펜슈타인은 슬그머니 휴가를 쓰고 출근하지 않았다. 그러는 사이에 화폐가치의 폭락은 마지막 절정으로 치닫고 있었다. 샤흐트가 재무부 건물로 출근하던 날 달러당 6,300억 라이히스마르크였으나 이틀 뒤 달러당 라이히스마르크의 가치는 1.3조로 떨어지고, 15일에는 2.5조로 곤두박질쳤다. 11월 20일에는 마침내 4.2조에 이르면서 바닥을 찍었다.

그 순간 샤흐트는 신구 화폐의 교환비율을 1조 대 1로 정했다. 그럼으로써 미 달러화와 새 화폐인 렌텐마르크 화의 교환비율은 1 대 4.2, 즉 전쟁 전 환율 수준과 똑같아졌다. 상징적인 숫자였다. 거기에 더해서 새 화폐는 토지를 담보로 발행되고 발행 상한선이 24억 렌텐마르크(6억 달러)로 제한되었다.

그러자 그토록 골치를 썩이던 하이퍼인플레이션이 거짓말처럼 멈췄다. 당시 베를린 주재 영국대사는 "통화가치의 안정이라는 마술 지팡이가 가볍게 닿자, 독일은 금방 달라졌다. 경제적 안정과 함께 정치적 평화가 달성되었다"고 기록했다.

화폐 교환비율이 발표되는 날 하펜슈타인 제국은행 총재는 다시 출근하기 시작했지만, 그것이 마지막이었다. 그동안 마음고생이 심했었는지 저녁 늦게까지 일을 보다가 갑자기 심장마비로 쓰러져 곧 사망했다. 그의 나이 66세였다. 자연스럽게 샤흐트가 다음 총재가 되었다.

샤흐트는 화폐개혁의 성공이 일시적일 것이라고 예상했다. 토지본위제 화폐제도는 옛날 프랑스에서 시도했다가 실패한 경험이 있기 때문이다(9장 참조). 샤흐트는 새로운 화폐가 '혼돈과 희망 사이에 놓인 징검다리'에 불과하며, 외환과 금을 확보해야만 신뢰를 회복한다고 믿었다. 그는 취임하자마자 영란은행 방문을 추진했다.

새해를 하루 앞둔 12월 31일 샤흐트는 런던으로 달려가 밤 10시에 몬태규 노먼 영란은행 총재를 만났다. 그는 유창한 영어로 파운드화 대출을 부탁하는 동시에, 앞으로 독일 제국은행은 외환보유액을 금 대신 파운드화로 보유할 것이며, 자본금도 파운드화로 표시하겠다는 뜻을 밝혔다. 그동안 노먼 총재가 추구했던 '파운드화의 국제화' 방향과 정확히 일치하는 발언이었다. 노먼은 기쁜 마음으로 동의했고 두 사람은 금방 친구가 되었다.

1월 중순 베를린으로 돌아온 샤흐트는 연합국 측의 호출을 받았다. 배상금 협상을 위해 그를 독일 대표로 초청한 것이다. 과거의 경험을 생각하면 가고 싶지 않았지만, 독일의 배상금을 줄여야 한다는 생각으로 달려간 샤흐트는 메모 한 장 없이 유려한 프랑스어와 영어로 좌중을 압도하면서 자신의 계획을 믿으라고 열변을 토했다. 미국 대표 찰스 도스Charles Dawes는 "내가 곧 제국은행이다"라고 자신만만하게 말하는 샤흐트를 보면서 "짐이 곧 국가다"라고 했던 태양왕 루이 14세를 떠올렸다.

이후 샤흐트는 외국의 실력자가 한 번은 만나봐야 하는 독일의 주요 인물로 부상했다. 루르 침공을 선동하고 독일인을 끔찍이 싫어하는 프랑스의 레몽 푸앵카레Raymond Poincare 총리(과학자 앙리 푸앵카레의 사촌동생)조차 그를 만나 배상 문제에 대한 확답을 듣고자 했다. 만남을 약속한 총리가 30분이 지나도록 나타나지 않자 샤흐트는 벌컥 화를 내며 접견실을 뛰쳐나왔다. 깜짝 놀란 총리실 직원들이 간신히 그를 달래서 결국 총리와의 면담을 진행했다. 샤흐트는 그런 배짱과 오만을 감추지 않았다.

미국의 중재로 1924년 재개된 배상금 협의는 독일의 지급액을 125억 달러에서 80~100억 달러 수준으로 낮췄다(도스 플랜). 독일 국민에게 샤흐트는 영웅으로 각인되었고, 연합국 측에게 그는 독일을 대표하는 경제 총독이 되었다.

배상금 협상을 마무리한 미국 대표 도스는 그해 여름 미국 30대 대통령 캘빈 쿨리지Calvin Coolidge의 러닝메이트가 되었고, 11월 대선에서 승리해 부통령이 되었다. 도스는 이듬해 유럽의 갈등을 해결한 공로로 노벨평화상을 수상했다.

통제불능
샤흐트의 도박

종전 후 6년이나 질질 끌던 배상금 문제가 해결되어 아무 문제가 없을 것 같았지만, 다른 문제가 터졌다. 독일이 금본위제도로 복귀하고 렌텐마르크화가 안정되자 이번에는 파운드화의 가치가 흔들렸다. 1916년 '일시적으로' 금본위제도를 이탈한 영국이 도무지 과거로 복귀할

1926년 여름 미국 뉴욕 연준에 모인 독일, 뉴욕 연준, 영국, 프랑스 중앙은행 대표자들.
금본위제도 유지를 위한 국제 공조는 정부가 아닌, 이들 4개 기관의 민간 협력을 통해 이루어졌으며,
미국의 중앙은행은 연방준비위원회가 아닌 뉴욕 연준이 대표 역할을 맡았다.
결국 이것이 연방준비위원회와 갈등을 촉발했다.

기미가 없었기 때문이다. 이미 독일, 스웨덴, 폴란드, 오스트리아, 헝가리는 금본위제도로 복귀했고, 네덜란드, 캐나다, 오스트레일리아, 뉴질랜드, 남아프리카연방도 금본위제도 복귀를 약속하고 있었다.

1925년 4월 국내외의 압박 속에서 마침내 영국도 금본위제도로 복귀했다. 하지만 영란은행이 전쟁 전의 파운드화 가치를 고집하는 바람에 실업과 불황이 찾아왔다. 반면 프랑스는 인위적인 저평가를 통해 수출을 늘리고 외환보유고를 늘렸다. 승전국 안에서 작은 균열

이 생긴 것이다. 금본위제도 복귀 이후 영국이 절절매자, 보다 못한 미국이 1927년 살짝 금리를 낮췄다. 금이 미국에서 영국으로 흘러가도록 해서 영국을 도우려던 생각이었다.*

하지만 이는 큰 착각이었다. 가뜩이나 과열되었던 미국 증시가 폭발할 지경에 이르게 된 것이다. 너도나도 돈을 빌려 주식에 투자하면서 단기 시장금리가 상승했다. 미국 연준은 6개월 만에 금리를 원상 복귀시켰지만, 약발이 안 먹혔다. 미국의 금리 상승으로 그동안 독일로 유입되던 달러 자금이 다시 미국으로 흘러 들어갔고, 급격한 자본 유출을 맞이한 독일 경제는 크게 흔들렸다.

그 무렵 독일은 하이퍼인플레이션의 악몽을 모두 잊고, 샤흐트도 제국은행 안에서 권력을 즐기고 있었다. 도스 플랜 이후 개정된 중앙은행법을 통해 임기가 보장되고, 통화정책의 자율성도 거의 완벽하게 확보되었다. 1925년 6월 내로라하는 미국과 영국의 중앙은행 총재 일행이 독일을 방문해 샤흐트를 예방하는 장면을 본 독일 국민들은 도스 플랜 성공의 주역 샤흐트를 마법사 또는 구세주로 여겼다.

이쯤 되자 샤흐트의 마음 깊은 곳에서 애국심, 공명심, 그리고 오만함이 동시에 자라나기 시작했다. 그는 독일 경제의 부활을 위한 다음 단계를 걱정하기 시작했다. 외채 의존도와 배상금의 추가 축소였다. 외자 유입이 경제의 윤활유가 되는 것은 틀림없었으나, 외채가 많아

* 세계 경제에 큰 파급을 일으키는 그런 결정을 당시에는 뉴욕 연준이 주도했다. 설립 초기에는 워싱턴D.C.의 연준위원회가 아무 실권이 없었다. 사무실도 재무부 건물 맨 꼭대기 층 한쪽을 빌려서 쓰고 있었다. 연방정부 안에서도 연준위원회의 서열이 너무 낮아서 의장이 윌슨 대통령에게 호소했더니 대통령이 "연준의 서열은 소방서 다음으로 격상시켜라"고 지시했을 정도다.

질수록 독일은 외국에 종속될 수밖에 없었다. 그래서 경제가 한창 잘 돌아가던 1927년 5월 모든 은행의 주식거래 대출금을 25퍼센트 줄이도록 지시했다. 이 조치로 주식은 한 번에 10퍼센트 이상 하락하고 이후로도 주식시장은 비실거렸다. 정부와 첫 번째 마찰이었다.

한편, 1929년 독일이 연합국에 배상해야 할 금액은 GDP의 5퍼센트 수준인 6억 2,500만 달러였다. 당시 독일의 경제력에 비해 그다지 과하지 않았지만, 샤흐트는 그것도 많다고 생각했다. 차라리 채무불이행을 선언하면 유럽 전체에 불똥이 튀어 배상금 재조정이 시작되고, 그러면 독일의 부담은 무조건 줄어든다는 것이 그의 계산이었다.

특히 전쟁이 끝난 뒤 미국이 독일에 쏟아부은 돈이 엄청나므로 미국은 파국을 피하기 위해 무조건 독일을 두둔할 것으로 확신했다. 샤흐트는 미국에 연간 배상금을 2억 5,000만 달러 수준으로 낮춰달라고 압박했다. 미국 대표 시모어 파커 길버트Seymour Parker Gilbert는 스물다섯 살에 재무차관보가 된 뒤 서른두 살에 점령지 독일의 최고 경제고문을 지낸 신동이었지만, 노회한 샤흐트가 보기에는 애송이에 불과했다.

샤흐트의 계속된 압박에 놀란 길버트는 결국 1928년 말 연합국들을 다시 소집했다. 하지만 아무리 계산해도 연합국의 요구는 낮출 수 없었다. 그러자 샤흐트는 마침내 자폭 수준에 가까운 협박을 했다. 사모아, 뉴기니, 남서아프리카 등 과거 독일 식민지의 가치가 200억 달러가 넘으니, 그것으로 이미 충분한 배상을 했다고 주장한 것이다. 이는 1919년 힘들게 이룬 평화 협정을 원천무효로 만드는 매우 위험한 발언이었다. 유럽 평화의 취약한 토대를 한 번에 허무는 도발적 발언에 대해 독일 총리와 외무당국이 매우 놀라면서 샤흐트를 나무랐지만, 그는 멈추지 않았다.

샤흐트는 독일의 금보유액이 줄어든다는 이유로 금리인상을 통보하고, 그렇게 되면 실업자가 크게 늘어 극우 정당이 출현할 것이라고 연합국을 협박했다. 결국 1929년 4월 독일의 배상금이 10억 달러 정도 더 감소했다.

그 대가로 독일의 자본 유출입을 더욱 엄격히 감시하기 위해 국제결제은행(BIS)을 프랑스와 스위스 접경지역(오늘날의 바젤)에 설치하기로 약속했다. 샤흐트의 그런 벼랑 끝 전술에 국민들은 환호했지만, 연합국은 피곤해했고 통제 불가능한 그에게 독일 정부도 고개를 가로저었다.

이제 독일 정부와 샤흐트는 서로를 거북해하는 단계에 이르렀다. 몇 달 뒤 샤흐트를 공직으로 이끌었고 그의 유일한 대변자였던 슈트레제만 총리가 심장마비로 사망했다. 그리고 3주 후 미국에서 대공황이 시작되면서 독일 경제도 나락으로 떨어졌다. 여러 가지 사정상 버티기 힘들다고 판단한 샤흐트는 1930년 3월 갑자기 사임을 발표했다.

그의 후임자로는 샤흐트를 끊임없이 비판해 왔던 전직 총리 한스 루터Hans Luther가 임명되었다. 루터는 샤흐트가 물려준, 대공황에서는 통할 수 없는 긴축정책을 지키면서 샤흐트를 대신해 온갖 욕을 다 먹었다.*

* 하이퍼인플레이션의 악몽 때문에 독일은 대공황 중에도 재정 확장에 가장 소극적이었다. 그것이 히틀러 등장의 큰 도화선이 되었다. 경제난 속에서 과거의 준칙을 강조하는 우리나라의 정치권과 관료가 새겨들어야 할 역사의 교훈이다.

결국 연립정권이 흔들리자 신임 총리는 국정에 힘을 얻기 위해 의회를 해산하고 2년 일찍 총선을 단행했지만, 결과는 끔찍했다. 국가의 재통합, 영광의 재현, 사회악의 제거를 들고나온 히틀러의 나치당이 1930년 9월 총선에서 107석을 차지하며 일약 제2당으로 도약했다.

한편 총재직을 물러난 샤흐트는 미국과 영국을 향해 독일의 배상금이 과도하다는 인터뷰를 이어나갔다. 83세의 독일 대통령이 은퇴하고 나면 대통령에 출마할 것이라는 소문이 돌던 잠재적 대권후보 샤흐트의 발언은 국제적으로 조명을 받았다. 샤흐트는 좌파도, 우파도 아닌 중도적 인물이었지만 '위대한 독일의 부활'을 강조하는 그의 발언은 나치당의 주목을 받기에 충분했다.

샤흐트는 처음에는 나치당에 별 관심이 없었다. 그러나 1930년 12월 헤르만 괴링을 만난 뒤 독일의 재무장관과 군사강국화에 대한 꿈이 일치한다는 것을 알고 의기투합했다. 파우스트(괴테의 소설에서 악마에게 영혼을 판 인물)의 길을 향해 비극적인 첫걸음을 뗀 것이다. 이듬해 1월 5일 괴링은 허름한 자기 집으로 히틀러와 샤흐트를 초대했다. 그 자리에서는 히틀러가 쉰 목소리로 혼자 떠들었지만, 샤흐트는 자기보다 열 살 아래인 히틀러의 검소한 몸가짐에 마음이 끌렸다.

만남이 있었던 다음 달 베를린 은행가의 사교 행사에 참여한 샤흐트의 부인은 루비와 다이아몬드로 치장된 큼지막한 만자卍字 목걸이를 걸치고 나왔다. 그 자리에서 샤흐트는 "내가 생각하는 이상과 부합한다면, 서슴지 않고 나치당의 배지를 훈장처럼 달고 다닐 것"이라고 말해서 친구들을 놀라게 했다.

1931년에는 독일 경제가 끝없이 나락으로 추락했다. 미국과 영국의 자금을 끌어다 쓴 오스트리아 최대 은행 크레디트안슈탈트Creditanstalt가 파산하면서 그 여파가 전 세계로 확산되었다. 노동자의 3분의 1이 실직 상태에 이르자 독일은 채무불이행을 선언하고, 여론은 극우 쪽으로 기울어졌다.

그해 10월 하르츠부르크의 작은 휴양지에서는 극우 정당들이 모여 독일제국의 영광을 다짐하는 집회가 열렸다. 고령의 장군과 제독들, 정치인, 기업인들, 그리고 5,000명의 민병대원들이 참가한 그 모임의 주인공은 아돌프 히틀러였다. 하지만 그 뒤에 샤흐트가 찬조연설에 나섰을 때도 청중들은 히틀러와 똑같은 갈채와 환호를 보냈다. 샤흐트가 유일하게 참가한 정치집회에서 그는 정부가 외채 규모와 금 보유량을 속이고 있다면서 청중들을 선동했다.

1933년 8월 치러진 총선에서 나치당은 마침내 제1당이 되었다. 하지만 힌덴부르크 대통령은 보헤미아 지방군의 일개 하사관에 불과했던 히틀러를 총리로 지명하지 않으려고 시간을 끌며 구실을 찾았다.

샤흐트는 히틀러의 승리를 축하는 편지에서 "아직 총리로 지명되지 못한 점이 유감입니다. 당신의 노선은 강력한 진리를 담고 있어서 오래지 않아 승리를 얻게 될 겁니다"라고 아부했다. 편지 마지막에는 "하일Heil!"이라는 나치 식 인사도 잊지 않았다. 그리고 히틀러를 하루속히 총리로 임명하라고 촉구하는 스물네 명의 경제인 연판장에도 서명했다.

1933년 1월 결국 대통령은 마지못해 히틀러를 총리로 임명하고, 그로부터 두 달 뒤 샤흐트는 제국은행의 총재로 화려하게 공직에 복귀했다.

히틀러 총통과 행사장에 입장하는 할마르 샤흐트 경제장관 겸 제국은행 총재.
그의 꼿꼿한 자세와 잔뜩 죄는 복장은 프로이센 장교와 비슷하여 군사문화와 묘하게 어울렸다.

경제대통령이 된 히틀러의 은행가

대부분의 독재자가 그러하듯이 히틀러는 경제에 관심이 없었다. "경제는 당신이 대통령이야" 하는 식으로 모든 경제 문제를 샤흐트에게 맡겼다. 샤흐트 역시 자기가 경제 대통령이라고 자부했다. 1931년 미국 기자가 장차 독일 경제를 견인할 사람이 누구냐고 묻자 샤흐트는 서슴없이 "나요" 하고 답했다. "나치는 독일을 통치할 수 없지만, 나는 나치를 통해 독일을 통치할 수 있을 겁니다" 하고 부연했다. 실제로 샤흐트는 자기가 히틀러를 조정하면, 독일을 강대국으로 만들 수 있다고 믿었다. 5개월 뒤 히틀러는 샤흐트에게 경제장관까지 겸임하도록 했다.

그 뒤 샤흐트는 그가 과거에 강조했던 준칙들을 전부 버리고 확장적 정책으로 전환했다. 아직 케인스의 《일반이론》이 나오기도 전에 스스로 케인스주의자가 된 것이다. 그런 정책에 힘입어 독일의 실업자는 4년 만에 600만 명에서 150만 명으로 줄었고, 산업생산은 두 배로 늘었다. 샤흐트는 히틀러 정부에 최대한 협조했다. 정부의 주택·건설경기 부양사업에 제국은행이 10억 마르크를 지원하고, 도로망 현대화를 위한 아우토반 건설사업에 6억 마르크를 투입했다.

히틀러를 돕기 위해 샤흐트가 먼저 꾀를 내기도 했다. 정부가 세운 '독일금속연구소(Mefo)'라는 유령회사가 어음을 발행하면, 그것을 제국은행이 할인(매입)하는 방식으로 돈을 풀었다. 자본금 100만 마르크의 이 유령회사가 하는 일은 군수산업에 돈을 대는 것인데, 샤흐트의 임기 중 이 회사의 어음발행액이 120억 마르크까지 늘어났다. 공식적인 국가채무 규모가 190억 마르크였던 것에 비하면, 재무장을 위한 엄청난 국가채무가 통화정책의 이름으로 감춰졌던 것이다.

하지만 그의 독특한 성격상 정부와 밀월이 오래 갈 수는 없었다. 샤흐트 자신이 메포Mefo 어음 할인 때문에 돈이 너무 풀리는 것에 두려움을 느끼기 시작했다. 나치당을 향해 군비증강 속도를 늦추고 대신 소비 긴축을 완화하자고 제안했다. 그 바람에 헤르만 괴링과 사이가 틀어졌고, 1937년 11월 괴링에게 경제장관직을 빼앗겼다.

그렇다고 샤흐트가 뒤로 물러설 사람은 아니었다. 1937년 제국은행 총재직 임기가 만료되자 그를 연임하려는 히틀러에게 "1938년까지 메포 어음의 상환을 약속하지 않으면 연임을 사양하겠다"며 배짱을 튕겼다. 히틀러는 그 약속을 지키기 위해 1938년 제국은행에서 30억 마르크를 차입했다. 물론 그렇게 하더라도 제국은행의 총대출금은 달라지지 않았다. 하지만 메포 어음 발행액이 줄어드는 만큼 국가부채가 늘어났다. 히틀러를 향해 자신의 존재감을 보여준 것이다.

물론 샤흐트가 나치 정부와 협력을 단칼에 끊은 것은 아니다. 1938년 히틀러 정권이 40만 명의 유대인들 재산을 몰수하고 추방하려고 하자 샤흐트가 세부 금융 실천 계획을 세우게 되었다.

샤흐트는 몰수재산을 기초자산으로 자산담보부증권(ABS)을 발행한 뒤 그것을 해외에 팔았다. ABS 매각대금의 일부를 유대인의 재정착을 돕는 데 쓰겠다는 선전을 듣고 해외의 유대인 투자자들이 울며 겨자 먹기로 자산담보부증권을 사지 않을 수 없었다. 하지만 매각대금 대부분은 독일 기업들의 수출보조금으로 쓰였다.

샤흐트와 나치당
부역과 저항의 차이

그럼에도 불구하고 샤흐트와 나치당의 사이가 벌어진 것은 분명했다. 베를린의 금융계에서는 샤흐트가 정부에 대출할 때 돈에 특별한 표시를 해 두었다는 소문이 돌았다. 힘러, 괴링, 괴벨스가 외국으로 돈을 빼돌리는 것을 추적하고 있다는 것이다(제1차 세계대전 때는 샤흐트 자신이 벨기에에서 돈을 빼돌린다는 혐의로 조사받았다).

샤흐트는 사석에서 나치를 범죄자 또는 깡패라 불렀고, 히틀러를 사기꾼이자 악당이라고 욕하기도 했다. 1939년 폴란드 침공이 시작되기 직전 나치는 더 이상 가까워질 수 없는 샤흐트를 정권 단속 차원에서 사임시켰다.

제2차 세계대전이 시작되자 독일에서는 곧 쿠데타가 터질 것이고, 샤흐트가 히틀러의 뒤를 이을 것이라는 소문이 퍼졌다. 그런 소문이 신경 쓰였던 나치 정부는 1944년 4월 스톡홀름 대사관에서 근무하는 샤흐트의 사위를 체포했다. 7월 20일에는 마침내 히틀러 암살미수사건이 터졌다. 샤흐트가 연루된 증거는 없었지만, 게슈타포는 그를 투옥했다.

그로부터 9개월 후 히틀러가 자결하고 독일은 항복했다. 샤흐트는 석방을 기대했지만 미국은 그를 붙잡아 뉘른베르크 전범재판에 넘겼다. 샤흐트는 독일을 연합국의 경제적 압박으로부터 보호하기 위해 나치를 도왔을 뿐이며, 전쟁을 피할 수 없었던 것을 안 뒤에는 총통과 관계를 끊었다고 항변했다. 그러면서 "독일인처럼 교양 있는 사람들

1944년 7월 20일 발생한 히틀러 암살미수사건 현장.
히틀러 바로 밑에서 시한폭탄이 터졌으나, 책상다리 때문에 히틀러가 간신히 살았다.
톰 크루즈 주연의 〈작전명 발키리〉라는 영화로 국내에도 잘 알려졌다.

이 히틀러 같은 선동가에게 마음을 빼앗긴 원인이 어디에 있는지 생각해 보시오. 우리는 단지 수출과 무역을 해서 어떻게든 살아가기를 바랐을 뿐이오"라며 불만을 터뜨렸다.

전범재판 과정에서 샤흐트는 자신이 나치 잔당들과 다르다는 점을 부각했다. 피고인석 끝에서 의자를 돌려 다른 피고인들과는 직각이 되도록 앉은 뒤 몸을 뒤틀어 판사석을 노려봤다. 결국 그는 무죄로 석방되었다. 나치 정권에 부역한 것은 전쟁 발발 전에 국한되었다는 이유에서였다.

하지만 그는 독일 정부로 이첩되어 다섯 번의 다른 재판들을 받았다. 1950년 모두 무혐의 판결을 받고 석방되었을 때는 재산 대부분이 압류되어 빈털터리 상태였다. 그의 외아들은 전쟁이 끝나기 며칠 전

러시아군에게 끌려가 생사를 알 수 없었다. 이후 샤흐트는 인도네시아, 이집트, 이란 정부의 컨설턴트로서 수고비나 강의료를 받으며 살아갔다. 1970년 93세로 죽을 때까지 샤흐트는 어떤 나쁜 일에도 나치를 도운 일이 없다고 주장했다.

오늘날 그에 대한 평가는 극명하게 갈린다. '나치에 부역한 악랄한 인종차별주의자'라는 평가와 '나치에 항명한 대담한 자유주의자'라는 평가가 공존한다. 다만 할마르 샤흐트가 희대의 금융 천재였다는 점에는 모두가 동의한다. 1945년 전범 수용소에서 치러진 지능검사에서 그의 지능지수가 143으로 나와 검사를 맡은 미국 정신과 군의관을 흠칫 놀라게 했다.

그는 대단히 창의적인 사람이었다. 샤흐트는 국제결제은행(BIS)의 아버지였다. BIS를 만들 때 그는 연합군에게 새로운 국제통화 단위를 만들자고 제안했다. 그때는 그 아이디어를 이해하는 사람이 없었지만, 영국의 케인스가 그것을 이어받아 국제통화기금(IMF)을 만들 때 '방코르Bankor'라는 국제통화 창출을 제안했다. 그리고 1969년 마침내 실물 없이 계산단위로만 존재하는, 오늘날 가상화폐의 원조인 '특별인출권(SDR)'으로 현실화되었다.

흔히 은행가는 주어진 규정을 지키려고 노력하는 요령 없는 인물로 묘사된다. 샤흐트는 그런 고정관념을 확실하게 깨뜨린 사람이다. 그의 생각과 행동은 너무나 파격적이라서 동시대 사람뿐만 아니라 그의 후예들도 그를 좇아가기 어렵다. 오늘날 유럽의 중앙은행 가운데 분데스방크가 녹색 금융(green finance)에 가장 소극적이고 회의적이다. 자칫 나치에 부역했던 예전의 제국은행처럼 통화정책이 재정정책에 휩쓸려갈 것이 두렵기 때문이다. 지금의 독일은 통화정책과 재정정책을 엄격하게 구분하려는 성향이 어느 나라보다도 강하다.

하지만 현실은 샤흐트의 아이디어에서 멀어지지 않았다. 코로나19 위기를 맞아 전 세계가 미친 듯이 돈을 풀고 재정적자를 늘렸다. 마치 세계대전을 치른 것과 비슷한 상황이다. 이런 비상시국에는 전례를 깨뜨리는 파격과 결단, 그리고 행동이 필요하다. 대공황 직후 샤흐트가 추구하고 실천했던 것들이다.

샤흐트는 중앙은행 총재로서, 그리고 경제관료로서 그 모범을 보였다. 어떤 때는 국가부채를 낮추기 위해 통화정책을 희생시키는가 하면, 통화정책의 독립성을 위해 정부를 향해 배수진을 치기도 했다. 부국강병과 조국의 영광을 위해서는 나치라는 악마와도 손을 잡는 모험도 마다하지 않았다. 그러면서도 정신 줄을 놓지 않으려고 했다. 이 어려운 시기에 그런 능수능란한 사람, 어디 없을까?

참고문헌

금융사 일반

노종천(2011), "이자제한법제의 현황과 과제: 일본법제와의 비교", 법학논총 25, 숭실대학교 법학연구소, pp. 95-129.

윤상덕(2011), "이자규제의 역사적 고찰 및 개정 이자제한법의 방향", 법학연구 44, 한국법학회, pp. 127-150.

정운찬(1995), 《중앙은행론》, 학현사.

Benmelech, Efraim and Tobias J. Moskowitz (2010), "The Political Economy of Financial Regulation: Evidence from U.S. State Usury Laws in the 19th Century, *The Journal of Finance*, VOL. LXV, NO. 3, pp. 1029-1073.

Craig, John (1963), "Isaac Newton and the Counterfeiters", *Notes and Records of the Royal Society of London*, Vol. 18, No. 2, pp. 136 - 145.

De Roover, Raymond (1999), *The Rise and Decline of the Medici Bank: 1397-1494*, Beard Books.

Des Roches, Jerôme de Boyer, and Ricardo Solis Rosales (2003), "Lender of Last Resort: the Classical Approaches from Baring to Hawtrey", *mimeo*.

Ferguson, Niall (2009), *The Ascent of Money: A Financial History of the World*, Penguin Books.

Fisher, Douglas (1989), "The Price Revolution: A Monetary Interpretation", *The Journal of Economic History*, Vol. 49, No. 4, pp. 883-902.

Friedman, Milton (1992), "Franklin D. Roosevelt, Silver, and China", *Journal of Political Economy*, Vol. 100, No. 1, pp. 62-83.

Glassman, Debra and Angela Redish(1985), "Currency Depreciation in Early Modern England and France", presented at the conference on Monetary and Financial History at the Federal Reserve Bank of Minneapolis, *mimeo*.

Haring, Clarence H. (1915), "American Gold and Silver Production in the First Half of the Sixteenth Century", *The Quarterly Journal of Economics*, Vol. 29, No. 3, pp. 433-479.

Humphrey, Thomas M. (2001), "Monetary Policy Frameworks and Indicators for the Federal Reserve in the 1920s", Federal Reserve Bank of Richmond, *Economic Quarterly*, Volume 87/1, pp.65-92.

Kindleberger, Charles P. (2000), *Manias, Panics, and Crashes: A History of Financial Crises*, Wiley.

Kindleberger, Charles P. (2006), *A Financial History of Western Europe*, Routledge.

Laidler, David (2003), "Two Views of the Lender of Last Resort: Thronton and Bagehot", *Papers in Political Economy*, No. 45, pp. 61-78.

Leavens, Dickson H. (1939), *Silver Money*, Cowles Commission for Research in Economics Monograph No. 4, Principia Press, Inc.

Lerner, Eugene M. (1954), "The Monetary and Fiscal Programs of the Confederate Government, 1861-65", *Journal of Political Economy*, Vol. 62, No. 6, pp. 506-522.

Martin, David A. (1973), "1853: The End of Bimetallism in the United States", *The Journal of Economic History*, Vol. 33, No. 4., pp. 825-844.

Maurer, Bill (2006), "The Anthropology of Money", *Annual Review of Anthropology* (on-line journal).

Meltzer, Allan H. (1989), *A History of the Federal Reserve Vol. 1: 1913-1951*, University of Chicago Press.

Munro, John H. (2003), "The medieval origins of the Financial Revolution: usury, rentes, and negotiablity", *The International History Review*, XXV. 3, pp. 505-756.

Redish, Angela (2011), "A Model of Commodity Mody with Minting and Melting," *Federal Reserve Bank of Minneapolis Staff Report* 460, July.

Russell, Henry B. (1898), *International Monetary Conferences: Their Purposes, Character, and Results*, Harper and Brothers Publishers.

Sargent, Thomas J. and François R. Velde (1999), "The Big Problem of Small Change", *Journal of Money, Credit and Banking*, Vol. 31, No. 2., pp. 137-161.

Schwartz, Anna (1973), "Secular Price Change in Historical Perspective", *Journal of Money*, Credit and Banking , Vol. 5, No. 1, Part 2.

Velde, Francois R. (2008), "Avoiding a meltdown: Managing the value of small change", *Economic Perspectives, 1 Quarter*, Federal Reserve Bank of Chicago, pp. 17-28.

Velde, François R., et al. (1998), "Lessons from the History of Money", *Economic Perspectives*, Vol. 22, Federal Reserve Bank of Chicago, pp. 2-16.

Velde, Francois R., Warren E. Weber, and Randall Wright (1997), "A Model of Commodity Money, With Applications to Gresham's Law and the Debasement Puzzle", Federal Reserve Bank of Minneapolis, *Research Department StaReport* 215.

Wray, L. Randall and Edward Elgar (2004), *Credit and State Theories of Money: The Contributions of A. Mitchell Innes*, Cheltenham, UK.

화폐 사상

문우식(1992), "Wicksell, Hayek, Robertson의 이론을 통해 본 화폐적 조정과정", 서울대학교 경제연구 제40집 제1호, 73~90쪽.

조순(1974), "currency school과 banking school의 통화이론과 그 현대적 해석", 서울대학교 경제논집 제13권 제1호, 103~124쪽.

조순(1979), "케인즈의 이론과 사상에 관한 소고", 서울대학교 경제논집 제18권 제4호, 413~453쪽.

Bagehot, Walter (1874), *Lombard Street: A Description of the Money Market, Scribner*, Amstrong and Co.

Bell, Stephanie (2001), "The role of the state and the hierarchy of money", *Cambridge Journal of Economics* 25, pp. 149 - 163.

Brown, Arnold (1944), "Copernicus, Newton, Einstein", *The Mathematical Gazette*, Vol. 28, No. 278, pp. 4-11.

Cohen, Benjamin J. (2001), "Electronic Money: New Day or False Dawn?", *Review of International Political Economy*, Vol. 8, No. 2, pp. 197-225.

Friedman, Milton (1990), "Bimetallism Revisited", *The Journal of Economic Perspectives*, Vol. 4, No. 4, pp. 85-104.

Gorton, Gary and George Pennacchi (1990), "Financial Intermediaries and Liquidity Creation", *The Journal of Finance*, Vol. 45, No. 1, pp. 49-71.

Humphrey, Thomas M. (2001), "Quantity Theory and Needs-of-Trade Measurements and Indicators for Monetary Policymakers in the 1920s", *History of Political Economy*, Volume 33, pp. 162-189.

Ilgmann, Cordelius and Martin Menner (2011), "Negative nominal interest rates: history and current proposals", *International Economics Policy*, No. 8, pp. 383 - 405.

Ingham, Geoffrey (2004), "The nature of money, Economic Sociology", *European*

Electronic Newsletter, ISSN 1871-3351, Max Planck Institute for the Study of Societies (MPIfG), Vol. 5, Iss. 2, pp. 18-28.

Kahn, Charles M., James McAndrews, and William Roberds (2004), "Money Is Privacy", *Federal Reserve Bank of Atlanta Working Paper Series*, 2004-18.

Kemmerer, Edwin W. (1944), *Gold and the Gold Standard: The Story of Gold Money*, Past, Present and Future, McGraw-Hill Book Company and Inc.

Knapp, Georg Friedrich (1924), *The State Theory of Money*, MacMillan & Company Limited.

Laidler, David and Nicholas Rowe (1980), "Review: George Simmel's Philosophy of Money: A Review Article for Economists", *Journal of Economic Literature*, Vol. 18, No. 1, pp. 97-105.

Laidler, David (2001), "From Bimetallism to Monetarism: the Shifting Political Affiliation of the Quantity Theory", lectured at the conference of the European History of Economic Thought Society, on "The Influence of Politics on Economic Thought" at Technical University of Darmstadt, *mimeo*.

Lerner, Abba P. (1947), "Money as a Creature of the State", *The American Economic Review*, Vol. 37, No. 2, pp. 312-317

Menger, Carl (1892), "On the Origins of Money", *Economic Journal*, Vol. 2, pp. 239 - 55.

Nenovsky, Nikolay (2009), "On Money As an Institution", *ICER Working Papers Series* 12, *mimeo*.

Nussbaum, Martha (2002), *Capabilities and Social Justice*, Blackwell Publishing Inc.

Rolnick, J. and Warren E. Weber (1986), "Gresham's Law or Gresham's Fallacy?", *The Journal of Political Economy*, Vol. 94, No. 1, pp. 185-199.

Schwartz, Anna J. (1973), "Secular Price Change in Historical Perspective", *Journal of Money, Credit and Banking*, Vol. 5, No. 1, Part 2, pp. 243-269.

Temin, Peter (1971), "The Beginning of the Depression in Germany", *The Economic History Review*, Vol. 24, No. 2, pp. 240-248.

Timberlake, Richard H. (2005), "Gold Standards and the Real Bills Doctrine in U.S. Monetary Policy", *Econ Journal Watch*, Volume 2, Number 2, pp. 196-233.

Vieira, Edwin Jr. (1997), "Forgotten Role of the Constitution in Monetary Law", *Texas Review of Law and Politics*, Vol. 2, Issue 1, pp. 77-128.

West, Edwin G. (1997), "Adam Smith's Support for Money and Banking Regulation: A Case of Inconsistency", *Journal of Money, Credit and Banking*, Vol. 29, No. 1, pp. 127-134.

White, Michael V. and Kurt Schuler (2009), "Who Said "Debauch the Currency": Keynes or Lenin?", *Journal of Economic Perspectives*, Volume 23, Number 2, pp. 213-222.

Wood, John H. (1999), *Money: Its Origins, Development, Debasement, and Prospects*, Economic Education Bulletin, American Institute for Economic Research.

Wray, L. Randall (2006), "Keynes's Approach To Money: An Assessment After 70 Years", *The Levy Economics Institute of Bard College Working Paper*, No. 438.

인물 평전

Ahamed, Liaquat (2009), *Lords of Finance: The Bankers Who Broke the World*, Penguin Books.

Akimoto, Eiichi (2010), "Benjamin Strong and International Financial Cooperation during the 1920s", 서울대학교 미국학연구소, 미국학, Vol.33 No.1, pp. 1-21.

Barber, W. J. (1987), "Should the American Economic Association have toasted Simon Newcomb at its 100th birthday party?", *Journal of Economic Perspectives*, 1(1), pp. 179-183.

Boughton, J. M., & Moggridge, D. E. (2002), "Why White, not Keynes? Inventing the post-war international monetary system", *IMF Working Paper*, 2002-52.

Cargill, Thomas F. (1992), "Irving Fisher comments on Benjamin Strong and the Federal Reserve in the 1930s", *Journal of Political Economy*, 100(6), pp. 1273-1277.

Fletcher, G. (2006), "In Search of Dennis Robertson: Through the Looking Glass and What I Found There" *Dennis Robertson*, Palgrave Macmillan, London, pp. 7-23.

Graulau, J. (2008). "Finance, Industry and Globalisation in the Early Modern Period: the example of the metallic business of the House of Fugger", *Rivista di Studi Politici Internazionali*, pp. 554-598.

Greenspan, Alan (2007), *The Age of Turbulence: Adventures in a New World*, Da Kuai wen hu.

Hammond, B. (1947), "Jackson, Biddle, and the Bank of the United States", *The Journal of Economic History*, 7(1), pp. 1-23

Hetzel, R. L. (1987). "Henry Thornton: seminal monetary theorist and father of the modern central bank", *FRB Richmond Economic Review*, 73(4), pp. 3-16.

Hetzel, R. L. (1998), "Arthur Burns and inflation", *FRB Richmond Economic Quarterly*, 84(1), pp. 21-44.

Horwitz, S. (2001), "From Smith to Menger to Hayek: liberalism in the spontaneous-order tradition", *The Independent Review*, 6(1), pp. 81-97.

Kohn, Meir (1999), "Merchant Banking in the Medieval and Early Modern Economy",

Dartmouth College Working Paper, pp. 99-105.

Malabre, Alfred L. (1993), *Lost Prophets: An Insider's History of the Modern Economists*, Harvard Business Review Press.

Parks, Tim (2006), *Medici Money: Banking, metaphysics and art in fifteenth-century Florence*, W. W. Norton & Company.

Roberts, Priscilla (2000), "Benjamin Strong, the Federal Reserve, and the Limits to Interwar American Nationalism", Federal Reserve Bank of Richmond, *Economic Quarterly*, Volume 86/2, pp. 61-98.

Romer, C. D., & Romer, D. H. (2004), "Choosing the Federal Reserve chair: lessons from history", *Journal of Economic Perspectives*, 18(1), pp. 129-162.

Schabas, M. (1989), "Alfred Marshall, W. Stanley Jevons, and the mathematization of economics", Isis, 80(1), pp. 60-73.

Schacht, Hjalmar Horace Greeley (1955), *My first seventy-six years*, Allan Wingate.

Tavlas, G. S., & Aschheim, J. (1985), "Alexander Del Mar, Irving Fisher, and Monetary Economics", *Canadian Journal of Economics*, Vol. 18, No. 2, pp. 294-313.

Todd, T. (2005). "William McChesney Martin, Jr. and Marriner Eccles", *TEN*, Fall, pp. 34-36.

Todd, W. F. (1994), "The Federal Reserve Board before Marriner Eccles(1931-1934)", *Federal Reserve Bank of Cleveland Working Paper*, No. 9405.

Usher, Abbott Payson (1934), "The Origins of Banking: The Primitive Bank of Deposit, 1200-1600", *The Economic History Review*, Vol. 4, No. 4, pp. 399-428.

Weit, John (1997), *Hitler's Banker: Hjalmar Horace Greeley Schacht*, Little Brown & Co.

찾아보기

1825년 금융공황(금융위기) 219, 343, 344, 348, 352, 353, 355
1893년 금융공황 228
30년 전쟁 137, 149
7년 전쟁 269
80년 전쟁 118, 162
GARIOA 원조 362

ㄱ

가격혁명 53, 55, 56, 58
가난한 사람을 위한 대출업법 117, 145
객관주의 313, 315, 323, 327, 329, 330, 331
건식어음 120, 148, 246, 247
게르만 족의 대이동 77
결제은행 154
골드스미스 115, 166
골디락스 174, 323
공공은행 153, 157, 158, 257
괴링, 헤르만(Göring, Hermann) 309, 409, 410
교자 116
구부환법 67, 71, 349
구텐베르크, 요하네스(Gutenberg, Johannes) 115, 187
국고(금) 144, 205, 206, 207, 209, 210, 250
《국부론》 61, 97, 140, 155, 195, 272
국제통화(기축통화) 36, 46, 410
국제통화기금(IMF) 291, 364, 369, 410
국제결제은행(BIS) 326, 402, 410
군정법령 제21호 72, 364
《군주론》 27, 129, 148
권리장전 213
권리청원 213
그레셤, 토머스(Gresham, Sir Thomas) 50
그린스펀, 앨런(Greenspan, Alan) 299, 308, 309, 312, 315, 316, 319, 320, 322, 323, 324, 326, 327, 329, 330, 331, 332
그린츠판, 허셸(Greenspan Herschel) 307
극단적 자유주의 329
글로벌 금융위기 16, 28, 57, 126, 224, 255, 256, 259, 261, 262, 293, 294, 295, 320, 323, 344, 356, 377
금리재정이론 120
금본위제도 32, 40, 41, 46, 173, 190, 210, 254, 255, 256, 280, 281, 285, 286, 331, 342, 343, 344, 398, 399, 400
금산분리의 원칙 122
금속주의 40

금태환 41, 159, 222, 230, 231, 286, 296 344, 386
긴급통화조치법 73

ㄴ

나폴레옹 전쟁 31, 141, 199, 219, 342
남해 버블 217, 218
남해회사 183, 214, 215, 216, 217
낭트칙령 116, 165, 168
노예 19, 53, 55, 56, 107, 177, 196, 212, 288
논리실증주의 330, 331
뉘른베르크 법 302, 408
뉴턴, 아이작(Newton, Isaac) 51, 217

ㄷ

당백전 66
대금업 19, 22, 23, 26, 83, 84, 87, 117, 120, 121, 146~151, 243, 244, 246
대금업자 18, 21~25, 28, 41, 96, 121, 144, 165, 248, 254
대금업 금지법 151, 217, 253
대립교황 80, 125, 127
대통령긴급명령 72
데나리우스 47
도덕적 해이 259, 355
독과점 금지법 231, 235
동로마제국 77, 81, 86, 93, 100, 105
동인도회사 156, 215, 216, 271
디베이스먼트 48~51, 55, 58, 66, 67
디킨스, 찰스(Dickens, Charles) 31, 33, 40, 223

ㄹ

라테란공의회 147
라티푼디움 98
랜드, 에인(Rand, Ayn) 313, 327, 329, 330, 331, 332
레오 10세(Leo X) 26, 27, 109, 117, 132, 148, 150, 151, 152
레오 3세(Leo Ⅲ) 100
로, 존(Law, John) 165~183, 190, 195, 204, 205, 215, 216, 238, 246, 248, 258, 261, 338, 351
로마누스 4세(Romanos IV Diogenes) 81
롬바르드(Lombards) 97, 100, 117, 118, 120, 121, 123, 142, 156, 165
롬바르드 대출(융통어음) 156
롬바르드 스트리트 220, 221, 222, 241, 259
루이 11세(Louis XI) 105, 106
루이 14세(Louis XIV) 116, 166, 168, 169, 213, 349, 350, 397
루이 16세 181, 341
루이지애나 매입 199, 200
루터, 마르틴(Luther, Martin) 27, 110, 111, 146
루터, 한스(Luther, Hans) 402
르네상스 18, 25, 27, 46, 77, 83, 90, 129, 132, 134, 135, 142, 148, 218, 237, 242, 246
리디아 38, 44, 45, 87
리라 63, 64, 66, 71
리브르 66, 166, 168, 171, 176, 177, 180, 189
리치아르디 144, 145
리카도, 데이비드(Ricardo, David) 342, 344
릭스방크 156, 157, 190

ㅁ

마르크스, 카를(Marx, Karl) 61, 135, 174, 245
마리(Marie of Burgundy) 104, 105, 106, 161
마키아벨리, 니콜로(Machiavelli, Niccolò) 27, 129, 144
막시밀리안 1세(Maximilian I) 104~109,

161
만지케르트 전투 81, 93
맥주홀 폭동 303, 304, 305
메디치 가문 26, 27, 88, 122, 124, 125, 126, 127, 130, 132, 133, 144, 145, 149, 151, 218, 234, 246
메디치 궁 128, 129
메디치, 로렌초 데(Medici, Lorenzo de) 127, 130~135, 148, 149, 151
메디치, 코시모 데(Medici, Cosimo de) 125, 126~131, 133, 146
메디치 은행 122~125, 130, 135, 146, 157
메리 1세(Mary I) 151, 152
메포 어음(Mefo) 408, 409
멩거, 카를(Menger, Karl) 62, 63, 66, 248, 293
면죄부 27, 110, 131, 134
명도전 36, 37, 38, 245
명목주의 39
명예혁명 50, 51, 156, 213, 349
모건, J. P.(Morgan, John Pierpont) 41, 222, 226~238
묄렌도르프(Möllendorf, Paul George von) 71
무역허가제도 366, 379
물물교환 34, 35, 88, 117, 248, 363, 364
물물교환경제 35, 87
미국은행 195~200, 202~210
미시시피 버블 180, 213, 218, 258
미제스, 루트비히 에들러 폰(Mises, Ludwig Edler von) 61, 62, 293
밀라노칙령 79

ㅂ
반유대주의 18, 24
배젓, 월터(Bagehot, Walter) 212, 220, 221, 224, 227, 241, 259, 260
백년전쟁 49, 65, 123, 143
버블법(Bubble Act of 1720) 217, 218
번스, 아서(Burns, Arthur) 19, 308, 311, 312, 322
베르사유 평화회담 90
베르사유 조약 390
베스트팔렌 조약 147, 157, 191
보댕, 장(Bodin, Jean) 55, 56
보스턴 차 사건 268
보스턴 학살 사건 268, 271, 273, 276, 288, 296
복식부기 121
볼커, 폴(Volcker, Paul A.) 317~320
볼테르(Voltaire) 99, 168, 289
부이터, 빌럼(Buiter, Willem) 260
불태환지폐 116
비들, 니컬러스(Biddle, Nicholas) 200~210, 237
비스마르크, 오토 폰(Bismarck, Otto von) 122, 392
비이성적 과열 323, 324
비트겐슈타인, 루트비히(Wittgenstein, Ludwig Josef Johan) 63, 242, 253, 332, 333
빌헬름 2세(Wilhelm II) 384

ㅅ
사보나롤라, 지롤라모(Savonarola, Girolamo) 133~135
사이시(細絲) 68
사치금지법 23, 24
살라딘(Saladin) 95
상관무역 363
상인 68, 87, 88, 89, 97, 98, 99, 102, 103, 105, 106, 108, 109, 115, 117, 118, 122, 144, 145, 146, 155, 159, 191, 215, 229, 276, 309, 344, 351, 352, 365
샤를 7세(Charles VII) 49, 50
샤를 공(Charles the Bold) 105
샤이데만, 필리프(Scheidemann, Philipp)

392
샤흐트, 햘마르(Schacht, Hjalmar) 393~415
서로마제국 77, 81, 99
서인도회사(미시시피회사) 173~176, 215
성 아우구스티누스(St. Augustine) 80
성유물 숭배 사상 79
세속 철학(worldly philosophy) 293, 296
소득세 141, 227
소비임치계약 253, 254
솔리두스 46
송금 업무 49, 119, 157, 249
수정의 밤 305~308, 328
수출관세 도급인 144
슈말칼덴 전쟁 110
슘페터, 조지프(Schumpeter, Joseph) 174, 279
스미스, 애덤(Smith, Adam) 159, 272
스웨팅 48
스테파노 2세(Stephanus II) 99
스톡홀름 은행 189
시뇨리지 65, 172
시장주의 61
시장주의자 232
시장중심주의 293
신대륙 발견 45, 58
신성로마제국 64, 100, 102, 103, 105, 109, 151
신성모독 19, 83, 84, 96, 120, 243
신용 117, 119, 120, 123
신자유주의 299, 315, 329, 331
실물경기이론 33
십자군 원정(십자군 전쟁) 24, 25, 81, 84, 87, 93, 94, 96, 102, 116

ㅇ

아비뇽 유수 80
아우크스부르크 103, 106, 111, 112
아젠툼 45
아지오 140
알렉산드로스 대왕(Alexandros) 46, 55, 57
암스테르담 은행 140, 155, 156
야코버포어슈타트 111
에드워드 1세(Edward I) 141, 142, 143, 154
에드워드 3세(Edward III) 143, 154
에드워드 왕자(Edward, the Black Prince) 65
엘리자베스 1세(Elizabeth I) 152
영란은행 51, 154, 156, 157, 167, 170, 195, 214, 215, 216, 219, 220, 221, 222, 232, 237, 241, 278, 282, 284, 286, 322, 342, 344~348, 350~354, 355, 390, 397, 399
연방준비은행(연준) 16, 17, 18, 128, 194, 195, 258, 291, 299, 302, 308, 309, 310, 312, 317, 318~320, 322, 326, 327, 331, 399
예금인출증 115
오를레앙 공작(Philippe d'Orléans) 168, 175
오버런드-거니 앤드 컴퍼니 220, 221
오버스톤 경(Lord Overstone) 41
오수전 67
오스트리아학파 61, 62, 63, 74, 293
왕실은행(존 로) 170, 172, 173, 176~180, 216, 237, 258, 261
외환집중제도 379
요구불예금 154
요아힘스 탈러 70
요한 23세(Joannes XXIII) 79, 125
위그노 전쟁 165
위안(元) 69, 70
유대인 85, 117, 118, 141, 142, 161, 162, 220, 246, 278, 299, 300, 302, 305~309, 315, 324, 325, 328, 342, 389, 407
유한회사 171
윤리과학 290
은 매입법 228, 230

은원 53, 69
은행 전쟁 200, 203, 210
이사벨 1세(Isabel I) 52
일렉트럼 36, 37, 38, 45
일반이론 281, 282, 285, 286, 287, 406

ㅈ

자급자족경제 35
자본시장통합법 251
자산담보부증권(ABS) 409
자유도시 102, 103, 162
자유무역주의 61
장 2세(Jean le Bon) 65, 143
장터 76, 86, 88, 89, 90
재량예금 87, 124, 125, 246, 247, 253, 254
잭슨, 앤드루(Jackson, Andrew) 186, 201~210, 230, 245
전권위임법 300
전당포업자 117
전장 116, 153, 250
전환국 71
전환사채 170, 171, 173, 215, 218
제1차 세계대전 32, 63, 95, 224, 280, 304, 306, 684, 386, 388, 392, 410
제국도시 102, 103
제일은행권 73, 74
제퍼슨, 토머스(Thomas Jefferson) 186, 193~197, 200, 209, 210, 245
조선은행 적산론 372, 373, 374
조선환금은행 363~380
조폐청 51
종교개혁 22, 27, 49, 110, 146, 150, 183, 213, 244
주화법 71
중앙은행의 독립성 58
지금논쟁 190, 344
지급결제 201, 247~252
지로 거래 153, 156, 257
지리상의 발견 51, 53
진성어음 25, 26, 118, 148, 156, 174
진성어음주의 174, 183
징세도급인 118~121, 143, 144, 165, 170

ㅊ

차액결제 89, 250
찰스 1세(Charles I) 115, 116, 213
창부 정치 80
채권단 143, 144, 156
최종대부자 220, 221, 235, 252, 258, 259, 260, 261, 347, 353, 355, 356
칭기즈 칸(Chingiz Khan) 187, 188, 190, 245

ㅋ

카롤루스(Carolus Magnus) 100, 101
카를 5세(Karl V) (신성로마제국) 65, 110, 151
칼뱅, 장(Calvin, Jean) 150, 244
케인스, 존 메이너드(John Maynard Keynes) 276~296, 391, 406, 410
케인스주의자 295, 406
케임브리지 276, 279, 287, 289, 295
코페르니쿠스, 니콜라우스(Copernicus, Nicolaus) 50, 150
콘솔 172, 215
콘스탄티누스 황제(Constantinus I) 79, 81
크나프, 게오르그(Knapp, Georg) 67, 244
크라운 65, 70
크로나 65, 70
크로네 65
크세노파네스(Xenophanes) 45
클레멘스 7세(Clemens VII) 151
클리핑 48, 51
키들랜드, 핀(Kydland, Finn E.) 33, 57

ㅌ

타운센드법 271, 272, 273
테민, 피터(Temin, Peter) 57
테오도시우스 1세(Theodosius I) 79
테일러 룰 183, 322
템플기사단 93, 95~98, 116
토지본위제도 173, 174, 181
통화에 관한 긴급조치 209
통화주의 255, 322
튤립 파동 155, 164

ㅍ

파리강화회의 391, 393, 394
파운드 64, 66, 142, 143, 189, 215, 281, 284, 347, 348, 351, 397, 398, 399
페더럴펀드 317
페소 69
페스트(흑사병) 19, 81~84, 87, 89, 97, 102
포그롬 85, 306
포토시 52, 53, 55, 56, 69, 107
폴라니, 칼(Polanyi, Karl) 244
푸거 가문 103, 106, 107, 108, 110, 111, 112, 117, 143, 148, 243
푸거, 야코프(Fugger, Jakob) 110, 111, 112
푸아티에 전투 65
푸조위원회 236, 237
프라이머리 딜러 144, 224
프랑(frac) 65, 70
프랑수아 1세(François I) 64, 108
프랑스 은행 165, 181, 182, 221
프랑스대혁명 178, 181, 182, 341, 349
프레스콧, 에드워드(Prescott, Edward C.) 33, 57
프로이센-프랑스 전쟁(보불전쟁) 387, 389
프리드리히 3세(Frederick III) 105, 106
프리드먼, 밀턴(Friedman, Milton) 57, 154, 313, 343
피렌, 앙리(Pirrene, Henri) 86
피셔, 어빙(Fisher, Irving) 56, 120
피핀(Pepin the Short) 99, 100
피핀의 기증 100

ㅎ

하이에크, 프리드리히(Hayek, Friedrich August von) 61, 62, 284, 287, 288, 291, 295
하이퍼인플레이션(초인플레이션) 183, 391, 394, 396, 400, 402
한국은행법 73, 154, 256, 323, 355, 367, 374, 375, 376
한미협정(Initial Financial and Property Settlement between R.O.K and U.S.A.) 365, 366, 367, 370, 374
한일병탄조약 71
한자동맹 87, 88, 89, 98, 102, 103, 112, 130
해밀턴, 알렉산더(Hamilton, Alexander) 192~197, 203
해상무역 24, 25, 26, 161
헨리 4세(Henry IV) 124
헨리 8세(Henry VIII) 50, 52, 57, 109, 150, 151, 152, 213
홀로코스트 85, 328, 329
화권재상 39, 40
화폐국정설 39, 40, 62, 67, 245
화폐법(Currency Act, 1764) 71, 191, 270
화폐수량설 55~58
화폐조례 71
환(圜) 71~74
환율정책 368
환전상 117, 120~123, 155
히틀러, 아돌프(Hitler, Adolf) 387, 394, 404~411

금융 오디세이
돈과 인간 그리고 은행의 역사

초판 1쇄 2021년 8월 30일 발행
초판 5쇄 2024년 11월 20일 발행

지은이 차현진
펴낸이 김현종
출판본부장 배소라 **책임편집** 김민정 **디자인** 캠프커뮤니케이션즈
마케팅 안형태 김예리 **경영지원** 박정아

펴낸곳 (주)메디치미디어
출판등록 2008년 8월 20일 제300-2008-76호
주소 서울특별시 중구 중림로7길 4, 3층
전화 02-735-3308 **팩스** 02-735-3309
이메일 medici@medicimedia.co.kr **홈페이지** medicimedia.co.kr
페이스북 medicimedia **인스타그램** medicimedia

ISBN 979-11-5706-864-7 (03320)